NÚMEROS COM ESPERANÇA

*ABORDAGEM ESTATÍSTICA
DA POBREZA INFANTIL EM PORTUGAL:
DA ANÁLISE ÀS PROPOSTAS DE ACTUAÇÃO*

AMÉLIA BASTOS (Coord.)
CARLA MACHADO
JOSÉ PASSOS

NÚMEROS COM ESPERANÇA

*ABORDAGEM ESTATÍSTICA
DA POBREZA INFANTIL EM PORTUGAL:
DA ANÁLISE ÀS PROPOSTAS DE ACTUAÇÃO*

NÚMEROS COM ESPERANÇA
ABORDAGEM ESTATÍSTICA DA POBREZA INFANTIL EM PORTUGAL:
DA ANÁLISE ÀS PROPOSTAS DE ACTUAÇÃO

AUTORES
AMÉLIA BASTOS (Coord.)
CARLA MACHADO
JOSÉ PASSOS

EDITOR
EDIÇÕES ALMEDINA, SA
Rua Fernandes Tomás n.ºs 76, 78, 80
3000-167 Coimbra
Tel.: 239 851 904 · Fax: 239 851 901
www.almedina.net · editora@almedina.net

DESIGN DE CAPA
FBA.

PRÉ-IMPRESSÃO
AASA

IMPRESSÃO E ACABAMENTO
PAPELMUNDE, SMG, LDA.

Maio, 2011

DEPÓSITO LEGAL
329144/11

Os dados e as opiniões inseridos na presente publicação
são da exclusiva responsabilidade do(s) seu(s) autor(es).

Toda a reprodução desta obra, por fotocópia ou outro qualquer
processo, sem prévia autorização escrita do Editor, é ilícita
e passível de procedimento judicial contra o infractor.

Biblioteca Nacional de Portugal – Catalogação na Publicação

BASTOS, Amélia, e outros

Números com esperança : abordagem estatística da Pobreza Infantil
em Portugal : da análise às propostas de actuação / Amélia Bastos,
Carla
Machado, José Passos. – (Fundação económicas)
ISBN 978-972-40-4552-8

I – MACHADO, Carla
II – PASSOS, José

CDU   364
        311

Com o patrocínio

Índice

1. INTRODUÇÃO 19

2. ENQUADRAMENTO DO PROBLEMA DA POBREZA INFANTIL   23
   2.1. Dimensão do problema da pobreza infantil no contexto internacional 23
   2.2. Consequências e custos de um problema que a todos toca... 25

3. SOBRE AS ABORDAGENS METODOLÓGICAS DO PROBLEMA DA POBREZA INFANTIL 27
   3.1. As fontes de informação estatística 29
   3.2. A definição de criança pobre 31
   3.3. A avaliação da pobreza infantil 34
      3.3.1. *Os sintomas da pobreza infantil – análise estática* 36
      3.3.2. *As causas da pobreza infantil – análise dinâmica* 45

4. O DIAGNÓSTICO DA PROBLEMÁTICA DA POBREZA INFANTIL EM PORTUGAL 51
   4.1. A dimensão do problema 51
   4.2. Os grupos mais vulneráveis 78
   4.3. As trajectórias de pobreza 111
      4.3.1. *Fluxos de entrada e de saída da pobreza* 112
      4.3.2. *Perfis de persistência da pobreza* 120

5. POLÍTICA SOCIAL E POBREZA INFANTIL: RELAÇÕES E CONTRADIÇÕES 137
   5.1. A política social e a pobreza infantil 137
   5.2. Simulando o impacto de algumas medidas 142
   5.3. Propondo coordenadas de acção para debelar o problema... 158

6. CONCLUSÃO 165

7. REFERÊNCIAS BIBLIOGRÁFICAS 171

8. ANEXO 175

Índice de Gráficos

Gráfico 1 – Evolução da incidência de pobreza monetária por grupos etários 53

Gráfico 2 – Evolução da incidência da pobreza infantil por grupos etários 54

Gráfico 3 – Evolução da intensidade da pobreza infantil por grupos etários 55

Gráfico 4 – Índice agregado de privação por grupo etário 56

Gráfico 5 – Risco de privação por grupo etário 57

Gráfico 6 – Índice agregado de privação infantil por grupo etário ... 58

Gráfico 7 – Risco de privação infantil por grupo etário 58

Gráfico 8 – Contributo de cada índice de privação para o índice agregado de privação 59

Gráfico 9 – Índice de privação e risco de privação por grupo etário 61

Gráfico 10 – Índice de privação infantil e risco de privação infantil por grupo etário............ 63

Gráfico 11 – Padrão de consumo das famílias, diferenciação de acordo com a situação de pobreza monetária e a existência de crianças no agregado familiar............ 67

Gráfico 12 – Diferenciação de padrão de consumo das famílias com crianças na presença/ausência de pobreza monetária .. 68

Gráfico 13 – Diferença de padrão de consumo das famílias em risco de pobreza monetária, com/sem crianças............ 69

Gráfico 14 – Padrão de consumo das famílias, em função da situação de pobreza monetária e do número de crianças...... 70

Gráfico 15 – Diferença do padrão de consumo das famílias com crianças em risco de pobreza monetária, consoante o número de crianças no agregado familiar 70

Gráfico 16 – Consistência entre as medidas de pobreza: incidência da pobreza monetária e da privação, por grupo etário. 73

Gráfico 17 – Posição relativa das situações de pobreza consoante a medida utilizada (pobreza monetária/privação), por grupo etário............ 74

8 | Números com Esperança

Gráfico 18 – Consistência entre as medidas de pobreza infantil: incidência da pobreza monetária e da privação, por grupo
etário 75
Gráfico 19 – Posição relativa das situações de pobreza infantil con-
soante a medida utilizada (pobreza monetária/priva-
ção), por grupo etário.. 76
Gráfico 20 – Evolução da incidência da pobreza infantil por grau de
urbanização e tipo de alojamento 79
Gráfico 21 – Evolução da incidência da pobreza infantil de acordo
com o contexto familiar 80
Gráfico 22 – Evolução da incidência da pobreza infantil segundo a
escolaridade máxima dos pais/responsáveis 81
Gráfico 23 – Evolução da incidência da pobreza infantil segundo a
existência de pelo menos um indivíduo a trabalhar no
agregado familiar... 82
Gráfico 24 – Evolução da incidência de pobreza infantil segundo o
grau de esforço económico do agregado familiar 83
Gráfico 25 – Evolução da incidência de pobreza infantil segundo a
capacidade do agregado para fazer face às despesas e
encargos usuais 84
Gráfico 26 – Evolução da incidência de pobreza infantil segundo a
categoria profissional do indivíduo com maior rendi-
mento no agregado.. 85
Gráfico 27 – Risco de privação segundo o grau de urbanização, 2009   90
Gráfico 28 – Risco de privação segundo o grau de urbanização, por
grupo etário 91
Gráfico 29 – Risco de privação infantil segundo o grau de urbaniza-
ção, por grupo etário.. 92
Gráfico 30 – Risco de privação infantil segundo o número de crian-
ças no agregado familiar 93
Gráfico 31 – Risco de privação infantil segundo o número de crian-
ças no agregado familiar, para os diferentes domínios.   94
Gráfico 32 – Risco de privação infantil segundo a tipologia familiar   95
Gráfico 33 – Risco de privação infantil segundo a tipologia familiar   96
Gráfico 34 – Risco de privação infantil segundo a tipologia familiar   97
Gráfico 35 – Risco de privação infantil segundo o nível máximo de
escolaridade no agregado familiar....................................... 98
Gráfico 36 – Risco de privação infantil segundo o nível máximo de
escolaridade no agregado familiar, para os diferentes
domínios... 99

Índice de Gráficos | 9

Gráfico 37 – Risco de privação dos indivíduos cujo agregado familiar não tem qualquer indivíduo a trabalhar, por escalão etário............ 100

Gráfico 38 – Risco de privação para os indivíduos cujo agregado familiar não tem indivíduos a trabalhar, por grupo etário 101

Gráfico 39 – Risco de privação infantil segundo a categoria profissional do indivíduo com maior rendimento no agregado. 102

Gráfico 40 – Risco de privação segundo o grau de esforço económico do agregado, por grupos etários, 2009............ 104

Gráfico 41 – Consistência entre as medidas de pobreza: incidência da pobreza monetária infantil e da privação infantil, pelo número de crianças que compõem o agregado............ 106

Gráfico 42 – Consistência entre as medidas de pobreza: incidência da pobreza monetária infantil e da privação infantil, pela composição familiar............ 107

Gráfico 43 – Consistência entre as medidas de pobreza: incidência da pobreza monetária e da privação para os indivíduos que compõem agregados familiares em que ninguém trabalha............ 108

Gráfico 44 – Posição relativa das situações de pobreza: incidência da pobreza monetária infantil e da privação infantil, pelo grau de esforço económico do agregado da criança...... 109

Gráfico 45 – Taxas de entrada e taxas de saída da pobreza, por grupo etário............ 113

Gráfico 46 – Taxas de entrada e taxas de saída da pobreza infantil, por grupo etário............ 114

Gráfico 47 – Taxas de entrada e taxas de saída da pobreza infantil, por grau de urbanização............ 115

Gráfico 48 – Taxas de entrada e de saída na pobreza infantil, de acordo com a existência de crianças no agregado familiar e a sua composição, 2007............ 116

Gráfico 49 – Taxas de entrada, saída e persistência da pobreza infantil, segundo o nível de escolaridade máximo no agregado familiar, 2007............ 117

Gráfico 50 – Taxas de entrada, saída e persistência da pobreza infantil, segundo o grau de esforço económico do agregado e a capacidade para fazer face às despesas, 2007.......... 118

Gráfico 51 – Taxas de entrada, saída e persistência da pobreza infantil, segundo a profissão do indivíduo com maior rendimento no agregado familiar, 2007............ 119

10 | Números com Esperança

Gráfico 52 – Distribuição dos indivíduos pelo número de anos em
situação de pobreza, segundo o escalão etário (%)........ 120
Gráfico 53 – Tipologia longitudinal da pobreza, por escalão etário.. 121
Gráfico 54 – Distribuição das crianças pelo número de anos em situação de pobreza, segundo o escalão etário (%)........... 122
Gráfico 55 – Tipologia longitudinal da pobreza infantil por grupos
etários 123
Gráfico 56 – Distribuição dos indivíduos (total e crianças) pelo número de anos em situação de pobreza, segundo o grau
de urbanização (%)........................ 124
Gráfico 57 – Tipologia longitudinal da pobreza, segundo o grau de
urbanização.................. 125
Gráfico 58 – Distribuição das crianças pelo número de anos em situação de pobreza, segundo o número de crianças no
agregado e a composição familiar (%) 126
Gráfico 59 – Tipologia longitudinal da pobreza infantil, segundo o
número de crianças no agregado familiar e a sua composição.................. 127
Gráfico 60 – Distribuição dos indivíduos (total e crianças) pelo número de anos em situação de pobreza, segundo o nível
máximo de escolaridade no agregado familiar.......... 128
Gráfico 61 – Tipologia longitudinal da pobreza infantil, segundo o
máximo grau de escolaridade no agregado familiar 129
Gráfico 62 – Distribuição dos indivíduos (total e crianças) pelo número de anos em situação de pobreza, segundo o grau
de esforço económico do agregado familiar.............. 130
Gráfico 63 – Tipologia longitudinal da pobreza segundo o grau de
esforço económico do agregado familiar...... 131
Gráfico 64 – Tipologia longitudinal da pobreza infantil, segundo a
profissão do indivíduo com maior rendimento no agregado familiar 132
Gráfico 65 – Evolução da incidência da pobreza antes e após transferências sociais destinadas à família/criança, por grupos etários.......... 140
Gráfico 66 – Evolução da incidência da pobreza infantil antes e após
transferências sociais destinadas à família/criança 141
Gráfico 67 – Avaliação da incidência e intensidade da pobreza resultante do cenário 1 – 2008 149
Gráfico 68 – Avaliação da incidência e intensidade da pobreza resultante do cenário 1 – 2009 150

Índice de Gráficos | 11

Gráfico 69 – Avaliação da incidência da pobreza resultante do cenário 2-2008 153

Gráfico 70 – Avaliação da intensidade da pobreza resultante do cenário 2-2009 153

Gráfico 71 – Avaliação da incidência da pobreza resultante do cenário 2-2009 154

Gráfico 72 – Avaliação da intensidade da pobreza resultante do cenário 2-2009 155

Gráfico 73 – Avaliação da incidência e intensidade da pobreza resultante do cenário 3-2008 156

Gráfico 74 – Avaliação da incidência e intensidade da pobreza resultante do cenário 3-2009 157

Índice de Quadros

Quadro 1 – Risco de pobreza – Portugal e a UE 24

Quadro 2 – Risco de pobreza – Portugal e a Europa do Sul 24

Quadro 3 – População infantil – comparação entre a estrutura da amostra ICOR e Estimativas anuais 52

Quadro 4 – Índice de privação e risco de privação específico das crianças por grupo etário 64

Quadro 5 – Incidência de pobreza ICOR vs IDEF 66

Quadro 6 – Despesa média dos agregados familiares em rubricas relacionadas com a educação, diferenciação de situações de pobreza monetária e presença de crianças no agregado familiar (euros) 71

Quadro 7 – Distribuição da despesa em rubricas relacionadas com a educação, diferenciação de situações de pobreza monetária e presença de crianças no agregado familiar (%) 72

Quadro 8 – Efeitos marginais do modelo *logit* para identificação do perfil da criança em risco de pobreza monetária em 2004 88

Quadro 9 – Efeitos marginais do modelo logit para identificação do perfil da criança em risco de pobreza monetária em 2009 89

Quadro 10 – Distribuição do rendimento médio dos agregados familiares proveniente de prestações sociais pelos diferentes tipos de prestações, segundo o número de crianças no agregado, 2009 139

Quadro 11 – Avaliação da redução da pobreza nos indivíduos pertencentes a famílias monoparentais e no total das crianças, cenário 1, 2008 148

Quadro 12 – Avaliação da redução da pobreza nos indivíduos pertencentes a famílias monoparentais e no total das crianças, cenário 1, 2009 149

Quadro 13 – Avaliação da redução da pobreza nos indivíduos pertencentes a famílias mais numerosas e no total das crianças, cenário 2, 2008 151

Quadro 14 – Avaliação da redução da pobreza nos indivíduos pertencentes a famílias mais numerosas e no total das crianças, cenário 2, 2009 152

Quadro 15 – Avaliação da redução da pobreza infantil, cenário 3, 2009 156

Quadro 16 – Sistema de indicadores de monitorização da pobreza infantil 167

Índice de Tabelas

Tabela 1 – Indicadores de privação considerados para a determinação do indicador composto de privação 175

Tabela 2 – Frequência dos distintos indicadores de bem-estar que compõem o índice de privação 176

Tabela 3 – Frequência de indicadores de bem-estar seleccionados para os domínios de bem-estar "Participação social" (2006) e "Acessibilidades a serviços básicos" (2007) 177

Tabela 4 – Frequência de indicadores de bem-estar seleccionados para o domínio de bem-estar "Privação específica das crianças" 178

Tabela 5 – Principais indicadores de pobreza monetária, desagregação por escalão etário 179

Tabela 6 – Evolução do índice agregado de privação, desagregação por escalão etário 180

Tabela 7 – Evolução do risco de privação, desagregação por escalão etário 180

Tabela 8 – Evolução do índice de privação por indicador de bem-estar, desagregação por escalão etário 181

Tabela 9 – Índice de privação e risco de privação, desagregação por escalão etário, relativamente às dimensões de bem-estar "Participação social" e "Acessibilidade a serviços básicos" 182

Tabela 10 – Índice de privação e risco de privação específico das crianças, desagregação por escalão etário 182

Tabela 11 – Despesa média dos agregados familiares pelas classes da COICOP, diferenciação de situações de pobreza monetária e presença de crianças no agregado familiar (euros) 183

Tabela 12 – Distribuição da despesa pelas classes de despesa da COICOP, diferenciação de situações de pobreza monetária e presença de crianças no agregado familiar (%) ... 184

Tabela 13 – Consistência entre as medidas de pobreza: pobreza monetária / privação – por grupo etário 185

16 | Números com Esperança

Tabela 14 – Risco de pobreza monetária segundo algumas características sociodemográficas 186

Tabela 15 – Risco de pobreza monetária segundo algumas características económicas... 187

Tabela 16 – Resultados da estimação do modelo logit para identificação do perfil da criança em risco de pobreza monetária em 2004 188

Tabela 17 – Resultados da estimação do modelo logit para identificação do perfil da criança em risco de pobreza monetária em 2009 189

Tabela 18 – Risco de privação segundo algumas características sociodemográficas... 191

Tabela 19 – Risco de privação segundo algumas características sociodemográficas, relativamente ao domínio de bem-estar "Participação social"... 192

Tabela 20 – Risco de privação segundo algumas características sociodemográficas, relativamente ao domínio de bem-estar "Acessibilidade a serviços básicos" 193

Tabela 21 – Risco de privação específico das crianças segundo algumas características sociodemográficas............................... 194

Tabela 22 – Risco de privação segundo algumas características económicas... 195

Tabela 23 – Risco de privação segundo algumas características económicas, relativamente ao domínio de bem-estar "Participação social" 196

Tabela 24 – Risco de privação segundo algumas características económicas, relativamente ao domínio de bem-estar "Acessibilidade a serviços básicos"...................................... 197

Tabela 25 – Risco de privação específico das crianças segundo algumas características económicas... 198

Tabela 26 – Consistência entre as medidas de pobreza: pobreza monetária/privação – por estrutura familiar...................... 199

Tabela 27 – Consistência entre as medidas de pobreza: pobreza monetária/privação – por tipo de capacidade económica do agregado familiar... 200

Tabela 28 – Fluxos de entrada e saída de situações de pobreza entre t-1 e t, segundo o escalão etário..................................... 201

Tabela 29 – Fluxos de entrada e saída de situações de pobreza entre t-1 e t, segundo algumas características sociodemográficas... 202

Tabela 30 – Fluxos de entrada e saída de situações de pobreza entre t-1 e t, segundo algumas características económicas....... 203

Índice de Tabelas | 17

Tabela 31 – Número de anos em situação de pobreza monetária, segundo o escalão etário.. 204

Tabela 32 – Tipologia longitudinal da pobreza monetária, segundo o escalão etário 204

Tabela 33 – Distribuição dos indivíduos pelo número de anos em situação de pobreza monetária, segundo algumas características sociodemográficas...................................... 205

Tabela 34 – Tipologia longitudinal da pobreza monetária, segundo algumas características sociodemográficas...................... 206

Tabela 35 – Distribuição dos indivíduos pelo número de anos em pobreza monetária, segundo algumas características económicas.. 207

Tabela 36 – Tipologia longitudinal da pobreza monetária, segundo algumas características económicas............................. 208

Tabela 37 – Resultados da estimação do modelo de contagem para identificação do perfil de duração da pobreza................ 209

Tabela 38 – Rendimento médio em euros proveniente de prestações sociais, segundo o número de crianças no agregado familiar e a tipologia familiar, 2009..................................... 210

Tabela 39 – Distribuição do rendimento médio em euros proveniente de prestações sociais pelas diferentes componentes, segundo o número de crianças no agregado familiar e a tipologia familiar, 2009 211

Tabela 40 – Principais indicadores de pobreza monetária após majoração das prestações familiares, por escalão etário, 2008 . 212

Tabela 41 – Principais indicadores de pobreza monetária após majoração das prestações familiares, por tipologia familiar, 2008...................................... 213

Tabela 42 – Principais indicadores de pobreza monetária após majoração das prestações familiares, por número de crianças no agregado familiar, 2008 214

Tabela 43 – Principais indicadores de pobreza monetária após majoração das prestações familiares, por escalão etário, 2009 . 215

Tabela 44 – Principais indicadores de pobreza monetária após majoração das prestações familiares, por tipologia familiar, 2009...................................... 216

Tabela 45 – Principais indicadores de pobreza monetária após majoração das prestações familiares, por número de crianças no agregado familiar, 2009...................................... 217

1. Introdução

A pobreza e a exclusão social são problemas que atingem, ainda que de forma diferenciada, todo o globo. Na UE (27) cerca de 16% da população encontrava-se em risco de pobreza em 2009, valor que em Portugal atingia 17,9%[1]. Esta disparidade não é alheia a alguns dos factores fracturantes do modelo de desenvolvimento nacional, de onde se destacam: a predominância de actividades não especializadas e de mão-de-obra intensiva, a precariedade do emprego, os baixos salários e o padrão territorial de desenvolvimento (litoral vs interior).

Os contornos e a intensidade da pobreza em Portugal são bastante heterogéneos. Novas formas de pobreza, resultantes fundamentalmente de desemprego, de mutações na estrutura familiar ou de problemas de saúde, coexistem com as situações tradicionais de exclusão. Em termos estritamente demográficos, verifica-se a existência de grupos populacionais particularmente vulneráveis à pobreza. É o que se passa com as crianças. De facto, a incidência da pobreza no grupo etário dos 0 aos 17 anos atingiu os 22,9%[2] em 2009, constituindo-se como o grupo etário mais vulnerável à pobreza. É também este grupo que regista um maior tempo de permanência na pobreza, perpetuando e alimentando o ciclo de transmissão intergeracional da pobreza.

---

[1] Fonte: EUROSTAT, EU Statistics on Income and Living Conditions (EU-SILC).

[2] Fonte: EUROSTAT, EU Statistics on Income and Living Conditions (EU-SILC).

20 | Números com Esperança

A pobreza infantil tem constituído uma meta da política social dos últimos anos. A Estratégia Nacional para a Inclusão definida para o biénio 2008-2010 e o Programa Nacional de Acção para a Inclusão 2006-2008 assumem o combate à pobreza infantil como uma das suas prioridades, em consonância com os objectivos de redução significativa da pobreza preconizados na Cimeira de Lisboa do início do milénio.

O estudo agora apresentado insere-se no âmbito da pobreza infantil. A sua dimensão e intensidade, assim como a escassez de informação sobre o mesmo, justificam a necessidade de elaboração de um diagnóstico rigoroso e abrangente do problema da pobreza infantil, o que constitui o primeiro objectivo deste estudo. O reconhecimento político e social deste problema e, fundamentalmente, das consequências que lhe estão associadas, têm promovido a implementação de medidas de política social sobre as quais importa reflectir e avaliar, o que consubstancia o segundo objectivo deste estudo.

Este trabalho insere-se no Projecto *Pobreza Infantil em Portugal* desenvolvido para o GEP – Gabinete de Estratégia e Planeamento do MTSS – Ministério do Trabalho e Solidariedade Social, pelos autores deste livro.

O trabalho que agora se publica está estruturado em torno de três eixos fundamentais: a abordagem teórica de conceptualização e mensuração da pobreza infantil, o diagnóstico do problema e, finalmente, um terceiro eixo relativo à discussão das políticas sociais encetadas no âmbito do combate à pobreza infantil.

Nos capítulos 2 e 3 que precedem este capítulo introdutório pretende-se sistematizar e discutir as diferentes perspectivas de análise da problemática da pobreza infantil. Esta análise é fundamentalmente condicionada pelas opções conceptuais adoptadas, que, por seu turno, determinam a grelha de mensuração do problema.

O capítulo 4 realiza uma análise empírica do problema da pobreza infantil a partir dos dados estatísticos disponíveis, nomeadamente provenientes do Inquérito às Condições de Vida e Rendimento (ICOR) e do Inquérito às Despesas das Famílias (IDEF) aplicados pelo Instituto Nacional de Estatística. O período de análise compreende os anos de 2004 a 2009, período para o qual estão disponibilizados os microdados do ICOR, sendo esta informação complementada pelos dados do IDEF de 2005/06. A análise desenvolvida visa identificar os sintomas da pobreza infantil – a partir da análise estática dos microdados – e as causas da pobreza infantil – com base nos dados longitudinais disponibilizados. Em termos conceptuais é prosseguida uma abordagem unidimensional do problema da pobreza infantil, sustentada no conceito de pobreza monetária e uma análise multidimensional do mesmo, assente no conceito de privação.

No capítulo 5 discute-se a eficácia de algumas medidas de política social na redução da pobreza infantil, em particular do abono de família, e avança-se com algumas propostas que poderão ser consideradas no âmbito de políticas que visem debelar o problema.

O capítulo 6 sistematiza as principais conclusões obtidas e discute as suas implicações. Destas implicações salienta-se a definição de um quadro de monitorização e análise da pobreza infantil, que permita aferir a dimensão do problema quer em termos absolutos, quer relativamente a outros países nomeadamente da UE, uma vez que esta congrega informação estatística relativamente uniformizada.

2. Enquadramento do Problema da Pobreza Infantil

Trata-se de um problema que tem suscitado uma atenção crescente por parte dos decisores políticos, dos investigadores e da sociedade em geral. O que está subjacente a este interesse? O número de crianças atingidas? A intensidade e severidade das condições de vida destas crianças? As suas consequências? Os seus custos? Importa talvez pararmos um pouco no turbilhão dos nossos dias e reflectir sobre um problema que a todos toca.

2.1. Dimensão do problema da pobreza infantil no contexto internacional

A redução da pobreza infantil continua a ser um desafio para grande parte dos países da UE. Esta meta constitui um compromisso que tem vindo a ser reforçado nos últimos anos pelo Comité de Protecção Social. A pobreza infantil contraria o princípio da igualdade de oportunidades preconizado pela Convenção dos Direitos da Criança, a vigorar desde o início da década de 90. Trata--se, por isso, também, de uma questão de justiça social.

Ao nível da OCDE, Portugal apresenta um risco de pobreza infantil acima da média[3], destacando-se também pelo facto de ser

---

[3] Os dados da OCDE mostram que em 2005, 16,6% das crianças eram pobres, 4,2 pontos percentuais acima da média. Esta taxa é calculada a partir de uma linha de pobreza que corresponde a 50% da mediana do rendimento por adulto equivalente.

24 | Números com Esperança

um dos países onde o impacto das transferências sociais é mais reduzido.

No contexto da UE, Portugal é um dos países com maior risco de pobreza infantil. Note-se, adicionalmente, que no nosso país se verifica uma maior diferenciação deste risco relativamente à generalidade dos indivíduos, facto que acentua a importância da pobreza infantil no contexto nacional (Quadro 1).

QUADRO 1 – **Risco de pobreza – Portugal e a UE**

Ano: 2009	Total	Crianças (idade < 18)
UE(15)	15.9	19.3
UE (27)	16.3	19.9
Portugal	17.9	22.9

Fonte: EUROSTAT, EU Statistics on Income and Living Conditions (EU-SILC)

No contexto da Europa do Sul a situação de Portugal é relativamente melhor, no que à pobreza infantil diz respeito (Quadro 2).

QUADRO 2 – **Risco de pobreza – Portugal e a Europa do Sul**

Ano: 2009	Total	Crianças (idade < 18)
Espanha	19.5	23.7
Grécia	19.7	23.7
Itália	18.4	24.4
Portugal	17.9	22.9

Fonte: EUROSTAT, EU Statistics on Income and Living Conditions (EU-SILC)

Todavia, note-se que continua a ser no nosso país que se verifica uma maior diferenciação do risco de pobreza das crianças em relação à generalidade dos indivíduos, sugerindo uma vulnerabilidade acrescida destas.

No contexto da EU, os países da Europa do Norte e da Europa Continental registam reduzidas incidências da pobreza e da pobreza infantil (em torno dos 12%). Mesmo nos países da Europa de Leste estes valores são em média inferiores aos que se verificam para Portugal, colocando o nosso país numa posição desfavorável no que respeita estas estatísticas.

2.2. Consequências e custos de um problema que a todos toca

A vivência em situação de pobreza reveste-se de uma gravidade acrescida relativamente aos restantes estratos da população. As consequências desta vivência fazem-se sentir no curto e no médio e longo prazos (Duncan *et al.*, 1997, Gauthier, 1999 e Duncan, 2006).

No curto prazo, por via das privações diárias a que as crianças pobres estão sujeitas. Estas privações reflectem-se ao nível da nutrição e da saúde em geral, da capacidade de aprendizagem e do desenvolvimento físico e psicológico. Mas estas consequências também se prolongam no médio e longo prazo, na idade adulta, através do grau de escolaridade/qualificação profissional, da inserção no mercado de trabalho, da capacidade de participação e intervenção social. Por isso, travar a pobreza infantil significa concomitantemente debelar o fenómeno mais geral da pobreza.

Mas será que para todos nós a pobreza infantil não representa também custos?

Estes custos traduzem-se no imediato pelos apoios sociais que as situações de carência exigem, quer em termos monetários como de apoios em espécie. Adicionalmente, os problemas sociais associados a esta problemática são também uma fonte de despesa[4].

---

[4] Hirsch (2008) estima que os custos anuais da pobreza infantil no Reino Unido deverão ascender aos 25 biliões de libras, anualmente.

A estes custos, e de difícil avaliação, há que juntar os resultantes da não utilização plena do potencial humano[5].

Numa época em que se impõem cortes ao nível da despesa pública e se questiona a função e o estatuto do Estado Social, a pobreza infantil emerge como fenómeno que urge conter, constituindo, neste contexto, um paradoxo. Importa considerar esses custos económicos como um contributo para o investimento social, que visa reduzir a estigmatização e marginalização associadas à pobreza infantil, assumindo-se assim como um preço a pagar hoje, por um benefício que impacta o bem-estar social da comunidade no futuro.

Finalmente, note-se que a pobreza infantil constitui, de alguma forma, uma injustiça social. Porque às crianças não podem ser atribuídos juízos de culpa, a pobreza surge para elas como uma condição que não escolheram e para a qual não contribuíram. Existe talvez por isso uma responsabilidade social no debelar deste problema que, em última análise parece reflectir-se em custos para todos[6].

---

[5] Griggs and Walker (2008, pág. 24) referem a propósito: *"(...) the consequences of child poverty are serious, far-reaching and multi-faceted"*.

[6] Minujin e Davidziuk (2006, pág. 481) são bastante assertivos sobre esta questão quando escrevem: *"The world is falling short of its promise and commitment to ensure that every child enjoys a safe and nurturing childhood. The Convention on the Rights of the Child, which came into force in 1989, provides children – in both rich and poor countries – with the right to a childhood in which they can learn, play, enjoy full health and develop to their potential. However, 15 years after the adoption of the Convention, and after more than 15 years of market-led economic growth, governments and the international community are still far from fulfilling children's rights and creating a world fit for children."*

3. Sobre as Abordagens Metodológicas do Problema da Pobreza Infantil

Os estudos sobre a problemática da pobreza infantil empregam diversas metodologias. A abordagem macro do problema[7] utiliza indicadores estatísticos tais como: taxa de mortalidade infantil, esperança de vida à nascença, taxa de insucesso escolar, proporção de crianças que vivem em habitat degradado, entre outros. O objectivo central deste tipo de estudos é a definição de uma bateria de indicadores que se considera traduzirem o nível de bem-estar das crianças, produzidos pelo sistema estatístico. A combinação destes indicadores tem dado origem a índices compósitos de bem-estar das crianças, produzidos por organismos tais como a UNICEF, que permitem comparações inter-países.

A abordagem micro centra-se na observação do indivíduo – daí a sua designação. Partindo da hipótese de distribuição equitativa dos recursos dentro do agregado familiar, os estudos tradicionais sobre este fenómeno consideravam como unidade estatística de observação a família, utilizando o rendimento como meio de aferição da pobreza[8]. Esta metodologia é, de alguma forma, limitada uma vez que identifica a pobreza da família com a pobreza das crianças incluídas no agregado familiar e utiliza uma perspectiva unidimensional de mensuração de um fenómeno pluridimensional.

---

[7] O desenvolvimento desta abordagem pode ser visto em Bradshaw, J. *et al.* (2007).

[8] As estatísticas produzidas pelo EUROSTAT incluem-se neste tipo de estudos.

Partindo de uma concepção multidimensional da pobreza infantil e complementando a informação dada pelo rendimento do agregado familiar, estudos mais recentes têm vindo a incorporar nos trabalhos sobre pobreza infantil a aferição directa das condições de vida das famílias, através da observação de indicadores não monetários[9]. Tais indicadores não são específicos do bem-estar da criança, mas a sua seriação poderá constituir uma *proxy* desse bem-estar. A informação fornecida por estes estudos tem tido um carácter fundamentalmente académico. Neste projecto pretende-se utilizar esta grelha de análise propondo uma metodologia multidimensional de aferição da pobreza infantil, a partir dos microdados produzidos pela UE no âmbito do rendimento e das condições de vida e, por isso, susceptível de ser adoptada em comparações internacionais.

Finalmente e partindo de estudos de dimensão mais reduzida, têm vindo a ser realizados estudos que, considerando a criança como unidade estatística de observação privilegiada, avaliam a pobreza infantil a partir de um conjunto de indicadores de bem-estar específicos da criança[10]. Necessariamente estes trabalhos também contemplam informação relativa à família em que a criança se insere, nomeadamente em termos de rendimento. De facto, a pobreza infantil não se pode dissociar das condições de vida da família mas não se reflecte apenas através destas.

O estudo que iremos realizar engloba elementos metodológicos das diferentes abordagens referidas. Por um lado, propomo-nos definir um conjunto de indicadores macro que traduzam a situação da infância, passíveis de comparação internacional. Por outro lado, partindo dos microdados existentes no sistema estatístico europeu relativos às condições de vida e rendimento, sugerimos uma abordagem multidimensional da pobreza infantil, que apesar de se centrar na observação das condições de vida das

---

[9] Bastos, A. e Nunes, F. (2009) aplicam esta metodologia para Portugal.

[10] Bastos, A. *et al.* (2004) e, mais recentemente, Bastos, A. e Machado, C. (2009) desenvolvem esta abordagem relativamente à zona de Lisboa.

Sobre as Abordagens Metodológicas do Problema da Pobreza Infantil | 29

famílias com crianças a cargo, não se cinge à aferição do rendimento dessas famílias[11].

Tendo em conta as diferentes metodologias de análise do problema da pobreza infantil, clarificam-se e sistematizam-se de seguida as opções metodológicas adoptadas neste trabalho.

3.1. As fontes de informação estatística

A unidade estatística de observação considerada é a "criança – indivíduo com menos de 18 anos". No entanto, tendo em conta a natureza dos microdados existentes, nem sempre é possível considerar a criança por si só, enquanto unidade central de análise. A criança será assim observada como parte integrante do seu agregado familiar, pressupondo-se que esta tem acesso a todos os recursos nele disponíveis de forma equitativa aos restantes membros.

Em Portugal existem poucas fontes de informação que pelos seus microdados permitam de forma integrada avaliar a situação de pobreza numa perspectiva unidimensional e multidimensional, nomeadamente quando se pretende avaliar a situação das crianças.

Uma das principais fontes de informação destinada à medição da pobreza em Portugal refere-se ao Inquérito às Condições de Vida e Rendimentos (ICOR), desenvolvido pelo Instituto Nacional de Estatística desde 2004. É um inquérito amostral, de periodicidade anual, sendo harmonizado entre os vários Estados-membros da União Europeia. Neste contexto é designado por *European Statistics of Income and Living Conditions* (EU-SILC). Tem como principais variáveis:

- o rendimento dos agregados domésticos privados e dos seus indivíduos desagregado pelas suas distintas rubricas, que se reporta ao ano civil anterior ao da realização do inquérito;

---

[11] A inexistência de microdados estatísticos específicos do bem-estar das crianças não nos permite desenvolver outro tipo de estudo.

30 | Números com Esperança

- as condições de vida dos respectivos agregados familiares e dos seus indivíduos de acordo com diferentes vertentes;
- aspectos sociais e demográficos de caracterização das suas principais unidades de observação: alojamento, agregado doméstico privado e indivíduo.

O ICOR é uma operação estatística cuja amostra é representativa dos agregados familiares do território nacional (Continente e Regiões Autónomas). O desenho amostral refere-se a um painel rotativo, dado que em todos os anos é feita uma substituição de _ da amostra (i.e., nenhum agregado ou indivíduo permanecerá na amostra por mais do que 4 anos consecutivos). Além dos estudos transversais, este esquema amostral potencia o desenvolvimento de análises longitudinais sobre a problemática da pobreza, constituindo-se como o inquérito que suporta a análise empírica desenvolvida no contexto deste trabalho.

O ICOR não é isento de algumas insuficiências nomeadamente quando se pretende dar resposta a análises da pobreza direccionada para grupos-alvo específicos. Salienta-se designadamente grupos como as crianças, as mulheres, os idosos, as famílias monoparentais, entre outros, cuja análise da pobreza se torna mais consistente perante a existência de indicadores de medida individual.

O Inquérito às Despesas das Famílias (IDEF), realizado pelo Instituto Nacional de Estatística quinquenalmente, é outro instrumento que permite analisar a pobreza infantil. Os microdados daí resultantes relacionam as receitas e as despesas das famílias e dos seus indivíduos. O último ano a que se reporta este instrumento é 2005, informação que será também utilizada no âmbito deste trabalho, complementando o diagnóstico da pobreza das crianças efectuado através do ICOR. Para tal explora-se a componente da despesa das famílias compostas por crianças, especialmente encargos específicos com as crianças (referentes a educação, saúde, vestuário, alimentação, entre outros) relacionando-os com as respectivas receitas existentes, receitas essas que posicionam essas famílias numa situação de pobreza monetária ou não.

3.2. A definição de criança pobre

O estudo da pobreza, qualquer que seja o grupo alvo, envolve a análise do nível de bem-estar individual relativamente a um nível de bem-estar mínimo aceitável. Decorre directamente desta análise a necessidade de definir, por um lado, o conceito de bem-estar e, por outro lado, o nível de bem-estar mínimo. De forma mais precisa, é necessário explicitar o conceito de pobreza adoptado e a linha de pobreza que permite classificar os indivíduos como pobres vs não pobres.

As principais abordagens relativas ao conceito de pobreza incluem fundamentalmente dois conceitos: o conceito de pobreza monetária e o de privação. O primeiro radica na observação do rendimento do indivíduo face a um nível de rendimento mínimo aceitável – limiar de pobreza. Trata-se de um conceito: *objectivo* – não envolve a percepção individual do nível de bem-estar, *relativo* – a situação de pobreza define-se por comparação com um nível mínimo de bem-estar aceitável numa dada sociedade, de uma *avaliação indirecta* – utiliza a variável rendimento para aferir a capacidade do indivíduo para fazer face às suas necessidades e, finalmente, de uma *abordagem unidimensional* do problema porquanto se cinge à observação de uma única variável, o rendimento. O conceito de privação, desenvolvido por Townsend (1979), tem subjacente a *avaliação directa das condições de vida* dos indivíduos, por recurso a um conjunto de indicadores previamente definidos e por isso consubstancia-se numa *abordagem multidimensional* da pobreza.

As diferenciações metodológicas de análise da pobreza infantil radicam no conceito de criança pobre adoptado, de acordo com as abordagens unidimensional e multidimensional[12], referidas anteriormente.

---

[12] Para um desenvolvimento detalhado da conceptualização de criança pobre vejam-se, por exemplo: Gonzalez and Davidziuk (2005) e Roelen and Gassman (2008).

A abordagem unidimensional considera que uma criança é pobre caso esteja incluída num agregado familiar pobre, ou seja, com um rendimento disponível (variável de recursos adoptada) abaixo do limiar de pobreza previamente estabelecido. Partindo da hipótese de que os recursos são equitativamente repartidos dentro do agregado familiar[13] e no sentido de ter em conta dimensões e composições diferenciadas das famílias, é utilizada a escala de equivalência modificada da OCDE, de acordo com o estabelecido ao nível do EUROSTAT. Trata-se do conceito de pobreza monetária. Esta é a metodologia seguida pelo EUROSTAT e aplicada em Portugal pelo INE.

Não se pretendendo fazer aqui uma discussão exaustiva das fragilidades desta abordagem[14] importa contudo referir duas das suas principais limitações: (i) ao cingir a análise da pobreza à observação do rendimento, não está a ser tida em consideração a influência de outros elementos no bem-estar da criança como sejam os aspectos relacionados com as áreas da saúde e da educação, factores cruciais desse bem-estar; (ii) ao considerar que o rendimento do agregado familiar é repartido equitativamente por todos os seus membros estão a escamotear-se as questões de afectação desse rendimento, o que não permite descortinar quais os reais beneficiários do mesmo.

A pobreza é um fenómeno pluridimensional que não se confina nem se esgota na escassez de recursos monetários, por isso têm vindo a ser propostas abordagens alternativas de análise desta problemática, que compreendem análises multidimensionais do problema[15].

A análise da privação tem este carácter multidimensional uma vez que parte da observação das condições de vida dos indivíduos.

---

[13] Hipótese pouco consensual cuja discussão das limitações subjacentes pode ser vista em Jenkins (2000).

[14] Para uma análise mais detalhada destas fragilidades veja-se por exemplo Bastos and Machado (2009) e Roelen and Gassman (2008).

[15] O trabalho pioneiro de Townsend (1979) é um marco importante no desenvolvimento destas metodologias.

Sobre as Abordagens Metodológicas do Problema da Pobreza Infantil | 33

Esta observação é feita por comparação com um nível mínimo de bem-estar considerado aceitável e, por isso, tem um carácter relativo. Trata-se também de uma opção conceptual de natureza objectiva e directa na medida em que a aferição da privação é feita a partir da caracterização do modo de vida do indivíduo.

A análise da privação no âmbito da pobreza infantil parte da definição de bem-estar da criança. Para esta definição concorrem elementos específicos deste bem-estar, necessariamente diferenciados dos relativos aos adultos. Esta constitui uma forte limitação dos microdados disponíveis, quer ao nível do ICOR como do IDEF, por não incluírem os referidos elementos.

Contudo, a análise exploratória dos dados relativos às condições de vida dos indivíduos/agregados familiares, permite avaliar de forma indirecta o bem-estar das crianças, a partir da selecção criteriosa de indicadores de bem-estar que se considerem pertinentes para esse bem-estar. Assim, *uma criança é pobre ou, mais precisamente, está em situação de privação, se as suas condições de vida não respeitarem um nível mínimo aceitável.*

Ainda no contexto da abordagem multidimensional da pobreza infantil e a partir do trabalho de Amartya Sen (1999)[16] existem autores que definem a pobreza infantil com base no conceito de *capacidade para a realização de acções* que vão desde a existência de um nível de saúde aceitável, à capacidade de brincar, de aprender, entre outras[17]. Para além desta definição refira-se, ainda no contexto de análise multidimensional da pobreza, a abordagem das necessidades básicas e a abordagem dos direitos humanos[18].

---

[16] Referimo-nos mais precisamente à "Capability approach" segundo a qual a pobreza significa a existência de um défice de capacidades básicas de um indivíduo para ter uma vida aceitável. Sen (1999, pág. 41) refere a propósito do que se entende por capacidades básicas: "(…) *the ability to satisfy certain crucially important functionings up to certain minimally adequate levels.*"

[17] Para uma listagem de capacidades veja-se por exemplo Nussbaum (2000).

[18] O desenvolvimento destas abordagens pode ser visto por exemplo em Minujin *et al.* (2006).

34 | Números com Esperança

No trabalho empírico desenvolvido no próximo capítulo são consideradas as abordagens de pobreza monetária e de privação para aferir a pobreza infantil. As opções metodológicas adoptadas são desenvolvidas no próximo ponto.

3.3. A avaliação da pobreza infantil

Tendo sempre como unidade estatística de observação a criança, as opções metodológicas de avaliação da pobreza infantil têm um cariz diferenciado, de acordo com a metodologia de análise adoptada. No contexto da abordagem unidimensional ou de pobreza monetária importa definir: a variável de recursos utilizada, a escala de equivalência considerada e o limiar de pobreza adoptado. No âmbito da análise multidimensional ou de privação, é necessário explicitar os indicadores de bem-estar considerados e definir a metodologia de aferição da privação. Estes elementos são desenvolvidos no ponto seguinte, tendo em conta as perspectivas de análise estática e dinâmica da pobreza infantil, que irão ser utilizadas no estudo empírico apresentado no próximo capítulo.

A análise da pobreza infantil realizada no estudo empírico tem subjacente um conjunto de factores de carácter sociodemográfico e económico. A escalpelização da situação de pobreza dos agregados familiares com crianças, de acordo com estes atributos, revela-se de extrema utilidade. Esta análise fornece-nos os primeiros elementos de compreensão do processo explicativo subjacente à problemática da pobreza infantil.

Os atributos considerados neste estudo desenham a grelha de desagregações adoptada[19]. Em termos sociodemográficos a variável *género* estabelece a primeira desagregação, visando aferir uma

---

[19] Algumas das desagregações consideradas podem ser vistas noutros trabalhos sobre a problemática da pobreza infantil, tal como em Cantó,O. and Prats, M. (1998).

Sobre as Abordagens Metodológicas do Problema da Pobreza Infantil | 35

potencial diferenciação do risco de pobreza monetária entre o sexo masculino e o sexo feminino.

Os estudos realizados no âmbito da pobreza infantil têm mostrado que a *dimensão e a composição da família* induzem riscos heterogéneos de pobreza. Por isso, cada um destes atributos originou uma desagregação que permite avaliar a diferenciação do risco de pobreza, relativa às diferentes categorias consideradas, em cada um dos atributos. Note-se que, no que diz respeito à composição da família, se privilegiou uma abordagem que, por um lado, permite distinguir os agregados familiares com crianças daqueles em que estas não existem e, por outro lado, nos agregados familiares com crianças permite aferir a heterogeneidade do risco de pobreza em função do número de crianças associado.

Ainda no domínio da caracterização do agregado familiar foi considerada a variável *nível máximo de escolaridade no agregado familiar*. A inclusão desta variável decorre da relação empiricamente comprovada entre pobreza infantil e nível de escolaridade dos pais/responsáveis, quer através do estímulo que estes podem transmitir, como pelo auxílio efectivo que podem prestar na escolaridade das suas crianças.

No conjunto de atributos sociodemográficos considerados está também ventilada a questão da territorialidade da pobreza. Neste contexto foram consideradas duas variáveis: *grau de urbanização* e *tipo de alojamento do agregado familiar*. As desagregações correspondentes ao grau de urbanização, têm por objectivo avaliar se as crianças dos meios rurais são mais vulneráveis à pobreza do que as de meios urbanos. As diversas categorias do *tipo de alojamento* visam aferir em que medida, o risco de pobreza infantil está relacionado com o espaço físico de habitação da criança.

As variáveis consideradas no âmbito económico dividem-se em dois subconjuntos: (i) variáveis relacionadas com o mercado de trabalho – *existência de pelo menos um indivíduo a trabalhar no agregado familiar* e *profissão do indivíduo com maior rendimento no agregado familiar*; (ii) variáveis relacionadas com a capacidade do agregado para suprir as suas necessidades correntes – *capacidade do agregado para fazer face às despesas e encargos usuais* e *grau de esforço do agregado*. A inclusão dos indivíduos em idade activa com o mercado de trabalho é extremamente importante no âmbito da pobreza, quer pelo rendimento que significa como pela inclusão social que normalmente traduz. Do ponto de vista da pobreza infantil estes dois elementos concorrem de forma directa para o bem-estar da criança, tanto por via da disponibilidade de recursos financeiros como através da inexistência de sentimentos de frustração associados às situações de desemprego. A capacidade do agregado para suprir as suas necessidades também se reflecte directamente no bem-estar da crianças, por via da existência vs inexistência de recursos financeiros. A aferição desta capacidade é considerada de forma objectiva – *grau de esforço do agregado* que quantifica a proporção de indivíduos com rendimentos de trabalho no agregado relativamente à dimensão do mesmo e, de forma subjectiva – por informação directamente retirada da base de dados, traduzindo a percepção individual relativamente à capacidade do agregado para fazer face às despesas e encargos usuais. A maior ou menor capacidade do agregado referida reflecte-se, no curto prazo, nas condições de vida da criança e, no médio prazo, nas oportunidades que esta tem disponíveis.

3.3.1. *Os sintomas da pobreza infantil – análise estática*

No contexto da pobreza monetária avalia-se a pobreza das crianças a partir dos recursos monetários do seu agregado familiar, considerado *proxy* do seu bem-estar. De acordo com os microdados disponíveis opta-se por recorrer preferencialmente ao rendimento disponível do agregado familiar e às prestações recebidas no âmbito da protecção à criança/família. Sempre que se justifique, complementar-se-á a análise com informação relativa à despesa familiar e individual.

Apesar da unidade de observação ser a criança, a unidade de medida utilizada é o agregado familiar. Pressupõe-se que os membros do agregado familiar partilham os seus recursos monetários de

Sobre as Abordagens Metodológicas do Problema da Pobreza Infantil | 37

forma equitativa e beneficiam de economias de escala em determinados consumos. De acordo com o estabelecido ao nível europeu opta-se por considerar a escala modificada da OCDE. Esta escala subentende a atribuição de um factor de ponderação de 1 ao primeiro adulto, 0,5 a cada um dos restantes e 0,3 a cada criança com idade inferior a 14 anos.

A aferição da situação de pobreza de cada indivíduo faz-se por comparação com o limiar de pobreza oficialmente utilizado pelo Eurostat, que corresponde a 60 por cento da mediana do rendimento por adulto equivalente.

A análise estática da pobreza monetária infantil, que permitirá descrever a situação de pobreza das crianças num dado momento, recorre às tradicionais três medidas agregadas de pobreza referentes à totalidade da população, sendo posteriormente ventiladas pelo grupo das crianças. Referem-se às medidas de Foster-Greer-Thorbecke (FGT)[20], designadamente,

- *Incidência da pobreza*: também designada por *risco de pobreza*, consiste na proporção da população com recursos monetários abaixo do limiar de pobreza estabelecido;
- *Intensidade da pobreza*: definida pela distância que separa os recursos monetários, de um indivíduo em situação de pobreza, do limiar de pobreza;
- *Severidade da pobreza*: dada pela distância a que os recursos monetários se situam do limiar de pobreza admitindo que a gravidade da situação de pobreza cresce mais rapidamente. A severidade da pobreza expressa o nível de desigualdade na distribuição dos recursos monetários entre os pobres.

A avaliação da pobreza monetária das crianças culmina com a estimação de um modelo econométrico de escolha discreta – *logit*[21]

---

[20] Foster *et al.* (1984).

[21] Para maiores detalhes sobre a estimação de modelos logit, veja-se Cameron and Triverdi (2005).

– que permite identificar de forma integrada os factores sociode-mográficos e económicos que distinguem mais fortemente as crianças pobres das crianças não pobres. Para além da robustez estatística deste tipo de técnica deve também sublinhar-se a sua importância em termos de inferência estatística e, por isso, de elemento informativo importante no desenho de medidas de política social que visem debelar o problema da pobreza infantil. Com vista a avaliar a evolução do cenário sociodemográfico e económico da pobreza monetária infantil, efectuou-se a modelação para os momentos estáticos 2004 e 2009, com base na informação proveniente do ICOR.

A análise da privação no âmbito da pobreza infantil parte da definição de bem-estar da criança. Embora se sinta a necessidade de avaliar diversos domínios do bem-estar das crianças, a informação disponibilizada anualmente no ICOR apenas permite seleccionar os seguintes domínios de bem-estar, com interesse acrescido do ponto de vista das crianças:

- Condições internas do alojamento;
- Capacidade financeira do agregado;
- Bens de conforto;
- Ambiente exterior ao alojamento.

A informação contida nos módulos adicionais do ICOR, especificamente, de 2006 – *Participação cultural e social* – de 2007 – *Habitação e habitabilidade* – e de 2009 – *Privação material* – permitem, respectivamente para cada um dos anos referidos, incluir três novos domínios de bem-estar, respectivamente:

- Participação social;
- Acessibilidades a serviços básicos;
- Privação específica das crianças

Analise-se de forma detalhada cada um dos domínios de bem--estar considerados e respectivos indicadores.

As *"condições internas do alojamento"* constituem um domínio de bem-estar muito importante para todos os indivíduos e, por isso,

Sobre as Abordagens Metodológicas do Problema da Pobreza Infantil | 39

necessariamente contemplado no contexto da análise da privação[22]. No âmbito da subpopulação "crianças" este domínio também é considerado. De facto as condições internas do alojamento condicionam o bem-estar e saúde da criança, do ponto de vista do espaço disponível para dormir, brincar e estudar[23]. Assim e tendo em conta os dados disponíveis no ICOR, são considerados neste domínio os seguintes indicadores de bem-estar:

- Alojamento sobrelotado[24];
- Existência de telhado que deixa passar água, paredes/fundações/chão húmido, caixilharia de janelas ou chão apodrecido;
- Luz insuficiente no alojamento;
- Instalações de banho ou duche no interior do alojamento.

A *"capacidade financeira do agregado familiar"* é outro dos determinantes do bem-estar dos indivíduos e, implicitamente, das suas crianças. A abordagem da pobreza do ponto de vista da privação não poderia excluir esta vertente, pelo seu carácter de complementaridade relativamente à abordagem monetária. Assim e tendo em conta as especificidades do bem-estar da criança assim como os dados disponibilizados pelo ICOR, são considerados neste domínio os seguintes indicadores de bem-estar[25]:

- Capacidade financeira para ter a casa adequadamente aquecida;

---

[22] Este domínio está patente em trabalhos sobre privação dos quais se referem, a título de exemplo: Guio *et al.* (2009), Pereirinha *et al.* (2008), Bradshaw *et al.* (2007).

[23] Bartlett (1998) refere a este propósito que as condições de alojamento não só têm impacto no bem-estar da criança no curto prazo como no longo prazo através da perpetuação do ciclo de pobreza que alimentam.

[24] Determinado com base no número de indivíduos que compõem o agregado familiar e o número de divisões existentes no alojamento onde coabitam.

[25] Estes indicadores são também considerados em: European Commission (2008), Bastos *et al.* (2009), trabalhos específicos sobre pobreza infantil.

40 | Números com Esperança

- Atraso no pagamento de rendas, mensalidades de crédito à habitação, despesas correntes com o alojamento, outros empréstimos ou prestações de bens e serviços adquiridos;
- Capacidade do agregado para ter uma refeição de carne ou peixe (ou equivalente vegetariano), pelo menos de dois em dois dias.

Estes indicadores traduzem de alguma forma o stress quotidiano provocado pelos constrangimentos financeiros. Este stress condiciona a disponibilidade de recursos para as crianças e as perspectivas de futuro que lhes são transmitidas.

Os *"bens de conforto"* existentes constituem o terceiro domínio de bem-estar adoptado. A existência destes bens não só condiciona de forma directa o bem-estar da criança como traduz a norma social vigente, componente importante de aferição do ponto de vista da privação. Os indicadores incluídos neste domínio são[26]:

- Disponibilidade de telefone fixo ou móvel;
- Disponibilidade de TV a cores;
- Disponibilidade de veículo de passageiros ou misto.

A aferição dos indicadores de bem-estar considerados, é feita de forma a identificar a posse/não posse dos bens referidos, sendo, neste último caso, razões de carácter económico que estão na base da sua inexistência.

Finalmente, o quarto domínio de bem-estar considerado – *"ambiente exterior ao alojamento"* – pretende identificar a existência de problemas tais como poluição, crime ou violência na área de residência. Estes problemas afectam não só a segurança da criança

---

[26] Trata-se mais uma vez de indicadores incluídos nos trabalhos anteriormente referidos sobre pobreza infantil. Adicionalmente, refira-se que estes indicadores também são considerados pelo EUROSTAT na análise das condições de vida dos indivíduos, comprovando a sua importância como proxies da avaliação da norma social vigente.

Sobre as Abordagens Metodológicas do Problema da Pobreza Infantil | 41

como a sua saúde, autonomia e espaço de brincar, elementos muito importantes para o seu desenvolvimento harmonioso.

Neste contexto são considerados os seguintes indicadores:

- Poluição, sujidade, outros problemas ambientais causados pelo trânsito ou indústria ou vizinhança barulhenta ou ruídos exteriores (comércio, trânsito e indústrias)
- Crime, violência ou vandalismo na área de residência

A Tabela 1, em anexo, sistematiza os indicadores de bem-estar adoptados para integrar um indicador composto de privação. A Tabela 2, em anexo, fornece informação estatística relativa à frequência de cada indicador na amostra.

A partir do módulo adicional do ICOR de 2006 relativo à *Participação Cultural e Social* é considerado um domínio de bem-estar adicional neste ano, que se designou por "Participação Social", na medida em que se optou pelos seguintes indicadores de bem-estar[27]:

- Participação em eventos culturais de lazer (cinema, espectáculos ao vivo, visitas a locais de interesse cultural, acontecimentos desportivos ao vivo)
- Relação social com amigos/familiares
- Participação em actividades organizacionais (voluntárias informais, partidos políticos ou sindicatos, associações profissionais, organizações religiosas, organizações recreativas, instituições de caridade e outros)

Estes indicadores traduzem de alguma forma o contacto com o exterior e a inserção social da criança, componente importante do ponto de vista da privação.

Os dados incluídos no módulo adicional do ICOR de 2007 – *Habitação e Habitabilidade* – permitem considerar neste ano um outro

---

[27] Este domínio de privação é considerado em outros trabalhos sobre privação infantil tais como Bastos *et al.* (2004) e Bastos *et al.* (2009).

42 | Números com Esperança

domínio de bem-estar adicional, que se designou por "Acessibilidade a Serviços Básicos", na medida em que se consideraram os seguintes indicadores:

- Alimentação (acessibilidade de serviços de mercearia)
- Transportes (acessibilidade de transportes públicos)
- Saúde (acessibilidade de serviços de cuidados de saúde primários)
- Educação (acessibilidade de escola de ensino obrigatório)

Estes indicadores permitem aferir da facilidade/dificuldade de acesso a serviços básicos que concorrem para o bem-estar dos indivíduos e também de importância significativa para as crianças.

A partir dos dados incluídos no módulo adicional do ICOR relativo a 2009 – *Privação Material* – introduzem-se novos domínios de bem-estar para este ano. Neste módulo existe informação bastante relevante do ponto de vista da análise da privação infantil, por se tratarem de indicadores específicos para esta unidade de observação[28]. A partir desta informação foram considerados indicadores que versam os seguintes domínios de bem-estar:

- Acesso a vestuário e calçado
- Acesso a uma alimentação equilibrada
- Acesso ao entretenimento
- Acesso ao lazer
- Acesso à socialização
- Acesso a um espaço adequado (interior e exterior do alojamento)
- Acesso à saúde

A partir destes indicadores avalia-se assim a privação infantil em 2009 de uma forma complementar, passando a designar-se a privação neste contexto como *Privação Específica das Crianças*.

---

[28] Ainda que se trate de questões específicas sobre as crianças, não se observa uma diferenciação entre crianças dentro do mesmo agregado familiar.

Os indicadores de bem-estar seleccionados a partir dos módulos adicionais de 2006, 2007 e 2009, e correspondentes frequências na amostra, encontram-se reunidos nas Tabela 3 e 4 em anexo.

A metodologia de análise da privação baseia-se em três fases distintas[29]: (i) descrição, (ii) agregação e (iii) inferência. Seguidamente procede-se pormenorizadamente à especificação do conteúdo de cada uma destas fases.

(i) Descrição

Nesta fase começa-se por seleccionar os domínios de bem-estar e correspondentes indicadores, sistematizados na Tabela 1 em anexo. Posteriormente, efectua-se uma avaliação da posição de cada unidade face a cada indicador de bem-estar seleccionado. A metodologia utilizada para este passo baseia-se na Fuzzy Set Theory[30]. De acordo com esta metodologia, a situação individual em cada indicador pode incluir estados intermédios entre privado e não privado – designado por privação parcial. Esta constitui uma das vantagens desta metodologia na análise da privação. Note-se, porém, que todos os indicadores seleccionados directamente do ICOR anual são de carácter dicotómico impedindo que se retire um completo partido desta metodologia. No entanto, os indicadores resultantes dos módulos adicionais do ICOR de 2006, 2007 e 2009 prevêem níveis intermédios de privação, por se tratar de indicadores politómicos.

(ii) Agregação

Trata-se da fase em que se constrói um indicador composto de privação – Índice Agregado de Privação (IAP) – a par-

---

[29] A descrição detalhada desta metodologia sai fora do âmbito deste relatório, pelo que apenas se apresenta uma descrição sumária da mesma. Para maior detalhe veja-se Bomba, Fernandes e Machado (2006).

[30] Mais precisamente é utilizada a Totally Fuzzy and Relative Theory desenvolvida por Cheli e Lemi (1995).

tir da avaliação individual efectuada na fase anterior. Este indicador avalia a intensidade da privação na população em geral e varia entre 0 (ausência total de privação) e 1 (presença total de privação). Recorre-se a uma agregação ponderada que é feita de modo a dar maior peso às situações em que o indivíduo se encontra privado em categorias de reduzida privação na população em geral e que, por isso, traduzem um forte sentimento de privação individual. Neste contexto o Índice Agregado de Privação resulta de uma média ponderada dos diferentes indicadores.

Passa-se a designar por Índice Agregado de Privação o indicador composto que integra os quatro domínios seleccionados no âmbito do ICOR anual (condições internas do alojamento, capacidade financeira do agregado, bens de conforto e ambiente exterior ao alojamento). O indicador composto relativo a cada um dos domínios específicos resultantes dos módulos adicionais do ICOR de 2006 e 2007 passa a designar-se por Índice de privação no domínio "Participação Social" e Índice de privação no domínio "Acessibilidades a serviços básicos", respectivamente, sendo cada um deles determinado autonomamente. O indicador composto resultante do módulo adicional do ICOR de 2009 integra os sete domínios referidos anteriormente e é determinado somente sobre o subgrupo criança (1 a 15 anos). A análise do índice de privação com base neste módulo difere das anteriores dado que o limiar de privação é determinado dentro deste subgrupo. O Índice de privação obtido neste contexto designa-se por *Índice de Privação específico das crianças.*

(iii) Inferência

Nesta fase é calculado um limiar de privação que permite classificar um indivíduo como privado ou não privado, à semelhança do que é feito no âmbito da pobreza monetária. O limiar utilizado foi 150% do Índice Agregado de Privação atendendo à equivalência do risco de privação e de pobreza monetária específicos para a população infantil (tendo-se dado relevância ao início do período em análise). A partir deste limiar é possível assim avaliar a incidência ou risco de privação.

3.3.2. *As causas da pobreza infantil – análise dinâmica*

A perspectiva dinâmica de análise da pobreza introduz um elemento de extrema importância para a compreensão da pobreza: a duração. De facto, a análise estática fornece-nos informação sobre a incidência, a intensidade e a severidade da pobreza – três dimensões importantes do problema. Por seu turno, a análise dinâmica, ao partir de uma base de dados longitudinal, permite-nos seguir os percursos de pobreza dos indivíduos numa janela de tempo que compreende vários momentos, acrescentando uma dimensão adicional para a aferição da pobreza – a duração. Esta última dimensão é fundamental para podermos compreender os factores de causalidade da pobreza. No contexto da pobreza infantil, refira-se adicionalmente que esta dimensão se revela de extrema importância porquanto a duração da pobreza tem consequências e impactos diversos no seu bem-estar, nomeadamente no médio e longo prazo.

A dimensão temporal permite construir perfis temporais, definidos quer relativamente ao número de anos que um indivíduo está em situação de pobreza – persistência da pobreza – quer à natureza dos fluxos de entrada e saída da pobreza. Esta informação complementa e enriquece o conhecimento do problema da pobreza através da análise estática. A identificação de grupos com perfis temporais diferenciados de pobreza permite definir soluções também diferenciadas.

A análise dinâmica da pobreza permite potenciar o carácter de painel inerente ao ICOR, ainda que este tenha subjacente uma rotatividade de $^1/_4$ da amostra todos os anos. Assim, a partir da base de dados longitudinal do ICOR, disponibilizada pelo INE para os anos 2005 a 2007, construiu-se um *painel equilibrado* composto pelos indivíduos presentes na inquirição em todos os anos disponíveis – 2005,

46 | Números com Esperança

2006 e 2007. Naturalmente que esta opção se repercute numa diminuição da amostra em análise em cerca de 50%[31].

A análise dinâmica realizada no estudo empírico, a partir do conceito de pobreza monetária, compreende fundamentalmente três componentes[32]:

(i) Descrição dos *fluxos de entrada e de saída* – a partir da identificação da sequência temporal de situações de pobreza de cada indivíduo ao longo do período de observação, são calculadas:

- a *taxa de entrada* na pobreza – definida através do quociente entre o número de indivíduos que não eram pobres no período (t-1) mas são pobres no período (t) e o número de indivíduos pobres no período (t);
- a *taxa de saída* da pobreza – que relaciona o número de indivíduos que não são pobres no período (t) mas eram pobres no período (t-1) com o número de indivíduos pobres no período (t).

Ainda neste contexto, pode definir-se a *taxa de persistência* da pobreza, definida através do quociente entre o número de indivíduos que eram pobres no período (t-1) e simultaneamente no período (t) e o número de indivíduos pobres no período (t).

Tendo subjacente o painel equilibrado será possível determinar as taxas de entrada, de saída e de persistência da pobreza, para os anos de 2006 e 2007.

---

[31] Todos os indicadores de pobreza monetária obtidos na perspectiva dinâmica resultam da sua determinação directa a partir do painel equilibrado o que acarreta alguns desvios face às taxas de pobreza monetária determinadas no âmbito de uma análise estática, por se ter reduzido a amostra. Porém, é de evidenciar que essas diferenças não são muito significativas quer ao nível da pobreza monetária quer da estrutura demográfica.

[32] Sobre os elementos metodológicos subjacentes à análise dinâmica da pobreza adoptada neste trabalho vejam-se por exemplo: Nunes (2004), Kuchler and Goebel (2003) e Hill and Jenkinhs (2001).

Sobre as Abordagens Metodológicas do Problema da Pobreza Infantil | 47

(ii) Aferição dos **perfis de** *persistência* na pobreza – a partir da identificação de subgrupos mutuamente exclusivos da *população pobre longitudinal*[33], definidos de acordo com a *incidência temporal* da pobreza.

De uma forma mais agregada, identifica-se o número de momentos que o indivíduo se encontra em situação de pobreza, numa determinada janela temporal. No contexto do painel equilibrado construído com base no ICOR, os momentos em análise referem-se a anos[34] e o período temporal de base totaliza um máximo de 3 anos (2005 a 2007).

Na medida em que podem ocorrer diferentes combinações de presença ou não de pobreza para o período considerado, definem-se subgrupos com um papel mais informativo sobre o percurso de pobreza efectuado.

A definição destes subgrupos assenta nos conceitos de rendimento corrente e de rendimento permanente (média dos rendimentos correntes obtidos ao longo do horizonte temporal considerado).

A partir do conceito de rendimento corrente podem definir-se os indivíduos: *pobres persistentes* – indivíduos que são sempre pobres e os *pobres não persistentes* – os que não são pobres em pelo menos um dos anos e pobres em pelo menos um dos anos.

Com base no conceito de rendimento permanente podem definir-se os *pobres crónicos* – indivíduos que são pobres em todos os momentos e os *pobres não crónicos* – indivíduos que só são pobres em apenas alguns dos anos ou nunca pobres.

---

[33] Considera-se *população pobre longitudinal* o conjunto de indivíduos que no horizonte temporal em análise esteve numa situação de pobreza monetária e, por isso, pobre em termos de rendimento corrente, pelo menos uma vez.

[34] A análise anual de rendimentos torna-se limitativa porque não permite captar a existência de situações de pobreza intra-anual.

48 | Números com Esperança

Da utilização destes dois conceitos surge a seguinte tipologia longitudinal da pobreza ordenada a partir das situações mais gravosas e adoptada na análise empírica dos dados:

- *pobres persistentes* – indivíduos que estão sempre em situação de pobreza, quer com base no rendimento corrente como no rendimento permanente (pobres crónicos);
- *pobres intermitentes* – indivíduos que estiveram momentos fora da pobreza e momentos dentro da pobreza de acordo com o conceito de rendimento corrente, e que são pobres em termos do rendimento permanente (pobres crónicos).
- *pobres transitórios* – indivíduos que sendo pobres intermitentes em termos de rendimento corrente, não o são em termos do rendimento permanente (pobres não crónicos);

Seguidamente, sistematiza-se esta classificação:

Tipologia longitudinal	Abordagem pelo número de anos pobre segundo o rendimento corrente	Abordagem pelo rendimento permanente
Pobre persistente	Pobre persistente (*pobre em todos os anos*)	Pobre crónico
Pobre intermitente	Pobre não persistente (*pobre em apenas alguns dos anos*)	
Pobre transitório		Pobre não crónico
Nunca pobre	Nunca pobre (*não pobre em todos os anos*)	

(iii) Análise da *duração* **dos períodos na pobreza** – a partir da modelação econométrica são identificados os factores sociodemográficos e económicos que determinam o tempo de permanência na pobreza. Esta análise visa também avaliar a possibilidade destes factores poderem ser diferenciados segundo o escalão etário, o que constitui uma informação pertinente no âmbito do desenho de medidas de política social.

A variável endógena com particular interesse neste contexto seria a duração da pobreza, permitindo enveredar pela inferência através de modelos de duração[35]. De facto, a partir da classificação longitudinal da pobreza adoptada, as situações mais duradouras de pobreza – pobres intermitentes e pobres persistentes – podem incluir diferentes trajectórias de pobreza e, consequentemente, durações de pobreza também diferenciadas. Os indivíduos que permanecem períodos mais longos em situação de pobreza têm maior probabilidade de retomar esta condição do que aqueles que permanecem por períodos mais curtos. Ou seja, o perfil longitudinal da pobreza incorpora um *efeito-duração* possível de ser captado por modelos de duração. Para além deste efeito, é possível através deste tipo de modelo econométrico identificar as características dos indivíduos que estão subjacentes à duração da pobreza, elemento informativo importante para o conhecimento do processo causal que está subjacente a esta problemática.

Pese embora o valor acrescentado que resultaria da estimação de um modelo de duração, duas razões inerentes aos dados amostrais disponíveis impedem-nos de efectivamente prosseguir este tipo de análise:

- em primeiro lugar, o facto de apenas dispormos de uma janela temporal que inclui no máximo três anos de pobreza, limita o conteúdo informativo necessário à estimação do modelo;

---

[35] As especificações e pressupostos deste tipo de modelo poderão ser vistos em maior detalhe em Cameron and Triverdi (2005).

- em segundo lugar, e não dissociada da primeira razão, os dados disponibilizados registam uma variabilidade reduzida das situações de pobreza: quase metade dos indivíduos alguma vez pobres ao longo do período 2005 a 2007 esteve nessa condição continuadamente.

Por isso, e ainda que com um potencial analítico mais limitado e obviamente diferente do relativo aos modelos de duração, optou-se por considerar enquanto variável endógena o número de anos em situação de pobreza na janela temporal 2005-2007, recorrendo-se para tal a um modelo de contagem[36].

A escassa diversidade de situações de pobreza apontada teve também implicações negativas no processo de estimação deste modelo cuja variável endógena contabiliza o número de anos em situação de pobreza. Trata-se de uma variável com dados censurados à direita (uma vez que o período de observação termina em 2007) e truncados à esquerda (não são considerados os indivíduos com zero anos de pobreza).

---

[36] Para uma explicação teórica sobre este tipo de modelos veja-se, por exemplo, Cameron and Trivedi (2005).

4. O Diagnóstico da Problemática da Pobreza Infantil em Portugal

O estudo empírico apresentado neste capítulo sistematiza e analisa os principais contornos da pobreza infantil no período 2004 a 2009. A grelha de análise utilizada para cada ano – análise estática – que corresponde aos dois primeiros pontos deste capítulo, começa por explorar os resultados relativos à pobreza monetária, de seguida analisa os apuramentos em termos de privação e, finalmente, combina estas duas abordagens para abordar a pobreza consistente[37].

No contexto da base de dados longitudinal – análise dinâmica – apresentada no terceiro ponto deste capítulo, são analisados os apuramentos obtidos em termos dos fluxos de entrada e de saída da pobreza, de acordo com os parâmetros estabelecidos no capítulo anterior. A análise dinâmica aqui desenvolvida tem subjacente o conceito de pobreza monetária.

4.1. A dimensão do problema

Numa primeira análise das estatísticas relativas à pobreza monetária infantil, apresentadas na Tabela 5 em anexo, são consideradas desagregações por escalão etário que permitem relativizar a

---

[37] O conceito de pobreza consistente envolve as definições de pobreza monetária e de privação. Assim, diz-se que um indivíduo está em situação de pobreza consistente quando ele é simultaneamente pobre em termos monetários e se encontra em situação de privação. Nestas condições a pobreza consistente desenha os perfis mais gravosos de pobreza, entendendo-se pobreza em sentido lato e, por isso, não se cingindo à escassez de rendimento.

52 | Números com Esperança

posição das crianças com a de outros subgrupos populacionais, tais como os adultos em idade activa (entre 18 e 64 anos) e os idosos (65 ou mais anos). No subconjunto das crianças são ainda apresentadas estatísticas relativas a uma divisão mais fina deste grupo (idade até ao final do ensino pré-escolar – até 5 anos; idade da escolaridade obrigatório – 6 a 15 anos; idade relativa ao ensino secundário – 16 e 17 anos[38]). Esta divisão visa identificar uma eventual heterogeneidade da pobreza infantil de acordo com a idade da criança.

Sendo a população infantil o principal alvo de análise é de referir que o grupo etário com menor representação na amostra do ICOR refere-se ao grupo de crianças entre 0 e 4 anos, os restantes grupos apresentam uma distribuição bastante aproximada, conforme informação do Quadro **3**.

QUADRO 3 – **População infantil – comparação entre a estrutura da amostra ICOR e Estimativas anuais**

População infantil			
Fonte	Escalões etários (1)	N.º de indivíduos	Peso (%)
INE, Estimativas Anuais da População Residente (2009)	0 - 4 anos	519768	4.9
	5 - 9 anos	554644	5.2
	10 - 14 anos	542205	5.1
	15 - 19 anos	566702	5.3
INE, ICOR (2009)	0 - 4 anos	358507	**3.4**
	5 - 9 anos	539492	5.1
	10 - 14 anos	589032	5.5
	15 - 19 anos	603944	5.7

(1) Os escalões etários apresentados não correspondem directamente aos escalões etários utilizados no relatório, referem-se aos escalões disponíveis nas estimativas do INE

Fonte: INE, Estimativas anuais da população residente (2009); INE, Inquérito às Condições de Vida e Rendimentos (ICOR), 2004 a 2009

---

[38] Os indivíduos com 16 e 17 anos correspondem a um subgrupo com algumas reservas de análise, dado o baixo número amostral associado proveniente da principal fonte estatística analisada (ICOR).

O Diagnóstico da Problemática da Pobreza Infantil em Portugal | 53

No período 2004 a 2009, quase uma em cada quatro crianças vivia num agregado familiar cujo rendimento equivalente se encontrava abaixo do limiar de pobreza e, por isso, era pobre. Este valor é superior ao verificado para o total da população mas inferior ao registado pelos idosos, excepto em 2008 e 2009, anos em que as crianças constituíam o grupo etário onde se verificava uma maior incidência da pobreza, conforme se poderá visualizar no Gráfico 1 que a seguir se reproduz.

GRÁFICO 1 – **Evolução da incidência de pobreza monetária por grupos etários**

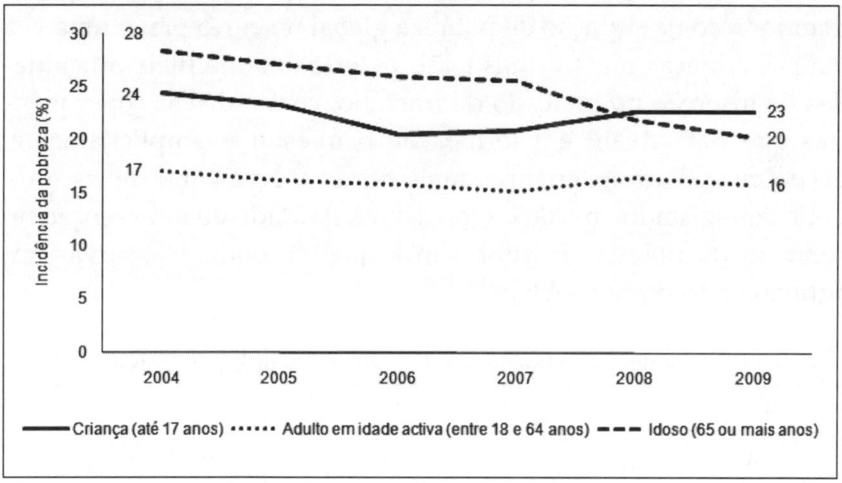

Fonte: INE, Inquérito às Condições de Vida e Rendimentos (ICOR), 2004 a 2009

O risco de pobreza infantil teve um comportamento diferenciado do relativo aos restantes grupos etários e, em particular, ao dos idosos. Na sua generalidade a incidência da pobreza registou um decréscimo, tendo inflectido esta trajectória em 2008, todavia retomada em 2009. Esta tendência não é válida para os idosos, que mantiveram constantemente a tendência de desaceleração do risco de pobreza ao longo de todo o período e para as crianças que, para além de constituírem o grupo com maior risco de pobreza em 2008 e 2009, constituem também o grupo com uma evolução mais desfavorável desse risco. Para estas e contrariamente ao que se verificou para os restantes indivíduos, em 2009, o risco de pobreza apenas decresceu uma décima, facto que sublinha mais uma vez a importância da pobreza monetária no contexto das crianças.

No grupo das crianças será de registar a incidência diferenciada da pobreza infantil, nomeadamente no que se refere aos indivíduos mais velhos (16 e 17 anos), como se poderá observar no Gráfico 2. Assinale-se o crescimento do risco de pobreza destes indivíduos em 2009, tal como do referente às crianças mais jovens, facto que contraria a tendência da generalidade dos indivíduos e dos restantes grupos etários. Este resultado pode antecipar alguma deterioração na situação de pobreza global no curto prazo uma vez que, as crianças mais velhas terão potencialmente mais dificuldades de inserção no mercado de trabalho, com todas as consequências que daí advêm em termos de bem-estar e, implicitamente, de pobreza. Para as crianças mais novas o acréscimo de risco de pobreza registado em 2009 reforça a necessidade de intervenção no contexto da pobreza infantil sem a qual se poderá observar um agravamento deste problema.

GRÁFICO 2 – **Evolução da incidência da pobreza infantil por grupos etários**

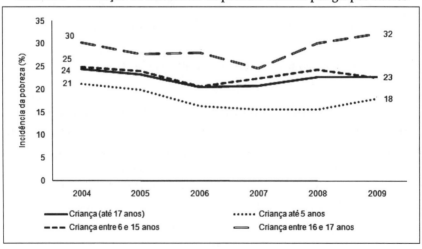

Fonte: INE, Inquérito às Condições de Vida e Rendimentos (ICOR), 2004 a 2009

Se do ponto de vista do risco de pobreza as crianças constituíam o grupo etário com uma evolução mais desfavorável, estas eram também o grupo etário onde a intensidade da pobreza se fazia sentir com maior acuidade. Adicionalmente, é também neste contexto que se regista uma maior deterioração deste indicador em 2008 e em 2009. Estas estatísticas alertam para a importância do problema da pobreza infantil, enquanto situação deficitária de bem-estar, traduzindo uma carência mais significativa de recursos financeiros, relativamente aos restantes grupos etários e, consequentemente, antecipando condições de vida mais gravosas. Esta realidade torna-se preocupante uma vez que tem reflexos no curto e médio prazo, contribuindo para alimentar o ciclo de reprodução intergeracional da pobreza. Também neste contexto o conjunto de indivíduos com 16 e 17 anos registou uma maior intensidade da pobreza, conforme o Gráfico 3, o que, aliado a uma maior incidência, sublinha a importância da pobreza para estes indivíduos.

GRÁFICO 3 – **Evolução da intensidade da pobreza infantil por grupos etários**

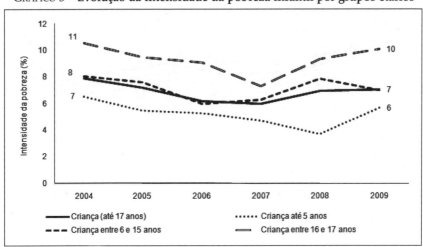

Fonte: INE, Inquérito às Condições de Vida e Rendimentos (ICOR), 2004 a 2009

O perfil da severidade realça, outra vez, a gravidade do problema da pobreza infantil uma vez que, é ao nível das crianças, que este indicador é mais significativo. A situação das crianças de mais idade sobressai mais uma vez, o que nos permite considerar este subgrupo como particularmente atingido pela pobreza infantil. A severidade acrescida da pobreza nas crianças traduz uma maior diversidade das situações de pobreza. Tal facto justifica, por si só, a necessidade de um diagnóstico detalhado deste problema, elemento crucial ao processo de desenho de medidas de política social neste domínio.

A partir da análise multidimensional da pobreza verifica-se que a privação infantil se deteriorou durante o período 2004 a 2009, tal como se depreende dos apuramentos constantes das Tabelas 6 e 7. De facto entre 2004 e 2006 os idosos constituíam o grupo etário onde tanto o índice agregado de privação como o risco de privação, eram máximos. Todavia, a partir de 2007 esta posição passou a ser ocupada pelas crianças. Os gráficos que se seguem ilustram de forma clara esta tendência.

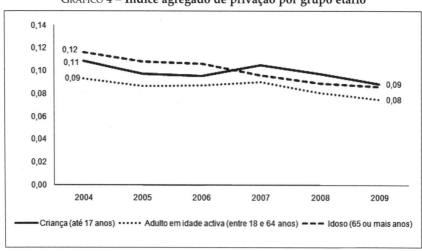

GRÁFICO 4 – **Índice agregado de privação por grupo etário**

Fonte: INE, Inquérito às Condições de Vida e Rendimentos (ICOR), 2004 a 2009

GRÁFICO 5 – **Risco de privação por grupo etário**

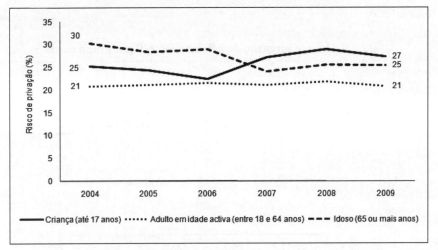

Fonte: INE, Inquérito às Condições de Vida e Rendimentos (ICOR), 2004 a 2009

A evolução do índice agregado de privação e do risco de privação é paralela no final do período em análise. De facto, em todos os grupos etários considerados, estes indicadores sofreram um decréscimo em 2009 relativamente ao ano anterior. Esta evolução sugere um desagravamento global das condições de vida.

Este resultado não é, numa primeira leitura, consentâneo com os apuramentos em termos de pobreza monetária uma vez que, tanto o risco de pobreza monetária quanto a intensidade da pobreza apresentam um desagravamento em 2009 para todos os grupos etários, excepto para as crianças. Estes apuramentos podem sugerir uma relativa melhoria das condições de vida daqueles que mesmo assim, não auferem rendimentos que lhes permitam ultrapassar o limiar de pobreza monetária.

Uma análise desagregada por idades no grupo das crianças, retratada pelos gráficos que se seguem (Gráfico 6 e Gráfico 7), não revela diferenciações significativas no que se refere à incidência e intensidade da privação. Este facto também não é sustentado pelos dados relativos à pobreza monetária, segundo os quais as crianças de 16 e 17 anos registavam uma vulnerabilidade acrescida à pobreza.

GRÁFICO 6 – **Índice agregado de privação infantil por grupo etário**

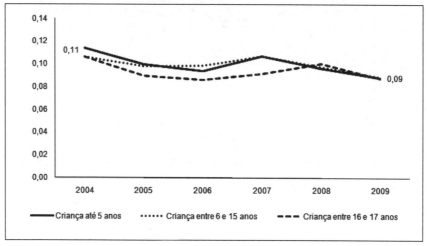

Fonte: INE, Inquérito às Condições de Vida e Rendimentos (ICOR), 2004 a 2009

GRÁFICO 7 – **Risco de privação infantil por grupo etário**

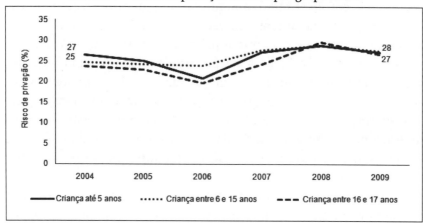

Fonte: INE, Inquérito às Condições de Vida e Rendimentos (ICOR), 2004 a 2009

Do ponto de vista dos indicadores de bem-estar considerados, o Gráfico 8 mostra que, em termos globais, a estrutura de privação das crianças se assemelha à da generalidade da população e se mantém durante o período analisado.

GRÁFICO 8 – **Contributo de cada índice de privação para o índice agregado de privação**

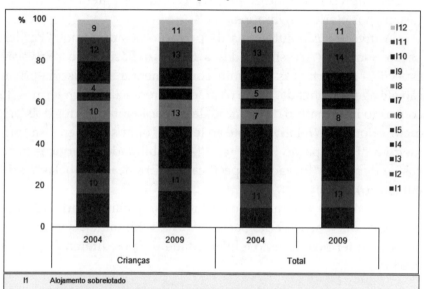

Fonte: INE, Inquérito às Condições de Vida e Rendimentos (ICOR), 2004 a 2009

60 | Números com Esperança

Os indicadores *Poluição, sujidade, outros problemas ambientais causados pelo trânsito ou indústria ou vizinhança barulhenta ou ruídos exteriores* e *Capacidade financeira para ter a casa adequadamente aquecida* sobressaem como items de maior peso no índice agregado de privação. No que às crianças diz respeito, o item *Alojamento sobrelotado* assume também um peso significativo, facto que poderá advir das condições de alojamento das famílias mais numerosas. Em anexo, a Tabela 8 apresenta o índice de privação de cada item segundo os três grupos etários analisados.

A investigação autónoma da privação nos domínios "Participação Social", "Acessibilidades a Serviços Básicos" e "Privação específica das Crianças", permite complementar a análise da privação até agora realizada. Dado o carácter diferenciado, em termos de conteúdo informativo da situação de privação infantil, dos dois primeiros domínios relativamente ao terceiro, opta-se por analisar primeiro a "Participação Social" e a "Acessibilidade a Serviços Básicos" e depois a "Privação específica das Crianças" (Tabelas 9 e 10 em anexo).

O Gráfico 9 sistematiza os resultados globais da privação nos domínios da "Participação Social" e "Acessibilidade a serviços Básicos", em termos de risco e intensidade para os diferentes grupos etários.

GRÁFICO 9 – **Índice de privação e risco de privação por grupo etário**
Domínios "Participação Social" e "Acessibilidade a Serviços Básicos"

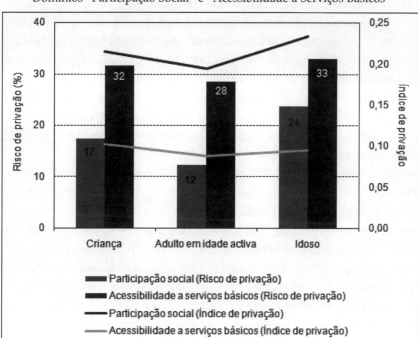

Fonte: INE, Inquérito às Condições de Vida e Rendimentos (ICOR), Módulos adicionais: "Participação cultural e social" (2006) e "Habitação e habitabilidade" (2007)

São os idosos quem sente de uma forma mais significativa a privação na área da "Participação Social", quer em termos de incidência como de intensidade. As crianças estão posicionadas logo a seguir, registando uma incidência cerca de 10% inferior e uma intensidade da privação cerca de 25% menor do que a dos idosos.

Note-se ainda que nesta área os dados incluídos na Tabela 3 em anexo mostram que apenas 20% dos idosos não se encontram em situação de privação no que diz respeito à *Participação em eventos culturais e de lazer*. Adicionalmente, os mesmos dados mostram que cerca de metade dos idosos se encontra parcial ou totalmente privado no que diz respeito à *Participação em actividades organizacionais*.

62 | Números com Esperança

Estes factos alimentam e estimulam, por si só, o isolamento destes indivíduos, comprometendo a sua qualidade de vida.

Ainda relativamente à Tabela 3 em anexo, os apuramentos efectuados mostram que era ao nível das crianças que se verificava uma maior proporção de indivíduos não privados, no que se refere à *Participação em eventos culturais e de lazer* e à *Participação em actividades organizacionais*. Estes resultados sugerem um efeito positivo das crianças nestas áreas, com consequências, também necessariamente positivas, para os adultos dos agregados familiares em que estas se encontram.

Relativamente à "Acessibilidade a Serviços Básicos" são as crianças quem vive com maior intensidade de privação, de acordo com o apresentado no Gráfico 9. Todavia, são os idosos que registam um maior risco de privação, configurando maiores dificuldades de acesso a estes serviços o que, cumulativamente com as dificuldades que lhes são decorrentes da idade, representa um agravamento da privação nestas áreas. Refira-se, contudo, que a diferenciação relativamente às crianças não é significativa – cerca de 5% inferior – o que com certeza tem impactos negativos no saudável desenvolvimento destas, com consequências também negativas ao nível do seu bem-estar.

Uma análise dos módulos adicionais desagregada por idade no grupo das crianças, representada no Gráfico 10, mostra que no contexto da "Participação Social" eram as crianças com 16/17 anos quem se encontrava numa situação mais desvantajosa em termos de privação, quer do ponto de vista da incidência como da intensidade. Este resultado não é promissor no curto e médio prazo, porquanto poderá significar uma perpetuação dos ciclos familiares de pobreza.

GRÁFICO 10 – **Índice de privação infantil e risco de privação infantil por grupo etário**
Domínios "Participação Social" e "Acessibilidade a Serviços Básicos"

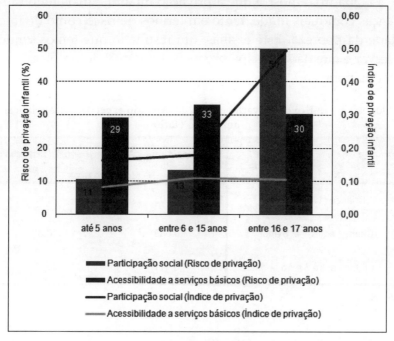

Fonte: INE, Inquérito às Condições de Vida e Rendimentos (ICOR), Módulos adicionais: "Participação cultural e social" (2006) e "Habitação e habitabilidade" (2007)

No que à "Acessibilidade a Serviços Básicos" diz respeito, os apuramentos efectuados, também representados no Gráfico 10, não traduzem diferenças significativas do ponto de vista dos diferentes subgrupos. Aliás, a privação é mais notória no contexto da "Participação Social" do que na área da "Acessibilidade a Serviços Básicos" permitindo, por isso, a existência de uma maior diferenciação.

Debrucemo-nos agora sobre a privação infantil a partir da análise dos resultados obtidos a partir do módulo adicional do ICOR para 2009 – "Privação Material". Importa desde já referir que em termos metodológicos a análise realizada considera apenas como unidade estatística de observação os indivíduos com idades com-

64 | Números com Esperança

preendidas entre 1 e 15 anos uma vez que a informação seleccio-
nada é específica da criança.

O Quadro 4 mostra que a privação infantil é mais notória nas
crianças com mais idade, tanto em termos de risco como de intensidade da pobreza. Este é, aliás, um resultado que temos vindo a
observar e que não antecipa progressos ao nível do problema mais
geral da pobreza.

QUADRO 4 – Índice de privação e risco de privação específico das crianças
por grupo etário

	Índice de privação infantil (IP)	Risco de privação infantil (%)
Criança (1 a 15 anos)	0.105	21.5
Criança entre 1 e 5 anos	0.089	16.8
Criança entre 6 e 15 anos	0.111	23.1

Fonte: INE, Inquérito às Condições de Vida e Rendimentos (ICOR), Módulo adicional: "Privação material" (2009)

Os apuramentos efectuados mostram que cerca de uma em
cada cinco crianças se encontrava em situação de privação. No contexto da análise global anteriormente efectuada, o valor da incidência da privação infantil ascendia aos 27,4% em 2009, valor que traduz um maior risco de privação infantil. Todavia, duas importantes
ressalvas terão que ser feitas relativamente a estes valores: por um
lado, o risco de privação infantil obtido a partir do módulo adicional do ICOR inclui indicadores de natureza bastante diversa daqueles que estão subjacentes ao risco de privação determinado a partir
dos dados globais; por outro lado, o limiar de privação considerado
no contexto deste módulo adicional apenas se reporta às crianças,
posicionando-as entre si. A informação do módulo adicional do
ICOR talvez se aproxime mais da realidade da privação infantil, em
particular da referente às crianças de 1 a 15 anos, dado que é específica das suas condições de vida.

O Diagnóstico da Problemática da Pobreza Infantil em Portugal | 65

Do ponto de vista dos indicadores adoptados para a análise da privação infantil a partir dos dados referentes à "Privação específica das Crianças" e conforme a Tabela 4 em anexo, verifica-se que a situação de privação é francamente mais notória no indicador *O agregado pode pagar uma semana de férias por ano fora de casa a todas as crianças do agregado*, relativamente ao qual 48% das crianças estão em situação de privação total. Items relacionados com a *existência de actividades extracurriculares, capacidade para convidar amigos* e *existência de espaço para brincar*, também sobressaem enquanto indicadores de bem-estar com incidências significativas de privação total, na ordem dos 25%. Note-se que estes indicadores, se bem que tenham subjacentes níveis aceitáveis de bem-estar numa área tão importante como a saúde, resultado que aliás também decorre das conclusões estabelecidas no contexto da "Acessibilidade a Serviços Básicos", traduzem dificuldades ao nível da inserção social das crianças, aspecto importante do seu desenvolvimento e sucesso no futuro.

Numa análise complementar e a partir dos dados do IDEF para 2005/06, é interessante conhecer o padrão de consumo das famílias, em particular das famílias com crianças, no sentido de identificar esse padrão e averiguar se no conjunto das famílias com crianças existe um padrão diferenciado de despesa consoante essa família se encontra em situação de pobreza monetária ou não.

Esta análise impõem a determinação da pobreza monetária através de outra fonte de informação (IDEF) que não a utilizada oficialmente para este fim (ICOR). Neste sentido, e antes de avançar para uma análise dos resultados obtidos, coloca-se a necessidade de averiguar a discrepância entre a incidência de pobreza monetária determinada através das duas fontes de informação.

O Quadro 5 mostra que a incidência da pobreza monetária infantil calculada através dos dados incluídos no ICOR e correspondentes dados do IDEF é muito semelhante, 20,5% e 20,2% respectivamente, o que nos deixa confortáveis na análise que se pretende efectuar, recorrendo somente aos dados do IDEF (que permite a efectiva comparação entre rendimento vs despesa).

66 | Números com Esperança

Quadro 5 – Incidência de pobreza ICOR vs IDEF

Fonte	Ano realização inquérito	Proxy do bem-estar do indivíduo (recurso utilizado)	Total	Criança	Adulto em idade activa	Idoso
IDEF	2005-2006 (3)	Rendimento total (2)	16,4	19,1	13,5	23,9
		Rendimento monetário (1)	**18,6**	**20,2**	**15,3**	**28,9**
		Despesa total	18,4	18,0	15,1	30,7
		Despesa monetária	22,0	20,8	18,0	38,2
ICOR	2005	Rendimento monetário (1)	19,4	23,3	16,1	27,1
	2006	Rendimento monetário (1)	**18,5**	**20,5**	**15,8**	**26,0**

Fonte: INE, Inquérito às Condições de Vida e Rendimentos (ICOR), 2005 e 2006; INE, Inquérito às Despesas das Famílias (IDEF), 2005/06.
(1) Corresponde à incidência de pobreza monetária
(2) Inclui autoconsumo, autoabastecimento, autolocação e outros rendimentos não monetários auferidos pelo agregado familiar
(3) O período de recolha da informação do IDEF foi de 10 de Outubro de 2005 a 8 de Outubro de 2006, pelo que há uma maior incidência de recolha de informação no ano de 2006 (73% dos indivíduos). Neste sentido, a comparação entre o IDEF e o ICOR deverá incidir primordialmente no ano de 2006 do ICOR. Note-se que para ambos os instrumentos o ano de referência do rendimento (total e monetário) é o ano civil anterior ao da recolha do rendimento.

As Tabelas 11 e 12 em anexo e o Gráfico 11 mostram que, em termos globais, a estrutura da despesa[39] dos agregados familiares não é significativamente diferenciada. As despesas com a habitação e gastos associados constituem as rubricas de peso mais significativo, em particular nos agregados familiares em situação de pobreza monetária e sem crianças. Se os gastos em alimentação e produtos afins constituem a segunda rubrica de maior importância para a generalidade dos agregados familiares, estes gastos são bem mais significativos para os agregados familiares em pobreza monetária do que os que não estão nesta situação. Com uma despesa total que é cerca de 40% inferior à dos agregados familiares não

---

[39] As despesas são classificadas segundo a COICOP (Classificação do Consumo Individual por Objectivo) considerando uma harmonização nacional e internacional. A informação sobre a despesa refere-se directamente à unidade "agregado familiar" pelo que toda a análise efectuada com base neste instrumento atende a esta unidade, permitindo apenas distinguir a presença ou ausência de crianças no mesmo, para uma análise mais específica no contexto das crianças.

pobres, os agregados familiares pobres sem crianças têm um gasto médio em despesas alimentares e afins cerca de 30% inferior ao dos agregados não pobres também sem crianças. Mais, para os agregados familiares pobres com crianças esta discrepância situa-se apenas na casa dos 10%, relativamente aos não pobres também com crianças.

GRÁFICO 11 – **Padrão de consumo das famílias, diferenciação de acordo com a situação de pobreza monetária e a existência de crianças no agregado familiar**

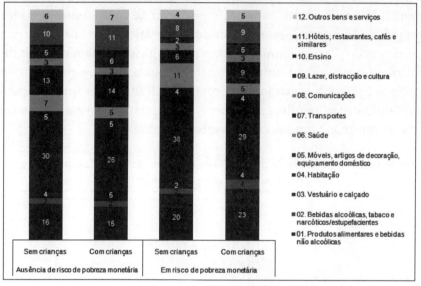

Fonte: INE, Inquérito às Despesas das Famílias (IDEF), 2005/06

Os gastos em transportes constituem a terceira rubrica de maior importância para a generalidade das famílias, excepto para os agregados familiares pobres sem crianças, onde as despesas com saúde preenchem esta posição.

Em termos de padrão de consumo entre agregados familiares pobres e não pobres há que sublinhar a diferenciação da proporção de gastos com lazer, distracção e cultura e gastos com hotéis, restaurantes, cafés e similares, quer em termos de valores médios como relativamente às despesas totais. A despesa média com lazer e afins das famílias pobres sem crianças é cerca de 20% da relativa às mesmas famílias não pobres. A diferenciação relativamente às famílias com crianças ainda é maior: a despesa média das famílias pobres com crianças em lazer é 44% da realizada pelas correspondentes famílias não pobres. No que se refere aos gastos com hotéis, restaurantes, cafés e similares estes valores são na ordem dos 41% e 51%, respectivamente.

No que diz respeito às famílias com crianças, o Gráfico 12 mostra que é ao nível da alimentação e da habitação que, proporcionalmente, se verifica uma maior diferenciação de gastos entre famílias pobres e não pobres, sendo de sublinhar o valor mais acentuado da alimentação. Para as famílias pobres estes gastos pesam mais significativamente no conjunto das suas despesas do que para as não pobres. Em contrapartida, é ao nível dos transportes que, proporcionalmente, as famílias não pobres com crianças gastam mais do que as mesmas famílias em situação de pobreza.

GRÁFICO 12 – **Diferenciação de padrão de consumo das famílias com crianças na presença/ausência de pobreza monetária**

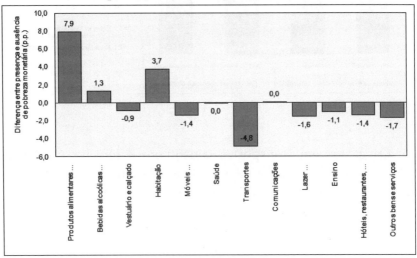

Fonte: INE, Inquérito às Despesas das Famílias (IDEF), 2005/06

O Diagnóstico da Problemática da Pobreza Infantil em Portugal | 69

No subconjunto das famílias em risco de pobreza monetária, o Gráfico 13 realça a diferenciação de padrão de consumo das famílias com e sem crianças. Os apuramentos efectuados evidenciam as categorias da habitação e da saúde como aquelas onde, proporcionalmente, as famílias pobres com crianças gastam menos do que as famílias na mesma condição face à pobreza, mas sem crianças. Esta diferenciação poderá ser indício de piores condições de vida e, por isso, de necessidade de apoio social, com consequentes redução destes gastos. No pólo oposto estão os gastos com a alimentação, transportes e lazer.

GRÁFICO 13 – **Diferença de padrão de consumo das famílias em risco de pobreza monetária, com/sem crianças**

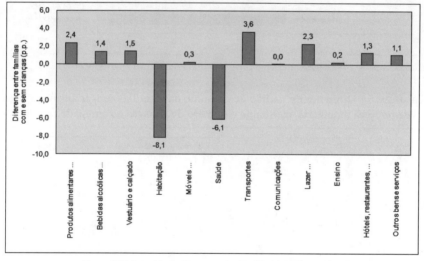

Fonte: INE, Inquérito às Despesas das Famílias (IDEF), 2005/06

Numa leitura complementar, o Gráfico 14 retrata o padrão de consumo das famílias em função do número de crianças e da situação face à pobreza monetária.

A importância crescente das despesas com a alimentação em função do número de crianças do agregado familiar está patente no Gráfico 14, particularmente no referente às famílias em risco de pobreza monetária. O Gráfico 15 reproduz claramente o maior peso destas despesas nas famílias pobres com três ou mais crianças.

GRÁFICO 14 – **Padrão de consumo das famílias, em função da situação de pobreza monetária e do número de crianças**

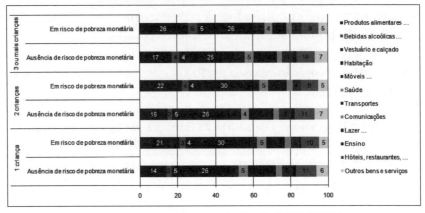

Fonte: INE, Inquérito às Despesas das Famílias (IDEF), 2005/06

GRÁFICO 15 – **Diferença do padrão de consumo das famílias com crianças em risco de pobreza monetária, consoante o número de crianças no agregado familiar**

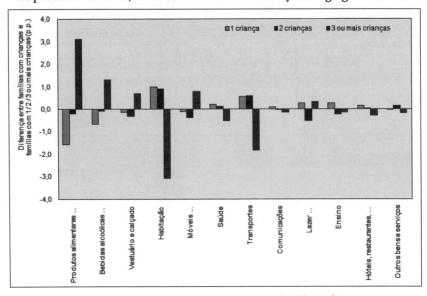

Fonte: INE, Inquérito às Despesas das Famílias (IDEF), 2005/06

O Diagnóstico da Problemática da Pobreza Infantil em Portugal | 71

As despesas com o ensino constituem uma rubrica de peso proporcionalmente mais significativo para as famílias pobres do que para as não pobres, não variando contudo muito em função do número de crianças. Esta situação alerta para a importância de apoios nesta área para as crianças das famílias em risco de pobreza monetária onde, cumulativamente e por motivos já anteriormente analisados, a educação não constitui geralmente uma prioridade.

Para o subconjunto dos agregados familiares em risco de pobreza monetária o Gráfico 15 mostra que, contrariamente ao que acontece com os gastos em alimentação, as despesas com a habitação e, em menor grau, os gastos com transportes, representam uma parcela menor nas despesas dos agregados familiares com três ou mais crianças do que nas restantes famílias, com uma ou duas crianças. Este resultado deverá resultar dos apoios sociais nestas áreas, já anteriormente referidos, sublinhando a vulnerabilidade acrescida destes agregados familiares à pobreza.

Tendo em conta a importância da educação enquanto peça fundamental na quebra do ciclo de transmissão intergeracional da pobreza, analisam-se de seguida com maior detalhe estes gastos. Para tal atente-se nos Quadro 6 e Quadro 7. Os apuramentos efectuados mostram que as despesas com a educação são, tal como seria de esperar, bastante mais significativas para os agregados familiares com crianças do que para aqueles que não têm crianças.

QUADRO 6 – **Despesa média dos agregados familiares em rubricas relacionadas com a educação, diferenciação de situações de pobreza monetária e presença de crianças no agregado familiar (euros)**

Rubricas directamente relacionadas com a educação	Ausência de risco de pobreza monetária					Em risco de pobreza monetária				
	Sem crianças	Com crianças				Sem crianças	Com crianças			
		Total	1 criança	2 crianças	3 ou mais crianças		Total	1 criança	2 crianças	3 ou mais crianças
Total das rubricas apresentadas	135	626	510	770	892	22	128	161	87	128
10.1 - Ensino Pré-Escolar e Básico - 1º e 2º Ciclo	6	142	83	214	273	0	24	24	18	34
10.2 - Ensino Básico - 3º Ciclo e Secundário	8	91	93	87	85	2	12	15	10	9
10.3 - Ensino Pós-Secundário	0	0	0	0	3	0	0	0	0	0
10.4 - Ensino Superior	106	75	97	52	7	17	23	48	6	0
10.5 - Outros Tipos de Ensino	10	42	45	31	73	3	7	11	2	6
12.4 - Creches e Infantários	5	276	192	386	451	0	62	62	51	79

Fonte: INE, Inquérito às Despesas das Famílias (IDEF), 2005/06

72 | Números com Esperança

QUADRO 7 – **Distribuição da despesa em rubricas relacionadas com a educação, diferenciação de situações de pobreza monetária e presença de crianças no agregado familiar (%)**

Rubricas directamente relacionadas com a educação	Ausência de risco de pobreza monetária					Em risco de pobreza monetária				
	Sem crianças	Com crianças				Sem crianças	Com crianças			
		Total	1 criança	2 crianças	3 ou mais crianças		Total	1 criança	2 crianças	3 ou mais crianças
Total das rubricas apresentadas	**100**	**100**	**100**	**100**	**100**	**100**	**100**	**100**	**100**	**100**
10.1 - Ensino Pré-Escolar e Básico - 1º e 2º Ciclo	5	23	16	28	31	0	19	15	21	27
10.2 - Ensino Básico - 3º Ciclo e Secundário	6	14	18	11	10	9	9	10	12	7
10.3 - Ensino Pós-Secundário	0	0	0	0	0	0	0	0	0	0
10.4 - Ensino Superior	79	12	19	7	1	76	18	30	7	0
10.5 - Outros Tipos de Ensino	7	7	9	4	8	14	5	7	2	5
12.4 - Creches e Infantários	3	44	38	50	51	2	48	39	58	62

Fonte: INE, Inquérito às Despesas das Famílias (IDEF), 2005/06

No conjunto destas despesas as creches e infantários sobressaem, sendo contudo importante referir que a despesa média relativa a esta rubrica das famílias em risco de pobreza é cerca de 70% inferior à das famílias que não estão em risco de pobreza. Será também relevante assinalar que a importância destas despesas remete para a necessidade de reforçar a rede de creches e infantários, nomeadamente das zonas mais carenciadas, contribuindo para um desenvolvimento mais saudável das crianças e para uma maior disponibilidade dos seus progenitores para integrarem o mercado de trabalho.

Nas famílias em risco de pobreza monetária com três ou mais crianças estas despesas cobrem mais de metade das despesas com a educação, sugerindo um menor investimento nos graus posteriores de ensino. Tal facto acentua a vulnerabilidade acrescida destas crianças à pobreza, já por várias vezes referida ao longo deste relatório.

O número de crianças no agregado familiar também parece condicionar o investimento na educação. Assim, à medida que cresce o número de crianças na família, a despesa média nos graus de ensino mais elevados decresce em termos absolutos, cifrando-se em proporções insignificantes em termos relativos, no conjunto das despesas com a educação.

O Diagnóstico da Problemática da Pobreza Infantil em Portugal | 73

Nos agregados familiares pobres com três ou mais crianças, a segunda rubrica mais importante diz respeito ao ensino básico de 1.° e 2.° ciclos, sendo diminutas ou inexistentes as despesas com os outros graus de ensino. Estes resultados atestam a fraca importância da escolaridade nestes agregados familiares cujos constrangimentos económico-sociais os impedem de investir na escolaridade dos filhos.

Finalizamos a análise global da dimensão do problema da pobreza infantil com a aferição da pobreza consistente. Trata-se das situações mais gravosas de pobreza uma vez que conjugam a privação com a pobreza monetária.

Os dados incluídos na Tabela 13, em anexo, representados no Gráfico 16, sublinham a vulnerabilidade acrescida das crianças às situações de pobreza ao longo do período considerado. Se nos três primeiros anos do referido período os idosos apresentavam as maiores taxas de pobreza consistente, a partir de 2007 esta posição passou a ser ocupada pelas crianças, cujo diferencial em termos de incidência, relativamente aos restantes grupos etários, também aumentou.

GRÁFICO 16 – **Consistência entre as medidas de pobreza: incidência da pobreza monetária e da privação, por grupo etário**

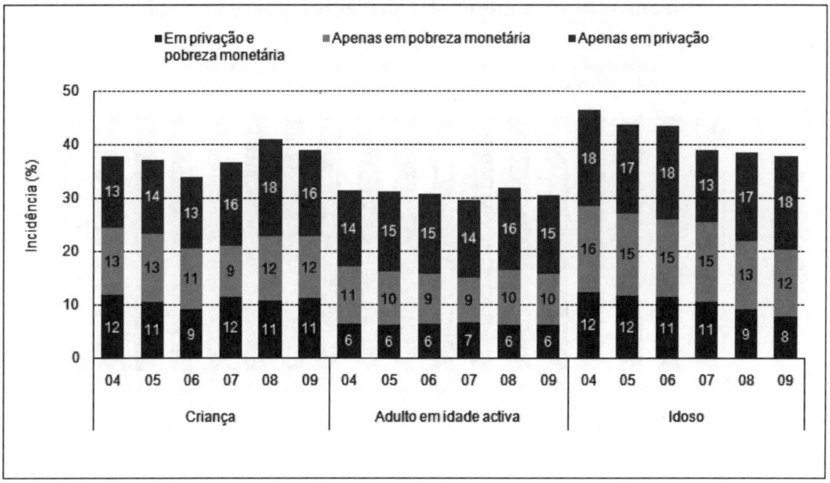

Fonte: INE, Inquérito às Condições de Vida e Rendimentos (ICOR), 2004 a 2009

Cumulativamente note-se que, durante todo o período analisado, são também as crianças que registam uma maior incidência de situações deficitárias em termos de bem-estar, por privação ou por pobreza monetária. Aliás, em 2008 e 2009, quase metade das crianças encontrava-se em pelo menos uma destas situações, valor que chama a atenção para a necessidade de intervenção ao nível da pobreza infantil.

Numa leitura complementar, a Tabela 13 em anexo e o Gráfico 17 mostram que, no que se refere às situações deficitárias de bem-estar, seja por escassez de rendimento e/ou privação, a existência de deficientes condições de vida era, em todos os grupos etários, a situação em que mais indivíduos se encontram. Este resultado reforça a importância da metodologia de aferição da pobreza a partir da observação directa das condições de vida, porquanto a mesma traduz a existência de padrões de consumo inferiores ao comummente verificado para uma parcela significativa de indivíduos. Mais, este resultado mostra também que a pobreza monetária não abrangia as situações de pessoas que, podendo ter um nível de rendimento acima do limiar de pobreza, viviam em condições que estavam abaixo da norma social estabelecida e, por isso, se encontravam em risco de pobreza.

GRÁFICO 17 – **Posição relativa das situações de pobreza consoante a medida utilizada (pobreza monetária/privação), por grupo etário**

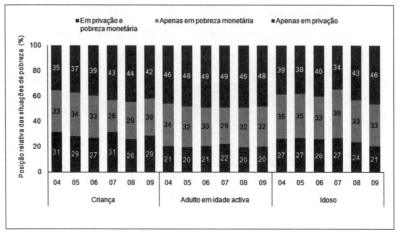

Fonte: INE, Inquérito às Condições de Vida e Rendimentos (ICOR), 2004 a 2009

O Diagnóstico da Problemática da Pobreza Infantil em Portugal | 75

No que às crianças diz respeito. o Gráfico 17 mostra ainda a importância acrescida da pobreza consistente para elas, relativamente aos restantes grupos etários. Aliás, note-se que, cumulativamente, eram também as crianças que registavam um maior crescimento destas situações, sublinhando a deterioração das suas condições de vida ao longo do período analisado.

De uma análise desagregada no grupo das crianças – Gráfico 18 – sobressai a situação das crianças mais velhas em 2008 e 2009, pela maior incidência na generalidade de todas as formas de pobreza e, em particular, no que se refere à pobreza consistente.

GRÁFICO 18 – **Consistência entre as medidas de pobreza infantil: incidência da pobreza monetária e da privação, por grupo etário**

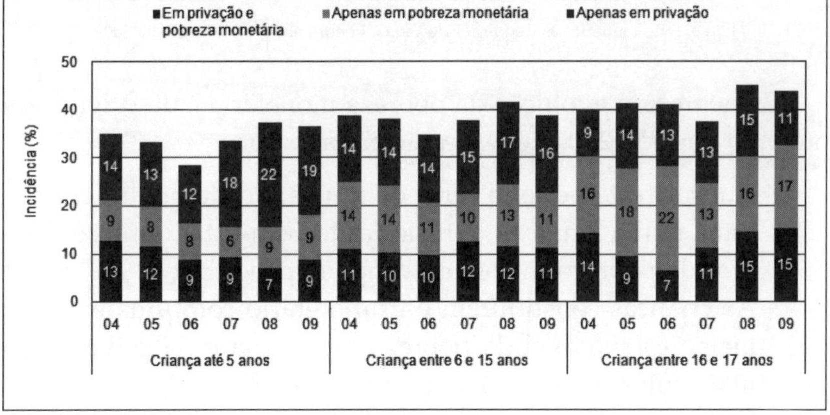

Fonte: INE, Inquérito às Condições de Vida e Rendimentos (ICOR), 2004 a 2009

O Gráfico 19 sublinha a vulnerabilidade destas crianças uma vez que mostra ter sido só neste subgrupo que se registou quase sempre um crescimento da proporção de indivíduos em situação de pobreza consistente. Em 2009, mais de 1/3 das situações de pobreza das crianças com 16/17 anos estava simultaneamente numa situação de pobreza monetária e de privação. Para além de, só por si, esta ser uma proporção elevada, era também este o grupo onde esta proporção era maior, traduzindo a sua vulnerabilidade acrescida à pobreza.

76 | Números com Esperança

GRÁFICO 19 – **Posição relativa das situações de pobreza infantil consoante a medida utilizada (pobreza monetária/privação), por grupo etário**

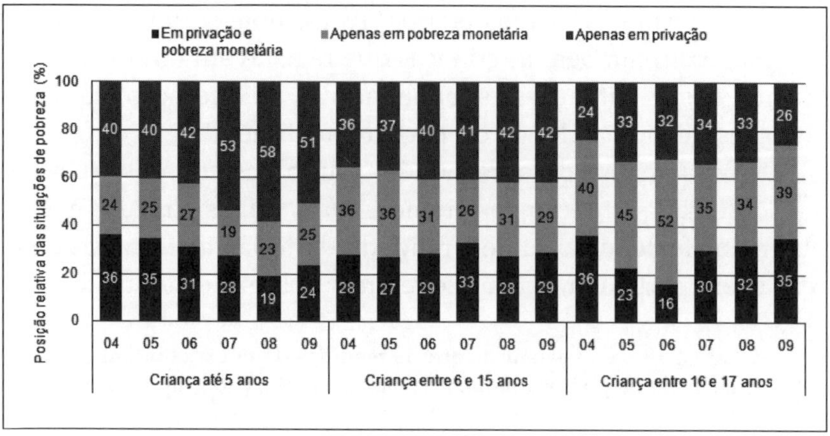

Fonte: INE, Inquérito às Condições de Vida e Rendimentos (ICOR), 2004 a 2009

Em síntese, a evolução da pobreza monetária e da privação ao longo do período 2004-2009 é caracterizada por:

- Durante este período cerca de uma em cada quatro crianças estar numa situação deficitária de bem-estar, tanto em termos de pobreza monetária como de privação;
- As crianças constituírem o grupo etário com uma evolução mais desfavorável da pobreza monetária e da privação e o mais vulnerável a estas situações em 2008 e 2009;
- Consequentemente, serem também as crianças quem apresenta maiores incidências de pobreza consistente a partir de 2007, cujo diferencial em termos de risco relativamente aos restantes grupos etários, também aumentou;
- As crianças mais velhas de 16 e 17 anos parecerem estar mais expostas à pobreza monetária do que os seus pares. Todavia, este não é um padrão aplicável no contexto da privação;
- Note-se contudo, e em particular nos anos de 2008 e 2009, que este grupo se destaca pela maior incidência na generalidade de todas as formas de pobreza e, em particular, na pobreza consistente;

- Em termos de estrutura da privação, os indicadores *Poluição, sujidade, outros problemas ambientais causados pelo trânsito ou indústria ou vizinhança barulhenta ou ruídos exteriores* e *Capacidade financeira para ter a casa adequadamente aquecida* constituem os items que mais contribuem para o índice agregado de privação. Para as crianças, para além destes, o indicador *Alojamento sobrelotado* é também significativo;
- Em 2009 e a partir do módulo do ICOR específico da "Privação Material" estima-se que mais do que uma em cada quatro crianças com idades entre 1 e 15 anos esteve em situação de privação, sendo bem mais assinalável o risco de privação das crianças com mais de 6 anos;
- A informação incluída neste módulo sublinha a importância de carências no contexto da inserção social das crianças;
- Em consonância com este resultado e a partir de uma análise complementar com os dados do IDEF, verifica-se que as despesas com lazer e afins, assim como hotéis, restaurantes e cafés eram bem menores nas famílias pobres do que nas não pobres acentuando-se esta diferenciação na presença de crianças;
- Contudo, note-se que o padrão global de despesas das famílias é relativamente homogéneo, constituindo as despesas com a habitação e afins a rubrica de maior peso nos gastos da generalidade dos agregados familiares, independentemente da condição relativa à pobreza ou da existência ou não de crianças;
- No seio das famílias pobres os gastos com a alimentação e a saúde eram as rubricas que mais distinguiam as famílias com crianças das que não têm crianças, assumindo um peso mais significativo no orçamento destas últimas;
- As despesas médias com a educação decrescem com o número de crianças, em particular nas famílias pobres, sugerindo um fraco investimento na escolaridade dos filhos.

4.2. Os grupos mais vulneráveis

Identificar os grupos populacionais mais vulneráveis à pobreza infantil ou, dito de forma equivalente, os contextos familiares onde se concentram as crianças pobres, constitui um elemento informativo de diagnóstico importante deste problema. Esta informação é crucial no desenho de medidas de política social que visem atenuar esta problemática.

Utilizando a grelha de análise empregue no ponto anterior, começa-se por identificar os grupos mais vulneráveis à pobreza infantil a partir do conceito de pobreza monetária, para de seguida utilizar o conceito de privação e finalmente o de pobreza consistente, nessa mesma identificação. Desta forma escalpelizam-se as várias formas de manifestação da pobreza infantil, fornecendo um quadro de diagnóstico mais completo do que o resultante da utilização de uma única perspectiva de análise.

De acordo com a metodologia exposta no capítulo anterior, serão considerados dois tipos fundamentais de atributos: sociodemográficos e económicos, definidos anteriormente.

Em termos sociodemográficos, as estatísticas apresentadas na Tabela 14 em anexo e o Gráfico 20 mostram que é nas áreas menos povoadas que se constata uma maior incidência da pobreza infantil na generalidade dos anos, excepto em 2009, indiciando um carácter rural desta problemática. Daí os apuramentos relativos ao tipo de alojamento, verificando-se uma menor incidência da pobreza infantil em alojamentos tipicamente urbanos. Adicionalmente, note-se que é só neste grupo etário que se regista um crescimento sistemático do risco de pobreza nas áreas mais rurais até 2008, sublinhando a importância deste problema. Em 2009 observa-se um decréscimo da pobreza infantil nestas áreas, sobressaindo neste ano o risco de pobreza infantil nas áreas de densidade populacional

O Diagnóstico da Problemática da Pobreza Infantil em Portugal | 79

intermédia. Constituirá este resultado uma inversão do carácter preponderantemente rural da pobreza infantil? Só os próximos anos nos poderão responder.

GRÁFICO 20 – **Evolução da incidência da pobreza infantil por grau de urbanização e tipo de alojamento**

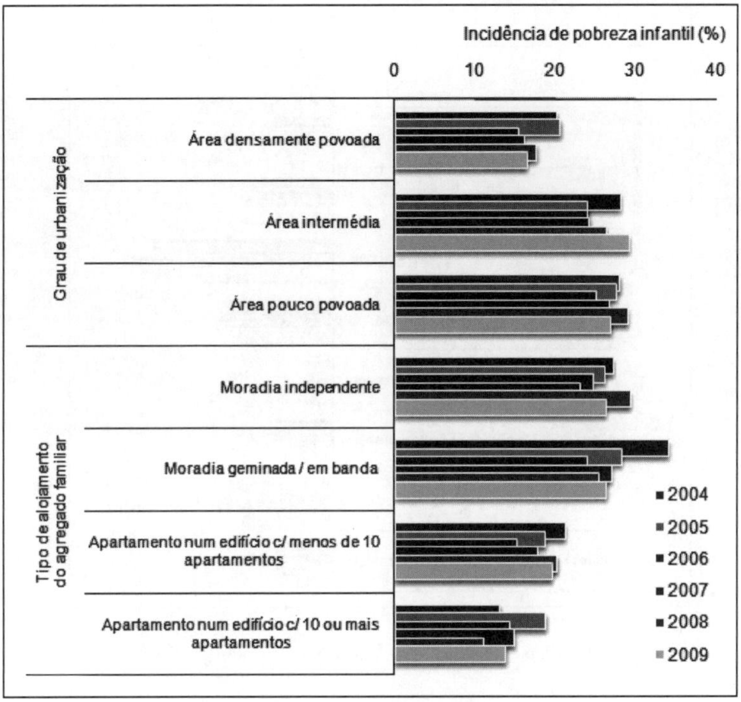

Fonte: INE, Inquérito às Condições de Vida e Rendimentos (ICOR), 2004 a 2009

Relativamente ao número de crianças incluídas no agregado familiar, verifica-se uma associação positiva entre este número e o risco de pobreza infantil, conforme se pode confirmar através do Gráfico 21. As crianças que coabitam com mais três ou quatro (pertencentes a agregados com quatro ou mais crianças a cargo) têm maior tendência para se encontrar em pobreza infantil, ainda que se refira a um grupo com pequena expressão amostral. Nestes, cerca de 80% das crianças eram pobres em 2008, valor que desceu para

66,3% em 2009. Constituirá esta descida um resultado das políticas sociais encetadas? Analisaremos esta questão no capítulo seguinte.

GRÁFICO 21 – **Evolução da incidência da pobreza infantil de acordo com o contexto familiar**

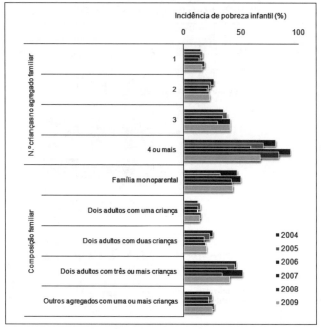

Fonte: INE, Inquérito às Condições de Vida e Rendimentos (ICOR), 2004 a 2009

Em termos de composição da família, os indivíduos pertencentes a agregados monoparentais ou a famílias com três ou mais crianças constituem os grupos onde a pobreza infantil é particularmente gravosa, sendo contudo grupos com pequena incidência amostral, facto que relativiza de alguma forma as conclusões estabelecidas[40]. As crianças incluídas em famílias monoparentais conti-

---

[40] É de notar ainda que a amostra do ICOR de 2009 apresenta 2,4% de famílias monoparentais, peso bastante aquém dos 8,5% que o INE publica com base no Inquérito ao Emprego (2009).

nuam todavia a sobressair em termos do risco de pobreza, apesar de no final do período em análise o agravamento do risco de pobreza infantil registado ser mais significativo nos agregados familiares compostos por dois adultos e três ou mais crianças do que nas famílias monoparentais. Será importante sublinhar que, pese embora este quadro evolutivo do risco de pobreza das crianças destas tipologias familiares, registou-se um progresso desde o início deste período, uma vez que a incidência da pobreza sofreu um decréscimo na ordem dos 10% entre 2004 e 2009.

Ainda no contexto sociodemográfico, a reduzida escolaridade dos pais/responsáveis é marcante no contexto da pobreza infantil – Gráfico 22. Os apuramentos efectuados mostram que o risco de pobreza infantil está negativamente associado com o nível de escolaridade máximo do agregado familiar. Esta situação alerta para a necessidade de intervenção ao nível da escolaridade destas crianças, de forma a quebrar o ciclo de transmissão intergeracional da pobreza em que naturalmente se encontram.

GRÁFICO 22 – **Evolução da incidência da pobreza infantil segundo a escolaridade máxima dos pais/responsáveis**

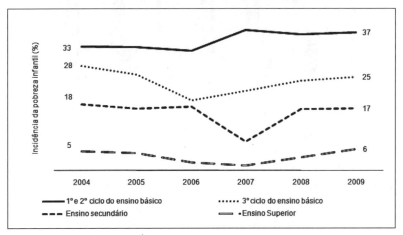

Fonte: INE, Inquérito às Condições de Vida e Rendimentos (ICOR), 2004 a 2009

Em termos dos atributos económicos (Tabela 15 em anexo), a existência de pelo menos um indivíduo a trabalhar no agregado não é condição suficiente para suprir a pobreza. De facto, cerca de 1/5 das crianças incluídas nestes agregados familiares são pobres, como podemos depreender pelo Gráfico 23. No início do período em análise, surpreendentemente, 46,5% das crianças que vivem em agregados onde nenhum indivíduo trabalha não vivem em situação de pobreza. Todavia, este valor decresce ao longo dos anos observados. Em 2008 atinge o seu mínimo – 26,7% e volta a crescer em 2009 para 33,7%. Será este padrão evolutivo consequência da eficácia da política social? Voltaremos a esta questão no capítulo seguinte.

GRÁFICO 23 – **Evolução da incidência da pobreza infantil segundo a existência de pelo menos um indivíduo a trabalhar no agregado familiar**

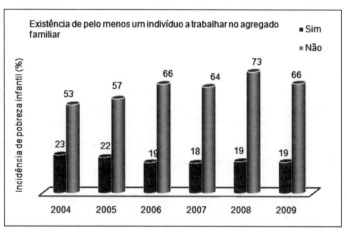

Fonte: INE, Inquérito às Condições de Vida e Rendimentos (ICOR), 2004 a 2009

A existência de rendimentos do trabalho está necessariamente ligada à capacidade financeira do agregado familiar, daí que as crianças que integram os agregados cujo *grau de esforço* é 0 (não incluem qualquer indivíduo com rendimentos de trabalho) registem as maiores taxas de pobreza, como se ilustra no Gráfico 24.

GRÁFICO 24 – **Evolução da incidência de pobreza infantil segundo o grau de esforço económico do agregado familiar**

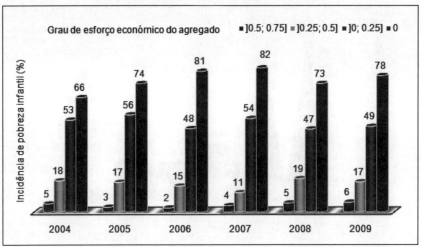

Fonte: INE, Inquérito às Condições de Vida e Rendimentos (ICOR), 2004 a 2009

O mesmo se aplica à análise resultante da observação da *capacidade para fazer face às despesas e encargos usuais* expressa – Gráfico 25. Quanto maior o sentimento de dificuldade em fazer face às despesas e encargos usuais do agregado familiar maior é a propensão para situações de pobreza monetária, nomeadamente no que se refere à população infantil. Sobre este indicador justifica-se um comentário adicional sobre a pobreza infantil. Trata-se de um indicador subjectivo uma vez que constitui uma resposta directamente obtida pelo questionário subjacente aos microdados em análise. A existência de um sentimento de dificuldade para fazer face aos gastos comuns reflecte-se com certeza no nível de bem-estar das crianças destas famílias, quer através dos constrangimentos financeiros, que significa escassez de recursos financeiros e consequente redução de consumos a vários níveis, bem como através das reduzidas expectativas que tal sentimento origina.

GRÁFICO 25 – **Evolução da incidência de pobreza infantil segundo a capacidade do agregado para fazer face às despesas e encargos usuais**

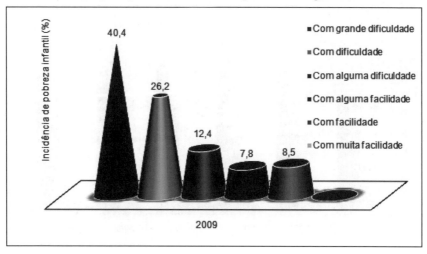

Fonte: INE, Inquérito às Condições de Vida e Rendimentos (ICOR), 2009

As qualificações profissionais mais reduzidas estão, tal como seria de esperar, associadas a maiores riscos de pobreza. Neste contexto importa sublinhar duas notas (Gráfico 26): por um lado, cerca de metade das crianças que vive em agregados em que o indivíduo de maior rendimento se enquadra profissionalmente enquanto "trabalhador não qualificado" é pobre; por outro lado, o risco de pobreza infantil atinge mais significativamente crianças em famílias cujo indivíduo de maior rendimento está ligado à agricultura ou pesca, reforçando o carácter territorial da pobreza infantil já anteriormente mencionado. Mais uma vez o ano de 2008 traduz um agravamento destas situações que se desagravam em 2009, excepto no que diz respeito ao contexto dos *Agricultores e trabalhadores qualificados da agricultura e pescas*.

GRÁFICO 26 – **Evolução da incidência de pobreza infantil segundo a categoria profissional do indivíduo com maior rendimento no agregado**

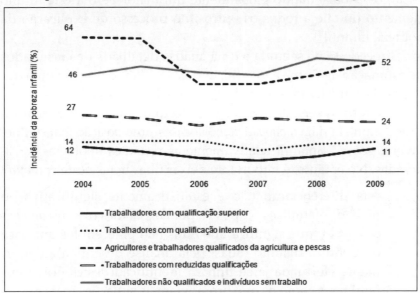

Fonte: INE, Inquérito às Condições de Vida e Rendimentos (ICOR), 2004 a 2009

Aprofundemos esta avaliação da pobreza infantil em termos monetários a partir de técnicas microeconométricas. A estimação de um modelo desta natureza permite, para além da identificação dos atributos associados à pobreza infantil, avaliar a sua importância relativa.

Os resultados de estimação do modelo *logit* encontram-se nas Tabelas 16 e 17, em anexo, respectivamente para 2004 e 2009. A estimação para estes dois anos pretendeu averiguar alterações no perfil da pobreza monetária infantil desde o início até ao final do período em análise.

Em termos globais pode afirmar-se que os factores subjacentes à pobreza infantil se mantêm no período considerado. Em termos sociodemográficos o modelo sublinha a importância de atributos tais como: composição da família, nível máximo de escolaridade no agregado familiar, tipo de alojamento e grau de urbanização da área de residência. Em termos económicos, o modelo considera importante a capacidade do agregado para fazer face às despesas e encargos usuais, dando globalmente um maior peso a este último elemento do que a todos os outros, no processo de explicação da pobreza infantil[41].

Procede-se de seguida a uma análise detalhada dos resultados de estimação de forma a identificar o peso relativo de cada uma das variáveis consideradas na condição de pobreza das crianças.

Em termos sociodemográficos, o facto de uma criança estar incluída numa família *monoparental* coloca-a numa posição mais vulnerável à pobreza infantil relativamente às restantes tipologias consideradas. No entanto, é importante deixar duas notas neste contexto:

- esta diferenciação não é estatisticamente significativa ao nível das famílias compostas por *dois adultos com três ou mais crianças*, o que significa que estas não parecem ter um risco de pobreza distinto (aliás, pela análise descritiva anteriormente efectuada já se tinham identificado estes dois tipos familiares como os que promoviam as situações mais gravosas de pobreza infantil);
- esta diferenciação atenuou-se relativamente à generalidade das restantes tipologias familiares entre 2004 e 2009, sugerindo uma menor vulnerabilidade à pobreza das crianças incluídas nos agregados familiares monoparentais, face às restantes tipologias familiares. Este resultado está também em consonância com a análise elaborada anteriormente a este propósito.

---

[41] De notar que os factores sociodemográficos e económicos considerados estão altamente correlacionados pelo que, no processo de estimação, não poderiam ser considerados simultaneamente. Por exemplo, o facto de em termos económicos apenas ser considerada no modelo a variável *capacidade para fazer face a despesas e encargos usuais* demarca a importância da percepção subjectiva da pobreza na condição de pobreza monetária das crianças. Contudo, tal percepção está necessariamente muito correlacionada com a *profissão do indivíduo com maior rendimento no agregado familiar*, apesar desta última variável não ser considerada no modelo. Assim, não é legítimo afirmar-se que *consequentemente* esta última variável não constitui um factor de distinção entre crianças pobres e não pobres.

O Diagnóstico da Problemática da Pobreza Infantil em Portugal | 87

No seguimento deste resultado surge o *número de crianças incluídas no agregado familiar*: Apesar desta variável não estar expressa no modelo pelo facto de estar muito correlacionada com a *composição da família*, a sua relação com a pobreza infantil é necessariamente inversa, tal como se depreende dos resultados obtidos relativamente à tipologia familiar. Quanto mais crianças coabitam no mesmo espaço maior é a probabilidade de se encontrarem em risco de pobreza monetária.

O *nível de escolaridade máximo no agregado familiar* tem uma associação negativa com a pobreza infantil – quanto maior este nível, menores as possibilidades de uma criança ser pobre. Note-se que, em 2004, apenas para o nível de escolaridade ensino superior esta relação é estatisticamente significativa, sublinhando a importância da formação escolar dos pais no combate à pobreza infantil. Já em 2009, a associação negativa referida é ainda mais gravosa e estatisticamente significativa em todos os níveis de escolaridade, sublinhando a crescente importância deste factor na exposição da criança a situações de pobreza.

O carácter rural da pobreza infantil está patente no modelo. As crianças que moram em *moradias* ou em *áreas menos povoadas* têm mais possibilidades de ser pobres do que as restantes. Esta situação ganhou importância em 2009 facto que, aliás, decorre da evolução negativa da pobreza infantil registada nestes contextos, relativamente às áreas mais densamente povoadas.

Em termos económicos, o modelo inclui a *capacidade para fazer face às despesas e encargos usuais*. O resultado é o esperado: quanto maior a dificuldade sentida, maior a possibilidade da criança inserida na família em causa ser pobre.

Traduzindo o factor *capacidade para fazer face às despesas e encargos usuais* uma percepção subjectiva da pobreza, a sua acrescida importância relativa, enquanto factor explicativo do modelo, tem subjacentes consequências mais gravosas no contexto da pobreza infantil do que no contexto dos restantes grupos etários. De facto, esta percepção condicionará certamente o bem-estar das crianças dos agregados familiares em que a mesma é mais negativa, quer

88 | Números com Esperança

presente – pela retracção de custos que tem implícita – como futuros – pelo potencial investimento na formação escolar das suas crianças. Este resultado antevê a promoção do ciclo de transmissão intergeracional da pobreza.

Finalize-se a análise dos resultados de estimação através da exploração dos efeitos marginais associados a cada uma das variáveis do modelo. A partir destes é possível aferir a importância relativa de cada uma destas variáveis na probabilidade de uma criança ser pobre, elemento crucial quer em termos de diagnóstico do problema da pobreza infantil quer no desenho de políticas sociais que o visem debelar.

QUADRO 8 – **Efeitos marginais do modelo *logit* para identificação do perfil da criança em risco de pobreza monetária em 2004**

```
Marginal effects after logit
     y  = Pr(pobre) (predict)
        = .18531695
```

variable	dy/dx	Std. Err.	z	P>|z|	[95% C.I.]		X
sexm*	-.033554	.01673	-2.01	0.045	-.066335	-.000773	.51271
_Icomp~6*	-.2021541	.02739	-7.38	0.000	-.255843	-.148465	.246512
_Icomp~7*	-.1058113	.0372	-2.84	0.004	-.178716	-.032907	.337303
_Icomp~8*	.0044521	.05693	0.08	0.938	-.107127	.116031	.096831
_Icomp~9*	-.1510411	.03119	-4.84	0.000	-.212165	-.089917	.269695
apartam*	-.0774063	.0267	-2.90	0.004	-.129741	-.025071	.407687
_Ihs12~2*	-.1091642	.0238	-4.59	0.000	-.155802	-.062526	.194353
_Ihs12~3*	-.1815469	.02629	-6.91	0.000	-.233066	-.130028	.39039
_Ihs12~4*	-.1950361	.0217	-8.99	0.000	-.237567	-.152506	.168274
_Ihs12~5*	-.181792	.02196	-8.28	0.000	-.224838	-.138746	.058993
_Ihs12~6*	.0218116	.10181	0.21	0.830	-.177728	.221351	.008846
_Idb10~2*	.0416582	.03028	1.38	0.169	-.017682	.100999	.31067
_Idb10~3*	.0286863	.03162	0.91	0.364	-.033289	.090662	.238316
niv_es~2*	.0070415	.02737	0.26	0.797	-.046605	.060689	.273186
niv_es~3*	-.0471577	.02969	-1.59	0.112	-.105357	.011042	.185963
niv_es~4*	-.172822	.02786	-6.20	0.000	-.227424	-.11822	.174031

```
(*) dy/dx is for discrete change of dummy variable from 0 to 1
```

Fonte: Cálculos com base no Inquérito às Condições de Vida e Rendimentos, 2004 (INE)
Nota: Veja-se a Tabela 16 em anexo para melhor entendimento da designação das variáveis

O Diagnóstico da Problemática da Pobreza Infantil em Portugal | 89

QUADRO 9 – **Efeitos marginais do modelo logit para identificação do perfil da criança em risco de pobreza monetária em 2009**

```
Marginal effects after logit
    y  = Pr(pobre) (predict)
       = .1724323
```

variable	dy/dx	Std. Err.	z	P>|z|	[95% C.I.]		X
sexm*	.0014801	.01993	0.07	0.941	-.03759	.04055	.512105
_Icomp~6*	-.1125682	.03904	-2.88	0.004	-.189085	-.036051	.244475
_Icomp~7*	-.0828281	.04679	-1.77	0.077	-.174526	.00887	.354338
_Icomp~8*	.0482143	.07978	0.60	0.546	-.108159	.204588	.079619
_Icomp~9*	-.0666574	.04342	-1.54	0.125	-.151754	.018439	.243244
apartam*	-.0323649	.03157	-1.03	0.305	-.094246	.029516	.415186
_Ihs12~2*	-.0809798	.02749	-2.95	0.003	-.134859	-.027101	.218337
_Ihs12~3*	-.1793342	.02762	-6.49	0.000	-.233468	-.1252	.333756
_Ihs12~4*	-.1641946	.02474	-6.64	0.000	-.212678	-.115711	.128328
_Ihs12~5*	-.12102	.05085	-2.38	0.017	-.220678	-.021362	.031254
_Idb10~2*	.1181533	.03829	3.09	0.002	.043099	.193208	.325203
_Idb10~3*	.0976292	.04356	2.24	0.025	.012246	.183012	.204474
niv_es~2*	-.0696326	.02921	-2.38	0.017	-.126874	-.012391	.310654
niv_es~3*	-.096764	.02818	-3.43	0.001	-.151988	-.04154	.226804
niv_es~4*	-.1679029	.02851	-5.89	0.000	-.223789	-.112016	.193631

```
(*) dy/dx is for discrete change of dummy variable from 0 to 1
```

Fonte: Cálculos com base no Inquérito às Condições de Vida e Rendimentos, 2009 (INE)
Nota: Veja-se a Tabela 17 em anexo para melhor entendimento da designação das variáveis

A estrutura dos efeitos marginais manteve-se semelhante entre 2004 e 2009. Variáveis tais como *capacidade do agregado familiar para fazer face às despesas e encargos usuais* e *nível de escolaridade* são os factores que registam sistematicamente os maiores efeitos marginais, nomeadamente no que respeita aos escalões mais elevados. A título ilustrativo, refira-se, por exemplo, que o facto de uma criança estar inserida num agregado familiar que reporta ser com com alguma facilidade que faz face às despesa e encargos usuais permite um decréscimo da sua probabilidade de ser pobre, relativamente a uma criança inserida num agregado familiar que reporta muita dificuldade, na casa dos 0,17. Relativamente ao nível de escolaridade, a redução na probabilidade de uma criança que está incluída numa família cujo nível máximo de escolaridade é o ensino superior ser pobre é na ordem dos 0,17, relativamente a uma criança de uma família em que este nível de escolaridade é inferior ou igual ao 2.º ciclo do ensino básico. São decréscimos que nos fazem reflectir sobre a importância quer da percepção subjectiva da pobreza como do nível de escolaridade dos pais na pobreza infantil de carácter monetário.

Avalie-se agora a privação infantil de acordo com os atributos sociodemográficos e económicos considerados. Os dados incluídos na Tabela 18 em anexo e o Gráfico 27, referente ao ano mais recente, mostram que é nas áreas mais densamente povoadas que se regista um maior risco de privação, em qualquer dos grupos etários observados. Sendo o grupo das crianças o que maior diferença regista entre o risco de privação em áreas densamente povoadas e pouco povoadas.

GRÁFICO 27 – **Risco de privação segundo o grau de urbanização, 2009**

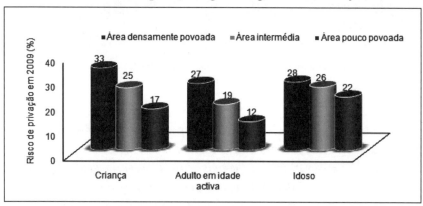

Fonte: INE, Inquérito às Condições de Vida e Rendimentos (ICOR), 2009

Este resultado não é coerente com os apuramentos realizados no contexto da pobreza monetária, segundo os quais as áreas pouco povoadas concentravam mais indivíduos em pobreza monetária. Esta situação poderá estar associada ao facto de as condições externas e internas de alojamento se encontrarem geralmente mais deterioradas nas áreas mais densamente povoadas, sendo que os indicadores incluídos no IAP captam esta situação, o que não acontece no contexto da perspectiva meramente monetária.

A estrutura da privação nos domínios "Participação Social" e "Acessibilidade a Serviços Básicos" é um pouco diferenciada (Tabelas 19 e 20 em anexo). Se, por um lado, as áreas mais densamente povoadas são também neste contexto aquelas onde o risco de privação é menor, especialmente no domínio da "Acessibilidade a Serviços Básicos", por outro lado, são os idosos o grupo etário mais penalizado – Gráfico 28.

Ainda no contexto da privação dos dois domínios indicados no parágrafo anterior, importa referir que a posição relativa das crianças se aproxima mais da dos idosos do que da relativa aos adultos sublinhando, mais uma vez, a sua vulnerabilidade à pobreza.

GRÁFICO 28 – **Risco de privação segundo o grau de urbanização, por grupo etário**
Domínios "Participação Social" e "Acessibilidade a Serviços Básicos"

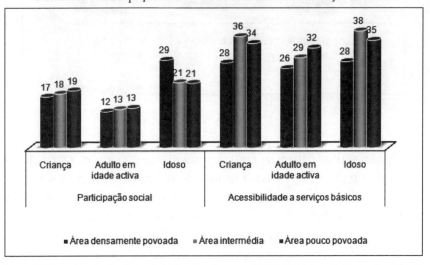

Fonte: INE, Inquérito às Condições de Vida e Rendimentos (ICOR), Módulos adicionais: "Participação cultural e social" (2006) e "Habitação e habitabilidade" (2007)

Os resultados relativos à privação infantil a partir do módulo adicional do ICOR de 2009 sobre "Privação Material" (Tabela 21 em anexo) realçam a importância acrescida da privação infantil nas áreas mais povoadas, contrariamente ao padrão observado anteriormente, sendo de notar que a diferenciação do risco de privação entre *área densamente povoada* e *área intermédia* é praticamente inexistente, conforme o Gráfico 29, situação que só neste contexto se verifica.

GRÁFICO 29 – **Risco de privação infantil segundo o grau de urbanização, por grupo etário**
Domínio "Privação específica das Crianças"

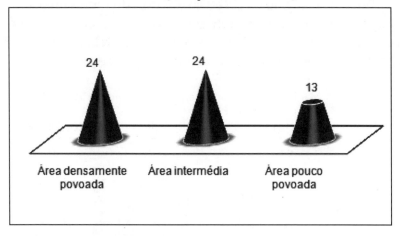

Fonte: INE, Inquérito às Condições de Vida e Rendimentos (ICOR), Módulo adicional: "Privação material" (2009)

Este resultado traduz, contrariamente ao esperado, a existência de níveis de bem-estar mais favoráveis às crianças de meios rurais, contradizendo mesmo as conclusões retiradas no âmbito da pobreza monetária. Poderá afirmar-se que as crianças das áreas menos povoadas, pese embora os constrangimentos financeiros do seu agregado familiar, conseguem desfrutar de melhores condições de vida do que aquelas que vivem em meios mais densamente povoados? Só uma análise mais rigorosa nos permitiria dar resposta a esta questão. Os resultados obtidos suscitam esta dúvida.

No que diz respeito ao *número de crianças incluídas no agregado familiar*, o Gráfico 30 mostra que são as crianças incluídas em famílias com quatro ou mais crianças[42] que apresentam um maior risco

---

[42] Ainda que constitua um grupo fracamente representado nos microdados analisados.

de privação infantil registando-se mesmo um acréscimo deste risco ao longo do período analisado. Note-se que em 2007, 2008 e 2009 cerca de 90% das crianças inseridas nestes agregados familiares se encontravam em risco de privação.

GRÁFICO 30 – **Risco de privação infantil segundo o número de crianças no agregado familiar**

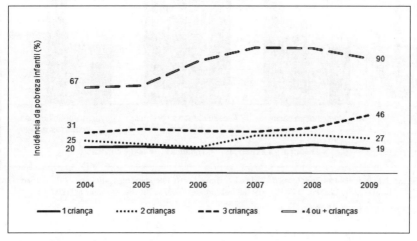

Fonte: INE, Inquérito às Condições de Vida e Rendimentos (ICOR), 2004 a 2009

Estes resultados são consentâneos com os apuramentos realizados no contexto dos domínios "Participação Social", "Acessibilidade a Serviços Básicos" e "Privação específica das Crianças", representados no Gráfico 31.

GRÁFICO 31 – **Risco de privação infantil segundo o número de crianças no agregado familiar, para os diferentes domínios**

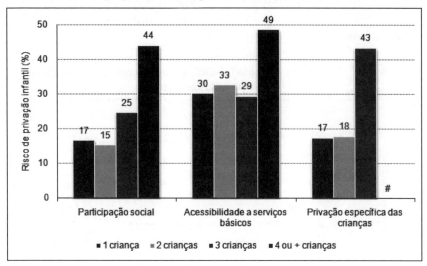

Fonte: INE, Inquérito às Condições de Vida e Rendimentos (ICOR), Módulos adicionais: "Participação cultural e social" (2006), "Habitação e habitabilidade" (2007) e "Privação material" (2009)

O Gráfico 32 mostra ainda que em termos da *composição do agregado familiar* sobressaem, ao nível de risco de privação, as crianças pertencentes a agregados familiares com dois adultos e três ou mais crianças, logo secundadas pelas crianças pertencentes a famílias monoparentais (à excepção dos anos de 2007 e 2008, onde o risco de privação das crianças pertencentes a famílias monoparentais evidenciou um crescimento muito acentuado). Estas constituem também as tipologias familiares onde se registou um acréscimo quase permanente do risco de privação infantil ao longo do período analisado, fazendo realçar a acrescida vulnerabilidade das suas crianças à pobreza.

GRÁFICO 32 – **Risco de privação infantil segundo a tipologia familiar**

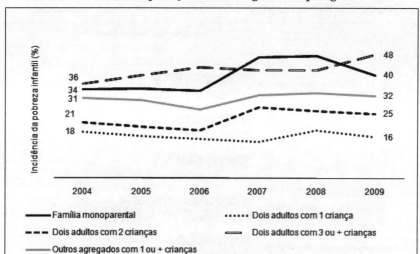

Fonte: INE, Inquérito às Condições de Vida e Rendimentos (ICOR), 2004 a 2009

Em termos da composição da família e no que respeita ao domínio da "Participação Social" – Tabela 19 em anexo – são os indivíduos inseridos em famílias mais numerosas (compostas por dois adultos e três ou mais crianças) que se destacam pelo risco de privação. No que às crianças diz respeito (Gráfico 33) e tendo em conta as consequências inerentes à privação nesta área, a situação é particularmente gravosa. Refira-se, ainda, a posição desvantajosa dos adultos isolados, facto que não pode ser dissociado da sua tipologia familiar.

GRÁFICO 33 – **Risco de privação infantil segundo a tipologia familiar**
Domínios "Participação Social" e "Acessibilidade a Serviços Básicos"

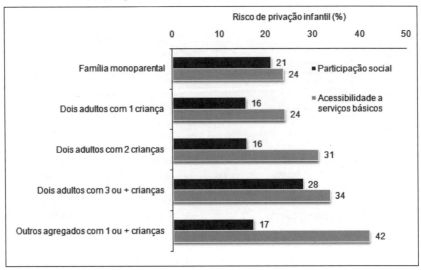

Fonte: INE, Inquérito às Condições de Vida e Rendimentos (ICOR), Módulos adicionais: "Participação cultural e social" (2006) e "Habitação e habitabilidade" (2007)

No domínio da "Acessibilidade a Serviços Básicos" – Tabela 20 em anexo – destacam-se as crianças inseridas em *Outros agregados familiares com uma ou mais crianças* como as que registam uma maior vulnerabilidade na componente de acessibilidades a serviços básicos. De referir a posição particularmente confortável das crianças incluídas em famílias monoparentais, tipologia que apresenta o menor risco de privação infantil.

No referente à "Privação específica das Crianças" – Tabela 21 em anexo – sobressaem as crianças que compõem famílias monoparentais ou de maior dimensão (agregados familiares com dois adultos e três ou mais crianças) como as que apresentam um risco acrescido de privação. Este é também o padrão dos resultados obtidos no contexto global da privação. Todavia, enquanto que nesse contexto as crianças da última tipologia apresentavam um risco de privação cerca de 20% superior ao relativo às crianças de famílias monoparentais, no contexto da "Privação Material" esta diferenciação é quase inexistente sugerindo idênticos níveis de privação infantil nestas duas composições familiares. Só a existência de dados com a natureza dos incluídos neste módulo adicional para os restantes anos, nos permitiria comprovar este resultado.

GRÁFICO 34 – **Risco de privação infantil segundo a tipologia familiar**
Domínio "Privação específica das Crianças"

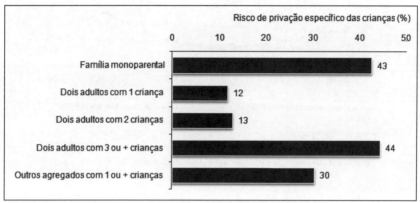

Fonte: INE, Inquérito às Condições de Vida e Rendimentos (ICOR), Módulo adicional "Privação material" (2009)

Finalmente, note-se a relação inversa entre o risco de privação infantil e o *nível máximo de escolaridade no agregado familiar* – Gráfico 35. Os apuramentos efectuados colocam as crianças numa posição particularmente desfavorável, em especial nos anos finais de 2007 a 2009 (Tabela 18 em anexo).

GRÁFICO 35 – **Risco de privação infantil segundo o nível máximo de escolaridade no agregado familiar**

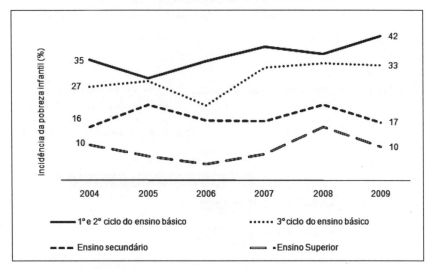

Fonte: INE, Inquérito às Condições de Vida e Rendimentos (ICOR), 2004 a 2009

Este é também o cenário verificado nos domínios da "Participação Social", da "Acessibilidade a Serviços Básicos" e da "Privação específica das Crianças"- Gráfico 36. As repercussões da escassa escolaridade dos pais foram já anteriormente analisadas, mas não será demais sublinhar a sua importância na escolaridade das suas crianças, elemento basilar da sua integração e participação social enquanto crianças e, posteriormente, como adultos.

GRÁFICO 36 – **Risco de privação infantil segundo o nível máximo de escolaridade no agregado familiar, para os diferentes domínios**

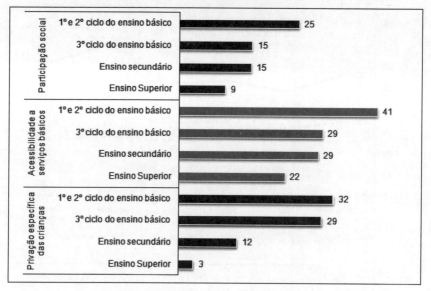

Fonte: INE, Inquérito às Condições de Vida e Rendimentos (ICOR), Módulos adicionais: "Participação cultural e social" (2006), "Habitação e habitabilidade" (2007) e "Privação material" (2009)

Os apuramentos relativos à privação efectuados a partir da grelha de atributos económicos, incluídos na Tabela 22 em anexo, mostram que, globalmente, as crianças se encontram na posição mais desfavorável em termos de privação, tendo em conta as incidências acrescidas que registam.

A inexistência de pelo menos um elemento no agregado familiar a trabalhar, estabelece uma forte discrepância entre o risco de privação das crianças e o dos restantes grupos etários, tal como o Gráfico 37 retrata. Em 2008 e 2009 o risco de privação infantil para estas crianças é de cerca do dobro do verificado nos outros dois grupos etários considerados nas mesmas condições.

GRÁFICO 37 – **Risco de privação dos indivíduos cujo agregado familiar não tem qualquer indivíduo a trabalhar, por escalão etário**

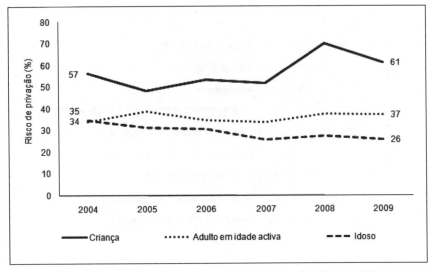

Fonte: INE, Inquérito às Condições de Vida e Rendimentos (ICOR), 2004 a 2009

Os dados das Tabelas 23 e 24 em anexo mostram que, globalmente, o risco de privação dos indivíduos incluídos em agregados familiares onde não existe ninguém a trabalhar é maior no domínio da "Acessibilidade a Serviços Básicos" do que no domínio da "Participação Social". A situação de privação acrescida das crianças mantém-se nos domínios da "Participação Social" e "Acessibilidade a Serviços Básicos". Nestas áreas, a posição relativa das crianças distingue-se particularmente da referente aos adultos, como sugere o Gráfico 38.

GRÁFICO 38 – **Risco de privação para os indivíduos cujo agregado familiar não tem indivíduos a trabalhar, por grupo etário**
Domínios "Participação Social" e "Acessibilidade a Serviços Básicos"

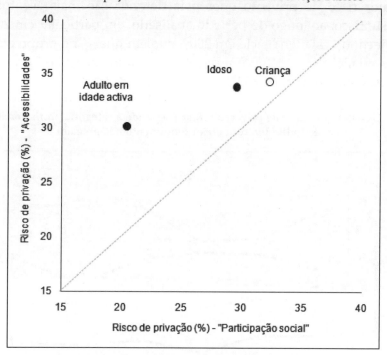

Fonte: INE, Inquérito às Condições de Vida e Rendimentos (ICOR), Módulos adicionais: "Participação cultural e social" (2006) e "Habitação e habitabilidade" (2007)

No que diz respeito ao domínio "Privação específica das Crianças" (Tabela 25 em anexo) refira-se que 64% das crianças inseridas em famílias em que não existe qualquer indivíduo a trabalhar estão em situação de privação. Este valor reflecte a maior das incidências da privação infantil neste contexto sublinhando a importância da integração no mercado de trabalho no bem-estar das crianças e, implicitamente, na pobreza infantil.

Em termos da *categoria profissional do indivíduo com maior rendimento no agregado familiar* são os indivíduos incluídos em agregados familiares onde a referida profissão é "não qualificada" ou corresponde à "inexistência de trabalho" que se verifica o maior risco de privação (Tabela 22 em anexo). Mais uma vez a situação relativa das crianças incluídas nestes agregados familiares destaca-se, quer pelo maior risco de privação quer pela deterioração mais acentuada deste risco, ao longo do período analisado, em particular em 2008, inflectindo esta tendência em 2009, ano em que só no grupo etário das crianças se registou um decréscimo da incidência da privação neste contexto (Gráfico 39).

GRÁFICO 39 – **Risco de privação infantil segundo a categoria profissional do indivíduo com maior rendimento no agregado**

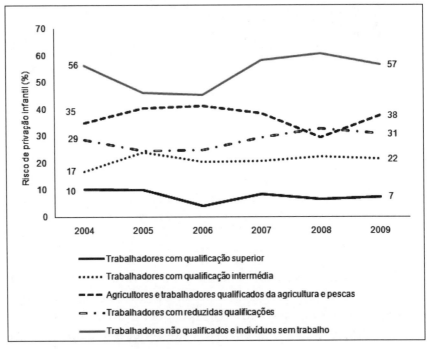

Fonte: INE, Inquérito às Condições de Vida e Rendimentos (ICOR), 2004 a 2009

No domínio da "Participação Social" (Tabela 23 em anexo) são também os indivíduos incluídos nos agregados familiares referidos no parágrafo anterior que registam maior incidência de privação. Neste contexto a situação das crianças não sobressai da mesma forma, sugerindo terem estas melhores condições de vida.

O Diagnóstico da Problemática da Pobreza Infantil em Portugal | 103

No âmbito da "Acessibilidade a Serviços Básicos" (Tabela 24 em anexo) são as crianças inseridos em famílias onde o maior rendimento corresponde a *profissões do sector da agricultura e pescas*, que detêm uma posição relativamente mais desvantajosa.

No que toca ao domínio da "Privação específica das Crianças" (Tabela 25 em anexo) este padrão mantém-se. Contudo, será importante referir que, pese embora o conteúdo metodológico subjacente a cada um dos índices de privação infantil calculados, privação infantil em termos globais e privação infantil a partir deste módulo adicional do ICOR, o risco de privação infantil global destas tipologias decresce entre 2004 e 2009, de 37,7% para 35,1%, no caso da agricultura e afins e de 56,6% para 43,2%, no caso dos trabalhadores não qualificados e indivíduos sem trabalho. Este quadro evolutivo poderá traduzir uma menor importância destes elementos no bem-estar das crianças e, em particular, das que têm idades entre 1 e 15 anos, em especial no que se reporta aos trabalhadores não qualificados, tendo em conta o que ficou dito em relação à não inserção no mercado de trabalho.

No que respeita à *capacidade do agregado familiar para fazer face às despesas e encargos usuais,* tal como seria de esperar, são os indivíduos inseridos em agregados familiares que consideram ter grande dificuldade em fazer face às referidas despesas e encargos que registam os maiores níveis de privação (Tabela 22 em anexo). Esta é também a situação verificada ao nível dos domínios "Participação Social" e "Acessibilidade a Serviços Básicos" e da "Privação específica das Crianças" (Tabelas 23, 24 e 25, respectivamente, em anexo). São, mais uma vez, as crianças destes agregados familiares que se destacam pelo risco mais acentuado de privação, apesar da diferenciação relativamente aos restantes grupos não ser notória.

Refira-se que, contrariamente à evolução até agora verificada do risco de privação, neste contexto o mesmo sofreu uma desaceleração ao longo do período em análise, sugerindo uma percepção de melhoria generalizada das condições de vida dos indivíduos destas famílias. No último ano e, ao invés dos resultados até agora obtidos, regista-se novo acréscimo no risco de privação dos indivíduos, que consideram ser com grande dificuldade que conseguem fazer face às despesas e encargos usuais. Será este um sinal da crise económica que entretanto se instalou e relativamente à qual 2009 constitui, por assim dizer, um epicentro?

Finalmente, os apuramentos realizados sobre o *grau de esforço do agregado* –(Tabela 22 em anexo) vão ao encontro dos resultados obtidos ao nível da inexistência de pelo menos um indivíduo a trabalhar no agregado familiar, uma vez que é notoriamente nos indivíduos que pertencem às famílias com grau de esforço nulo – onde não existem indivíduos a trabalhar – que se regista a maior incidência de privação, sobretudo para o grupo das crianças, como sugere o Gráfico 40 relativo ao ano mais recente. Este é também o apuramento globalmente obtido ao nível da "Participação Social", da "Acessibilidade a Serviços Básicos" e da "Privação específica das Crianças" (Tabelas 23, 24 e 25 em anexo).

GRÁFICO 40 – **Risco de privação segundo o grau de esforço económico do agregado, por grupos etários, 2009**

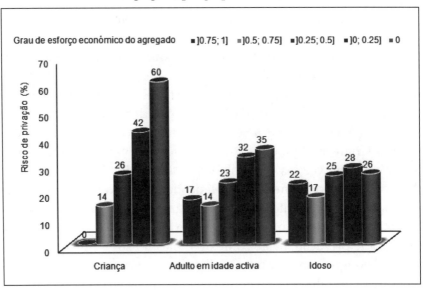

Fonte: INE, Inquérito às Condições de Vida e Rendimentos (ICOR), 2009

O Diagnóstico da Problemática da Pobreza Infantil em Portugal | 105

Nas famílias onde nenhum indivíduo trabalha, a posição relativa das crianças sobressai devido ao acrescido risco de privação. A evolução negativa deste risco acentua a vulnerabilidade destas crianças à pobreza e é semelhante à referida anteriormente, sobre a inexistência de pelo menos um indivíduo a trabalhar no agregado familiar.

Por fim e no sentido de identificar as configurações familiares que congregam maiores riscos de pobreza, foram analisadas as situações de pobreza monetária/privação segundo a estrutura familiar – *número de crianças no agregado familiar* e *composição familiar*, relativamente aos atributos sociodemográficos; *existência de pelo menos um indivíduo a trabalhar no agregado familiar* e *grau de esforço do agregado familiar*, como atributos económicos.

Em termos de atributos sociodemográficos, os apuramentos constantes da Tabela 26 em anexo reproduzem os resultados já antes encontrados: o risco de pobreza consistente cresce com o número de crianças no agregado familiar, por um lado, e, por outro, as famílias monoparentais e as famílias compostas por dois adultos com três ou mais crianças incluem os indivíduos com maiores riscos de pobreza consistente.

Se em termos de padrão, a pobreza consistente não oferece elementos informativos de realce, já uma análise mais detalhada das estatísticas incluídas na Tabela 26 em anexo apresenta alguns resultados interessantes. Assim, a evolução da pobreza consistente das crianças incluídas em agregados com quatro ou mais crianças manteve-se entre 2004 e 2009 (conforme o Gráfico 41) ao invés do que se verificou para a generalidade dos indivíduos dos mesmos agregados, sublinhando a vulnerabilidade das crianças a viverem neste contexto. Mais, pese embora o facto das situações de pobreza consistente terem recrudescido entre 2004 e 2009, quer para a generalidade dos indivíduos como para as crianças, para estas a incidência destas situações, para além de ser maior, teve um decréscimo menor, acentuando a sua posição relativamente mais desfavorável às situações mais gravosas de pobreza.

GRÁFICO 41 – **Consistência entre as medidas de pobreza: incidência da pobreza monetária infantil e da privação infantil, pelo número de crianças que compõem o agregado**

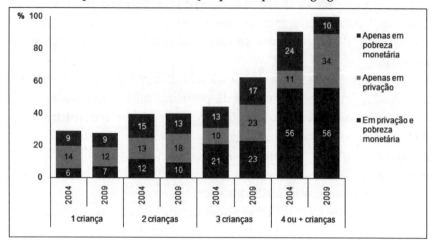

Fonte: INE, Inquérito às Condições de Vida e Rendimentos (ICOR), 2004 e 2009

Relativamente à composição familiar, a posição relativa dos indivíduos com maior risco de pobreza consistente manteve-se em termos globais, mas teve uma evolução diferenciada. Assim, enquanto a incidência da pobreza consistente das crianças incluídas em famílias monoparentais sofreu uma ligeira desaceleração entre 2004 e 2009, a correspondente incidência em crianças pertencentes a famílias compostas por dois adultos com três ou mais crianças agravou-se, conforme se pode validar através do Gráfico 42.

GRÁFICO 42 – **Consistência entre as medidas de pobreza: incidência da pobreza monetária infantil e da privação infantil, pela composição familiar**

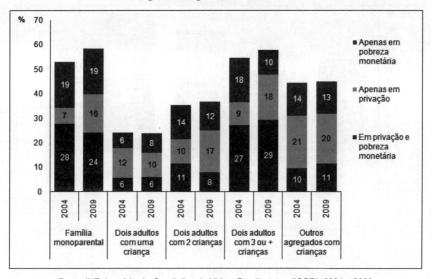

Fonte: INE, Inquérito às Condições de Vida e Rendimentos (ICOR), 2004 e 2009

No respeitante aos atributos económicos, os dados da Tabela 27 em anexo, comprovam mais uma vez, a vulnerabilidade acrescida das crianças às formas mais gravosas de pobreza. De facto, para a totalidade da população a inexistência de indivíduos a trabalhar no agregado familiar significa um risco de pobreza consistente na ordem dos 18,4% em 2004 e 15,3% em 2009. Para as crianças dos mesmos agregados familiares tal risco sobe aos 39,7% em 2004 e 45,3% em 2009 (Gráfico 43) . Para além da diferenciação em termos de incidência há que assinalar também a evolução mais desfavorável do risco de pobreza consistente ao nível das crianças.

GRÁFICO 43 – **Consistência entre as medidas de pobreza: incidência da pobreza monetária e da privação para os indivíduos que compõem agregados familiares em que ninguém trabalha**

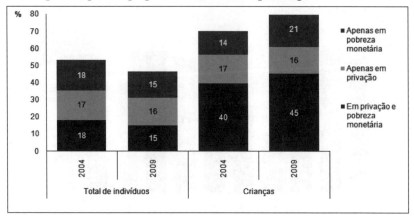

Fonte: INE, Inquérito às Condições de Vida e Rendimentos (ICOR), 2004 e 2009

Numa leitura complementar, os apuramentos inclusos na Tabela 27 em anexo mostram que para a generalidade dos indivíduos pertencentes a agregados familiares onde não existe qualquer elemento a trabalhar, cerca de 35% das situações de pobreza identificadas são de pobreza consistente enquanto que, para as crianças que compõem este tipo de famílias, o valor sobe para cerca de 55%.

Uma nota adicional deverá fazer-se relativamente ao facto de a existência de pelo menos um elemento do agregado familiar se encontrar activo no mercado de trabalho não impedir situações de pobreza. De acordo com os dados apresentados na Tabela 27 em anexo, cerca de 35% das crianças incluídas em famílias onde pelo menos um elemento está a trabalhar estão ora em pobreza monetária ora em privação e, por isso, numa situação deficitária em termos de bem-estar.

O grau de esforço do agregado estabelece alguma diferenciação relativamente ao risco de pobreza consistente entre as crianças e a generalidade dos indivíduos. O maior risco de pobreza consistente é, para a generalidade dos indivíduos, maior quando estes pertencem a agregados cujo grau de esforço tem implícito pelo menos um indivíduo a trabalhar no agregado familiar, nos dois anos considerados nesta análise. Todavia, para as crianças este risco é mais significativo quando nas suas famílias o grau de esforço decorre da inexistência de qualquer elemento a trabalhar no agregado familiar. Mais, note-se que no contexto das crianças e em 2004, cerca de metade das situações de pobreza das crianças incluídas em agregados familiares sem qualquer elemento a trabalhar é de pobreza consistente, valor que sobe para os 63% em 2009 (Gráfico 44). Estes dados sublinham a importância das medidas de política social no âmbito do mercado de trabalho, como meio de atenuar a pobreza infantil.

GRÁFICO 44 – Posição relativa das situações de pobreza: incidência da pobreza monetária infantil e da privação infantil, pelo grau de esforço económico do agregado da criança

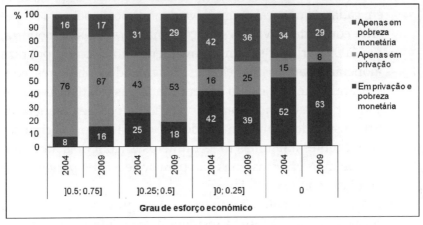

Fonte: INE, Inquérito às Condições de Vida e Rendimentos (ICOR), 2004 e 2009

Em síntese, tendo em conta os atributos sociodemográficos e económicos considerados e os resultados até agora analisados, a pobreza infantil no período 2004 a 2009, caracteriza-se fundamentalmente por:

- A pobreza monetária das crianças parecer possuir um certo grau de ruralidade. Contudo, este cenário não se aplica à privação infantil que parece ser mais notória nas áreas urbanas.

- A existência de crianças no agregado familiar e o seu número parecer constituir um factor de vulnerabilidade acrescida à pobreza e à privação;
- Também para as crianças o seu número parecer relacionar-se inversamente com o seu nível de bem-estar. Um pouco mais de metade das crianças incluídas em famílias com quatro ou mais crianças estavam simultaneamente em situação de pobreza monetária e de privação tanto em 2004 como em 2009, superando os mesmos valores relativos à generalidade dos indivíduos;
- A incidência da pobreza monetária e da privação infantil ser mais significativa para as crianças incluídas em famílias monoparentais ou em agregados familiares com três ou mais crianças. Nestas tipologias familiares e em 2004, quase uma em cada três crianças acumulava a condição de pobreza monetária com a de privação, situações mais gravosas de pobreza;
- Em 2009 verificar-se um agravamento do risco de pobreza monetária para as crianças destes agregados familiares, contrariando a tendência da generalidade das estatísticas observadas para este ano sobre a evolução da pobreza monetária. Este resultado é também válido para a privação das crianças pertencentes a famílias mais numerosas (com dois adultos e três ou mais crianças) mas não para aquelas que pertencem a famílias monoparentais;
- Consequentemente as situações mais gravosas de pobreza registarem em 2009 uma incidência acrescida para as crianças das famílias de dois adultos e três ou mais crianças e um desagravamento relativamente às crianças de agregados familiares monoparentais;
- Os resultados de estimação do modelo econométrico atestarem a vulnerabilidade acrescida destas tipologias familiares à pobreza monetária;
- O *nível máximo de escolaridade no agregado familiar* estar negativamente associado com o risco de pobreza monetária e de privação infantil;

O Diagnóstico da Problemática da Pobreza Infantil em Portugal | 111

- Tratar-se de uma variável com um efeito marginal significativo na probabilidade de uma criança ser pobre;
- A *inserção no mercado de trabalho* limitar a incidência da pobreza monetária e da privação infantil. Contudo, este efeito vai decrescendo ao longo do período observado. Nos agregados familiares em que nenhum indivíduo trabalha, o risco de pobreza monetária e de privação infantil quase duplica o risco de privação dos adultos em idade activa e dos idosos, dos mesmos agregados familiares;
- O *nível máximo de qualificação no agregado familiar* condicionar de forma inversa o risco de pobreza monetária infantil e a privação das crianças. No contexto dos trabalhadores não qualificados, é no sector da agricultura e das pescas que se registam maiores taxas de pobreza infantil;
- Necessariamente relacionada com as duas variáveis anteriormente referidas, a percepção subjectiva da pobreza traduzir-se pela *capacidade do agregado familiar para fazer face às despesas e encargos usuais*, constituindo uma variável com um impacto notório na probabilidade de uma criança ser pobre.

4.3. As trajectórias de pobreza

A partir do painel equilibrado, através da base de dados longitudinal do ICOR, disponibilizada pelo INE para os anos 2005 a 2007, é possível aferir as dinâmicas da pobreza. Para tal utiliza-se a grelha de análise exposta no capítulo precedente, que inclui fundamentalmente três fases: (i) numa primeira fase são analisados os fluxos de entrada e de saída da pobreza, (ii) numa segunda fase é aferida a tipologia longitudinal da pobreza para o período em análise, mediante a contagem do número de anos em situação de pobreza e, finalmente, (iii) numa terceira fase é explicada a duração da pobreza a partir da estimação de um modelo econométrico adequado para o efeito. A análise subjacente aos dois primeiros pontos segue a estrutura utilizada na análise estática: primeiro são apresentados os resultados globais e depois é efectuada uma análise desagregada, de acordo com os atributos sociodemográficos e económicos adoptados.

4.3.1. *Fluxos de entrada e de saída da pobreza*

Os apuramentos incluídos na Tabela 28 em anexo e o Gráfico 45 mostram que as crianças apresentam a maior taxa de saída em 2006 – por cada 100 crianças não pobres em 2006 cerca de 4 eram pobres em 2005. Simultaneamente, as crianças também constituem o grupo etário, a seguir aos idosos, com a maior taxa de entrada nesse ano – por cada 100 crianças pobres em 2006 cerca de 5 não eram pobres em 2005. Em 2007, as crianças são ultrapassadas pelos idosos em termos de taxa de saída da pobreza e são o único grupo etário em que se regista um crescimento notório da taxa de entrada na pobreza que, aliás, assume o seu valor máximo neste grupo.

Saliente-se, ainda, que a seguir aos idosos as crianças são o grupo com maiores taxas de persistência na pobreza – por cada 100 crianças 17 permaneceram em situação de pobreza continuadamente entre 2005 e 2007. A taxa de persistência da pobreza das crianças é cerca de 8% abaixo da relativa aos idosos mas cerca de 35% superior à dos adultos. Nestas condições e atentando a estes resultados, podemos afirmar que as crianças são o grupo etário com um padrão evolutivo mais desfavorável nos fluxos de entrada e de saída da pobreza. Os resultados em termos de persistência da pobreza sugerem períodos de pobreza relativamente alargados para as crianças.

O Diagnóstico da Problemática da Pobreza Infantil em Portugal | 113

GRÁFICO 45 – **Taxas de entrada e taxas de saída da pobreza, por grupo etário**

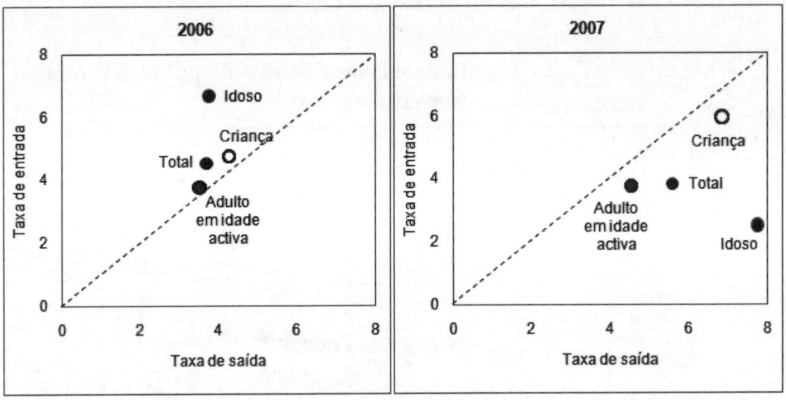

Fonte: INE, Inquérito às Condições de Vida e Rendimentos (ICOR), painel equilibrado 2005-2007

Uma análise desagregada no grupo das crianças representada no Gráfico 46, mostra que é no conjunto das crianças mais velhas que se verifica uma alteração mais notória da relação entre taxas de entrada e taxas de saída da pobreza, sugerindo uma maior mobilidade em termos de pobreza para elas.

De facto, ao nível destas crianças verificou-se, simultaneamente, o maior acréscimo da taxa de saída e da taxa de entrada na pobreza entre 2006 e 2007, sendo, todavia, maior a variação ao nível da taxa de saída da pobreza, facto que sugere uma evolução positiva em termos de duração da pobreza. Note-se, contudo, que é neste subgrupo (crianças mais velhas) que se registam fluxos de entrada e de saída da pobreza mais acentuados em 2007, momento em que se verifica aqui a maior taxa de saída da pobreza mas, também, a maior taxa de entrada na pobreza.

Consequentemente, são também as crianças mais velhas que apresentam uma maior propensão a persistirem numa situação de pobreza, sugerindo para elas uma duração crescida do problema. É no conjunto das crianças mais novas que parece ter havido um quadro evolutivo mais favorável da relação entre as taxas de entrada e de saída da pobreza. Será este um reflexo das medidas de política social então implementadas?

GRÁFICO 46 – **Taxas de entrada e taxas de saída da pobreza infantil, por grupo etário**

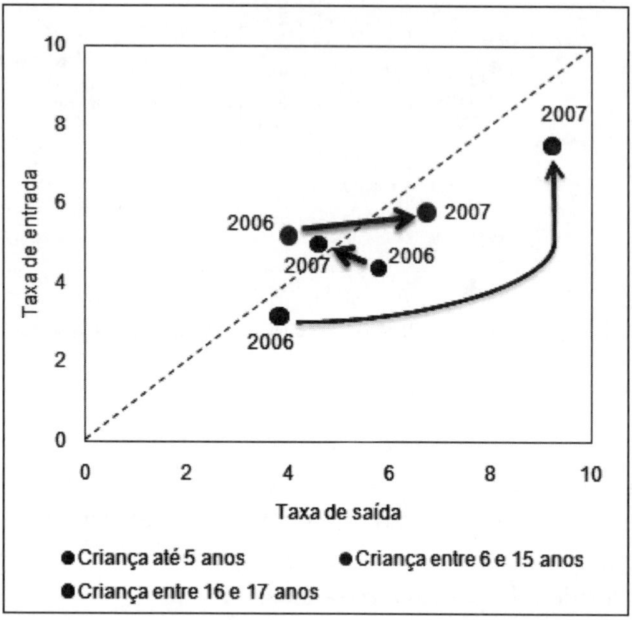

Fonte: INE, Inquérito às Condições de Vida e Rendimentos (ICOR), painel equilibrado 2005-2007

Do ponto de vista dos atributos sociodemográficos importa desde já deixar uma nota relativamente à dimensão amostral reduzida de determinados subgrupos, de onde se destacam as famílias monoparentais, tipologia em que os indivíduos são particularmente vulneráveis à pobreza, de acordo com os resultados obtidos no contexto da análise estática.

Os apuramentos incluídos na Tabela 29 em anexo mostram que a permanência na pobreza parece ser mais acentuada em crianças residentes em *áreas rurais*, onde quase uma em cada quatro crianças esteve continuamente em situação de pobreza entre 2005 e 2007 (Gráfico 47). No sentido deste resultado vão também os apuramentos relativos ao *tipo de alojamento*.

GRÁFICO 47 – **Taxas de entrada e taxas de saída da pobreza infantil, por grau de urbanização**

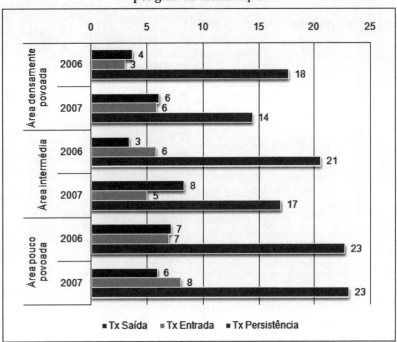

Fonte: INE, Inquérito às Condições de Vida e Rendimentos (ICOR), painel equilibrado 2005-2007

Quanto ao *número de crianças no agregado familiar*, é de notar que a taxa de persistência na pobreza cresce com este número. Aliás, refira-se que é ao nível dos indivíduos de agregados familiares sem crianças que se verificam, sucessivamente, taxas de persistência mais baixas, excepto no caso dos idosos, onde a escassa dimensão amostral limita o alcance desta análise. O Gráfico 48 antecipa este cenário para as crianças e sugere que, em 2007, a situação daquelas que viviam em agregados familiares com duas crianças, não sendo o contexto em que se registam as maiores taxas de saída e de entrada na pobreza, são, todavia, as únicas em que a taxa de saída é inferior à taxa de entrada, corroborando a duração acrescida da pobreza infantil com o número de crianças incluídas no agregado familiar referida anteriormente.

GRÁFICO 48 – **Taxas de entrada e de saída na pobreza infantil, de acordo com a existência de crianças no agregado familiar e a sua composição, 2007**

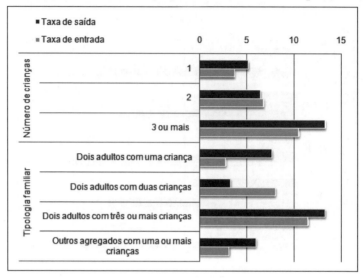

Fonte: INE, Inquérito às Condições de Vida e Rendimentos (ICOR), painel equilibrado 2005-2007

Ainda a partir do Gráfico 48 e da Tabela 29 em anexo, e atentando na *composição da família*, sobressaem as crianças incluídas em famílias mais numerosas (dois adultos e três ou mais crianças) no que diz respeito aos fluxos de entrada e de saída da pobreza. De facto é neste contexto que se verificam as maiores taxas de persistência da pobreza infantil, se registam as maiores taxas de entrada e de saída da pobreza e onde o seu diferencial é menor. Nas famílias monoparentais os resultados globais alertam para as elevadas taxas de saída e de entrada dos indivíduos aí incluídos que, contudo, não são os que registam as maiores taxas de persistência da pobreza. Este resultado sugere alguma transitoriedade da pobreza neste contexto, assunto a que voltaremos um pouco mais adiante. O reduzido número de indivíduos incluídos em famílias monoparentais na amostra não permite estender esta análise às crianças, facto que limita o potencial analítico desta problemática neste contexto.

O Diagnóstico da Problemática da Pobreza Infantil em Portugal | 117

Finalmente e tal como esperado, o *nível máximo de escolaridade no agregado familiar* decresce com as taxas de persistência na pobreza. O Gráfico 49 põe a claro este resultado com base no ano de 2007.

GRÁFICO 49 – **Taxas de entrada, saída e persistência da pobreza infantil, segundo o nível de escolaridade máximo no agregado familiar, 2007**

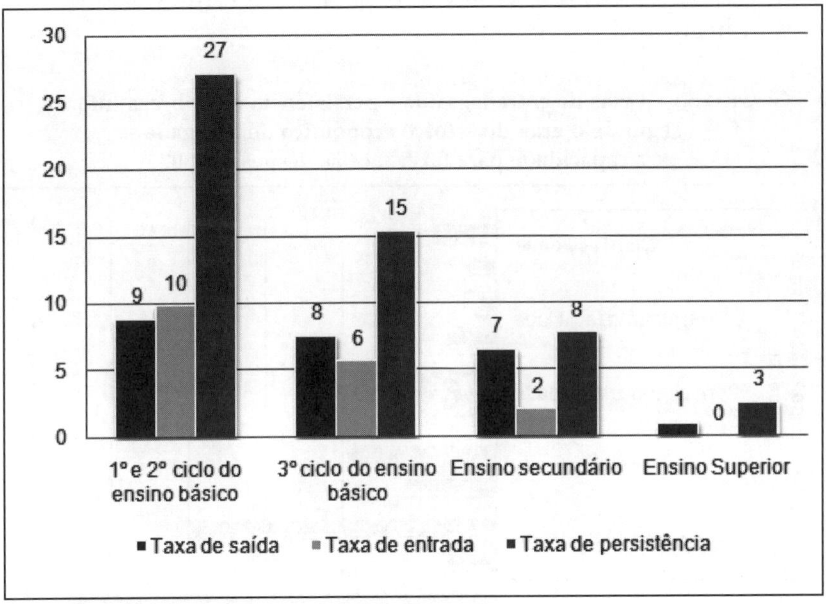

Fonte: INE, Inquérito às Condições de Vida e Rendimentos (ICOR), painel equilibrado 2005-2007

Quanto aos atributos económicos, a reduzida dimensão amostral de alguns grupos, em particular no que diz respeito às crianças, constitui uma forte limitação à análise que se poderia desenvolver. Importa, contudo, salientar alguns resultados e ilações que é possível tirar a partir dos apuramentos incluídos na Tabela 30 em anexo.

A in*existência de indivíduos a trabalhar dentro do agregado familiar* parece ser um factor que está subjacente à maior persistência da pobreza infantil. De facto, quase metade das crianças incluídas nestes agregados familiares permanece em situação continuada de pobreza entre 2005 e 2007. Mais, esta situação parece ser mais gravosa ao nível das crianças do que dos restantes grupos etários, uma vez que são elas que registam as maiores taxas de persistência da pobreza nesta desagregação. Neste sentido vão também os resultados obtidos ao nível da *capacidade do agregado para fazer face às despesas e encargos*, confirmando a percepção subjectiva de constrangimentos económicos e do *grau de esforço económico do agregado*. O Gráfico 37 atesta esta situação para 2007, no que diz respeito a estes indicadores.

GRÁFICO 50 – **Taxas de entrada, saída e persistência da pobreza infantil, segundo o grau de esforço económico do agregado e a capacidade para fazer face às despesas, 2007**

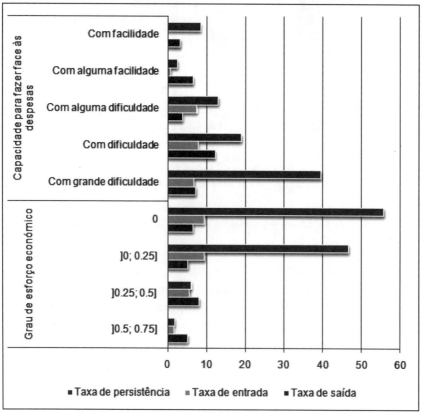

Fonte: INE, Inquérito às Condições de Vida e Rendimentos (ICOR), painel equilibrado 2005-2007

Os resultados referidos anteriormente em termos de grau de escolaridade máximo no agregado familiar vão no mesmo sentido dos obtidos em função da *profissão do indivíduo com maior rendimento no agregado familiar*. São as crianças incluídas em famílias onde este indicador diz respeito a *profissões não qualificadas ou sem trabalho* ou ainda da agricultura, que registam os tempos mais alargados de pobreza. Tal facto resulta das taxas de entrada e de saída da pobreza desfavoráveis que estas crianças apresentam, tal como o Gráfico 51 mostra relativamente ao ano de 2007.

GRÁFICO 51 – **Taxas de entrada, saída e persistência da pobreza infantil, segundo a profissão do indivíduo com maior rendimento no agregado familiar, 2007**

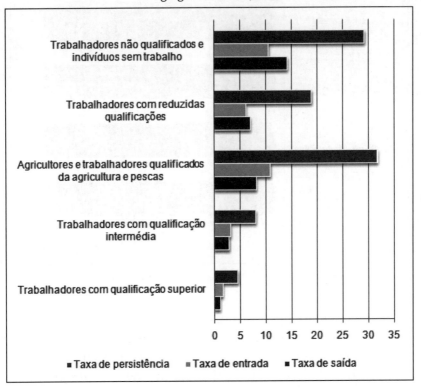

Fonte: INE, Inquérito às Condições de Vida e Rendimentos (ICOR), painel equilibrado 2005-2007

4.3.2. *Perfis de persistência da pobreza*

Esta análise tem subjacente o número de anos em situação de pobreza e a trajectória de ocorrência da pobreza. Numa primeira leitura da Tabela 31 em anexo e do Gráfico 52 ressalta o facto de apenas duas em cada três crianças não terem vivido qualquer período em situação de pobreza entre 2005 e 2007. Este valor apenas é semelhante ao verificado para os idosos.

GRÁFICO 52 – **Distribuição dos indivíduos pelo número de anos em situação de pobreza, segundo o escalão etário (%)**

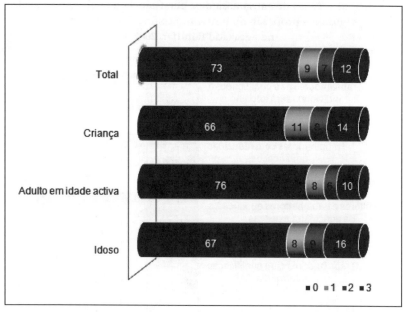

Fonte: INE, Inquérito às Condições de Vida e Rendimentos (ICOR), painel equilibrado 2005-2007

Se a generalidade dos indivíduos que viveram situações de pobreza o fizeram preferencialmente durante todo o período em análise (3 anos), note-se que no grupo etário das crianças esta incidência é quase 50% superior à dos adultos nestas circunstâncias e pouco mais do que 10% inferior à dos idosos que também estavam nestas condições.

O Diagnóstico da Problemática da Pobreza Infantil em Portugal | 121

Por isso a análise dos *percursos de pobreza* monetária – Tabela 32 e Gráfico 53 – mostra que o perfil longitudinal da pobreza da generalidade dos indivíduos pauta-se por uma maior importância da pobreza persistente relativamente às restantes categorias e este é um padrão aplicável a todos os grupos etários, sendo, todavia, a seguir aos idosos, mais marcante no conjunto das crianças.

A proporção de pobres persistentes nas crianças (15%) é cerca de 50% superior à verificada nos adultos e 10% inferior à dos idosos, facto que sublinha a importância da duração da pobreza neste grupo etário. Note-se ainda que é também bastante significativa a proporção de crianças que vive situações de pobreza transitória (12%) o que, a adicionar ao que ficou dito anteriormente sobre persistência da pobreza, alerta para uma diversidade de situações, facto já antes referido aquando da análise da severidade da pobreza infantil no contexto da análise estática.

GRÁFICO 53 – **Tipologia longitudinal da pobreza, por escalão etário**

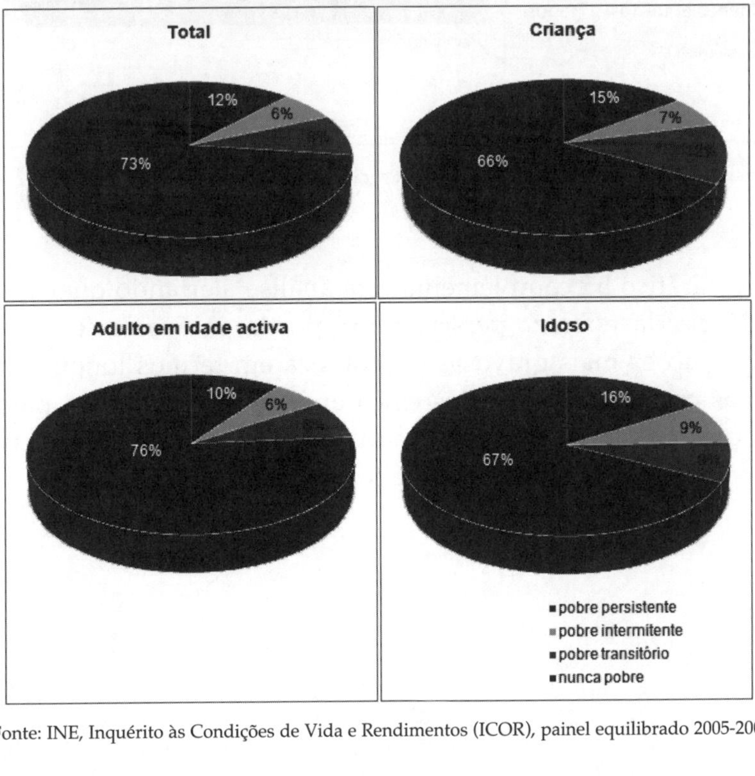

Fonte: INE, Inquérito às Condições de Vida e Rendimentos (ICOR), painel equilibrado 2005-2007

Numa análise desagregada por idades, ilustrada através do Gráfico 54, percebemos que a pobreza parece ser mais duradoura para as crianças mais velhas o que, mais uma vez, alerta para a sua situação relativamente mais gravosa do que a referente às de menos idade.

GRÁFICO 54 – **Distribuição das crianças pelo número de anos em situação de pobreza, segundo o escalão etário (%)**

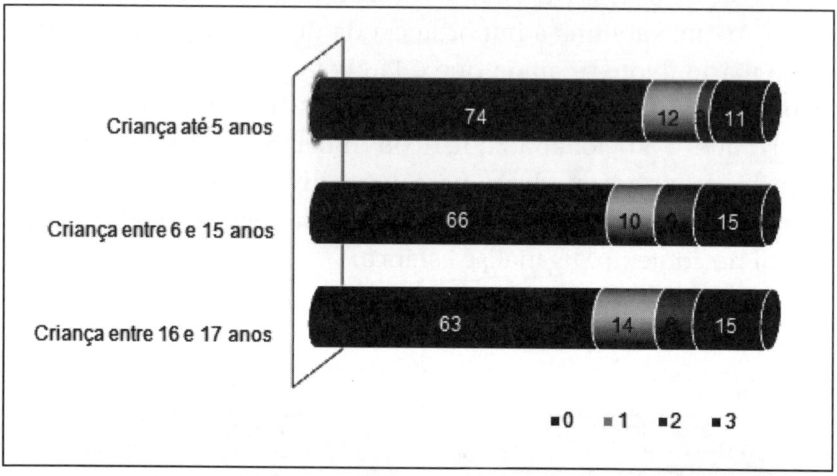

Fonte: INE, Inquérito às Condições de Vida e Rendimentos (ICOR), painel equilibrado 2005-2007

O Gráfico 55 complementa esta análise alertando quer para a incidência da pobreza persistente como da pobreza intermitente, configurações mais gravosas da pobreza em termos longitudinais para as crianças a partir dos cinco anos e, em particular, para as crianças mais velhas, de 16 e 17 anos. As crianças mais novas vivem preferencialmente situações de pobreza transitória.

GRÁFICO 55 – **Tipologia longitudinal da pobreza infantil por grupos etários**

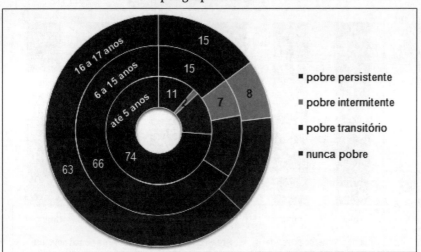

Fonte: INE, Inquérito às Condições de Vida e Rendimentos (ICOR), painel equilibrado 2005-2007

Numa análise desagregada pelos atributos sociodemográficos (Tabela 33 em anexo) ressalta o carácter *rural* da pobreza infantil, uma vez que nas áreas pouco povoadas quase uma em cada cinco crianças permaneceu continuadamente em situação de pobreza entre 2005 e 2007 e cerca de metade (57%) não viveu qualquer destes anos em situação de pobreza. Este padrão, se bem que comum à generalidade dos indivíduos, é ainda mais marcado no grupo etário das crianças, tal como o Gráfico 56 sugere. Os resultados obtidos em termos de *tipo de alojamento* corroboram esta conclusão.

GRÁFICO 56 – **Distribuição dos indivíduos (total e crianças) pelo número de anos em situação de pobreza, segundo o grau de urbanização (%)**

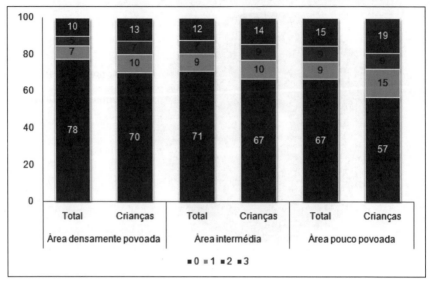

Fonte: INE, Inquérito às Condições de Vida e Rendimentos (ICOR), painel equilibrado 2005-2007

Estas trajectórias traduzem perfis longitudinais de pobreza persistente para as crianças das áreas rurais (Tabela 34 em anexo). Se 19% das crianças está em situação de pobreza persistente nas áreas pouco povoadas, o mesmo só acontece a 10,9% dos adultos e a 23,3% dos idosos. Contudo, é também nas zonas mais rurais que a situação de pobreza transitória ganha mais expressão junto das crianças, diferenciando-se fortemente dos restantes grupos etários. O Gráfico 57 ilustra estes resultados, comparando a situação das crianças com a generalidade dos indivíduos.

O Diagnóstico da Problemática da Pobreza Infantil em Portugal | 125

GRÁFICO 57 – **Tipologia longitudinal da pobreza, segundo o grau de urbanização**

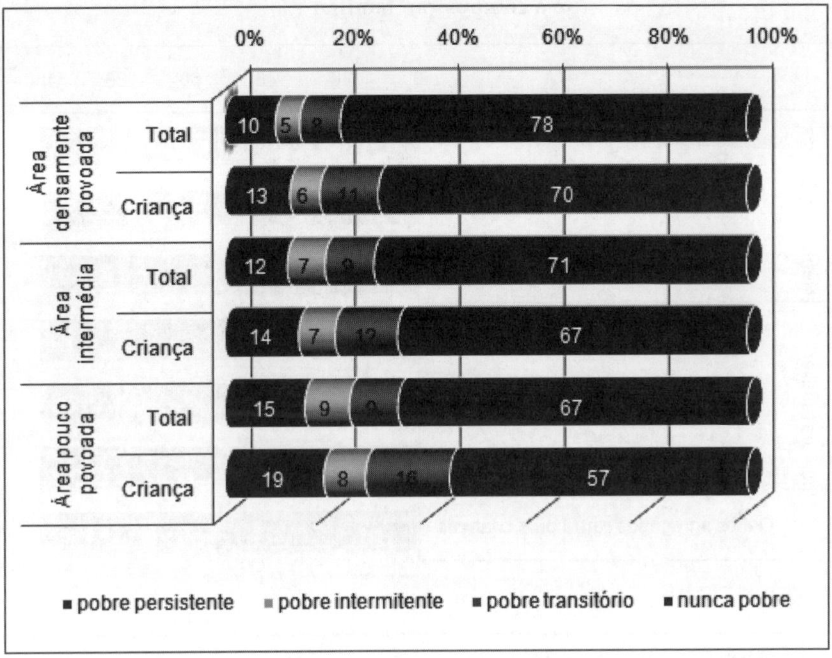

Fonte: INE, Inquérito às Condições de Vida e Rendimentos (ICOR), painel equilibrado 2005-2007

A presença de *crianças no agregado familiar* parece constituir um factor de duração da pobreza uma vez que 56,7% dos indivíduos inseridos em famílias com três ou mais crianças viveu pelo menos um ano de pobreza entre 2005 e 2007, valor que decresce com a redução do número de crianças no agregado familiar, culminando em 25,1% para os indivíduos que vivem em famílias sem crianças. No que à pobreza infantil diz respeito, este padrão é ainda mais acentuado, tal como ilustra o Gráfico 58.

GRÁFICO 58 – **Distribuição das crianças pelo número de anos em situação de pobreza, segundo o número de crianças no agregado e a composição familiar (%)**

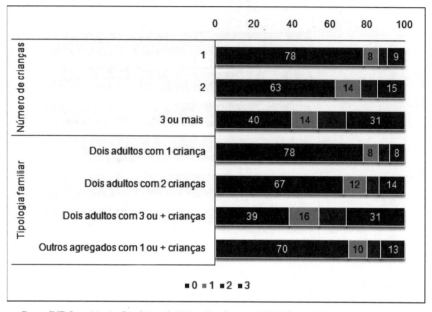

Fonte: INE, Inquérito às Condições de Vida e Rendimentos (ICOR), painel equilibrado 2005-2007

As formas mais duradouras de pobreza registam-se nos indivíduos incluídos em famílias com três ou mais crianças. Nestas, quase metade é pobre persistente ou intermitente e cerca de uma em cada três crianças é pobre persistente, tal como mostra o Gráfico 59.

GRÁFICO 59 – **Tipologia longitudinal da pobreza infantil, segundo o número de crianças no agregado familiar e a sua composição**

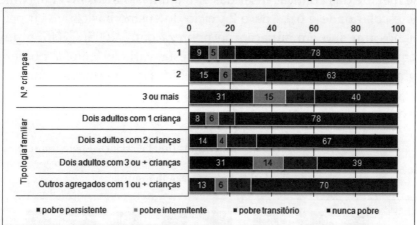

Fonte: INE, Inquérito às Condições de Vida e Rendimentos (ICOR), painel equilibrado 2005-2007

Em termos da *composição da família*, a pobreza infantil é particularmente mais duradoura nos indivíduos pertencentes a famílias mais numerosas (dois adultos e três ou mais crianças). Nestes, quase um terço das crianças permaneceu em situação de pobreza em todos os anos de 2005 a 2007 e pouco mais de um terço nunca viveu em situação de pobreza nesses mesmos anos. O Gráfico 60 anteriormente apresentado ilustra claramente esta situação.

Consequentemente, para as crianças desta tipologia a incidência das formas mais gravosas de pobreza em termos longitudinais atinge quase metade destas, de acordo com o Gráfico 59. Ainda que com uma escassa dimensão amostral e apenas em termos globais, conforme a Tabela 34 em anexo, há que referir a posição também desvantajosa dos indivíduos incluídos em famílias monoparentais onde, contudo, se revela também significativa a pobreza transitória (é aliás a tipologia familiar onde este perfil é mais significativo).

Finalmente, no que diz respeito ao *nível de escolaridade máximo no agregado familiar*, o Gráfico 60 mostra que o número de anos em situação de pobreza dos indivíduos decresce com o nível máximo de escolaridade no agregado familiar, padrão mais notório nas crianças do que na generalidade dos indivíduos. Note-se que cerca de metade das crianças inseridas em famílias onde o nível máximo de escolaridade é o 1.º ou o 2.º ciclo do ensino básico, viveu pelo menos um ano em situação de pobreza entre 2005 e 2007 o que reforça, mais uma vez, a relação desta variável com a pobreza infantil e sugere a necessidade de medidas que permitam colmatar as consequências desta situação nas crianças, nomeadamente ao nível da sua própria escolaridade.

GRÁFICO 60 – **Distribuição dos indivíduos (total e crianças) pelo número de anos em situação de pobreza, segundo o nível máximo de escolaridade no agregado familiar**

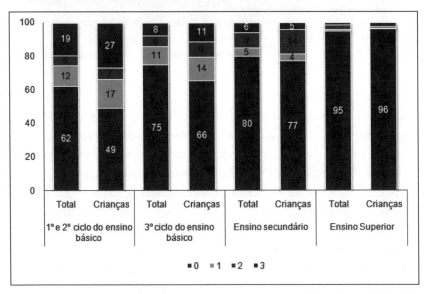

Fonte: INE, Inquérito às Condições de Vida e Rendimentos (ICOR), painel equilibrado 2005-2007

Em termos de classificação longitudinal da pobreza, é possível reforçar a relação inversa entre o nível de escolaridade e o tempo de permanência na pobreza. O Gráfico 61 destaca a maior incidência de pobreza infantil persistente e transitória quando o nível máximo de escolaridade no agregado familiar é o 2.º ciclo do ensino básico.

GRÁFICO 61 – **Tipologia longitudinal da pobreza infantil, segundo o máximo grau de escolaridade no agregado familiar**

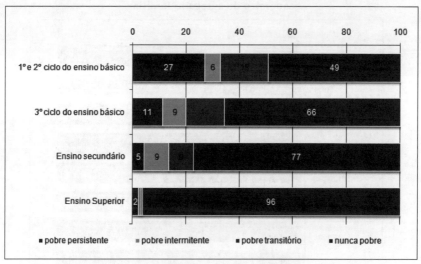

Fonte: INE, Inquérito às Condições de Vida e Rendimentos (ICOR), painel equilibrado 2005-2007

No que respeita aos atributos de carácter económico (Tabela 35 em anexo), note-se que, se para a generalidade dos indivíduos a *inexistência de elementos a trabalhar no agregado familiar* está associada a uma incidência da pobreza em pelo menos um dos anos de 2005 a 2007, na ordem dos 44,7%, para as crianças este valor sobe para os 69,5%. Em sentido semelhante vão os apuramentos relativos ao *grau de esforço económico do agregado*, traduzidos através do Gráfico 62. Será de salientar que metade das crianças em que este indicador é nulo, significando inexistência de indivíduos com rendimentos de trabalho no agregado familiar, viveu continuamente em situação de pobreza entre 2005 e 2007, valor que quase duplica o relativo à generalidade dos indivíduos.

GRÁFICO 62 – **Distribuição dos indivíduos (total e crianças) pelo número de anos em situação de pobreza, segundo o grau de esforço económico do agregado familiar**

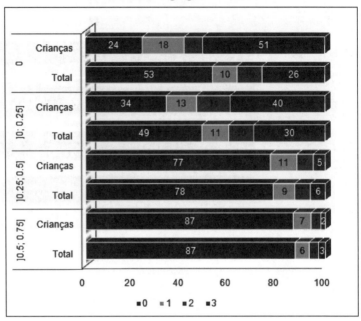

Fonte: INE, Inquérito às Condições de Vida e Rendimentos (ICOR), painel equilibrado 2005-2007

Por isso, a não *existência de indivíduos a trabalhar no agregado familiar*, e de acordo com a percepção subjectiva da pobreza, os apuramentos representados na Tabela 36 em anexo sublinham a importância da integração no mercado de trabalho, como factor de redução dos períodos de pobreza dos indivíduos. Apesar da escassa dimensão amostral e por isso com alguma reserva, conclui-se que cerca de metade das crianças incluídas em famílias em que nenhum indivíduo aufere rendimentos de trabalho – *grau de esforço económico nulo* – está em pobreza persistente, sendo que quase um quarto vive em pobreza transitória, conforme o Gráfico 63. O padrão longitudinal das trajectórias de pobreza de acordo com este atributo é assim mais reforçado no grupo etário das crianças do que na generalidade dos indivíduos.

GRÁFICO 63 – **Tipologia longitudinal da pobreza segundo o grau de esforço económico do agregado familiar**

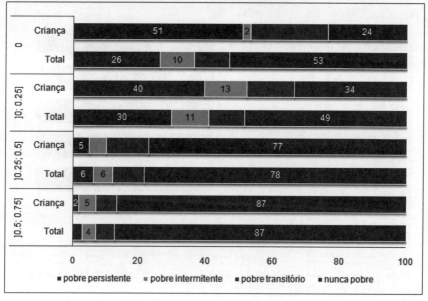

Fonte: INE, Inquérito às Condições de Vida e Rendimentos (ICOR), painel equilibrado 2005-2007

Tal como já foi anteriormente apurado, os indivíduos incluídos em agregados familiares em que a *profissão da pessoa com maior rendimento do trabalho* diz respeito a trabalhadores não qualificados, sem trabalho ou da agricultura, apresentam maior número de anos em situação de pobreza. Este padrão é mais acentuado para as crianças do que para a generalidade dos indivíduos.

No Gráfico 64 sobressaem as incidências de pobreza persistente nas crianças incluídas em agregados familiares em que esta profissão corresponde a níveis não qualificados, indivíduos sem trabalho ou da agricultura. De notar que para estas é também relativamente significativa a pobreza intermitente e transitória, facto que sublinha a sua vulnerabilidade à pobreza.

132 | Números com Esperança

GRÁFICO 64 – **Tipologia longitudinal da pobreza infantil, segundo a profissão do indivíduo com maior rendimento no agregado familiar**

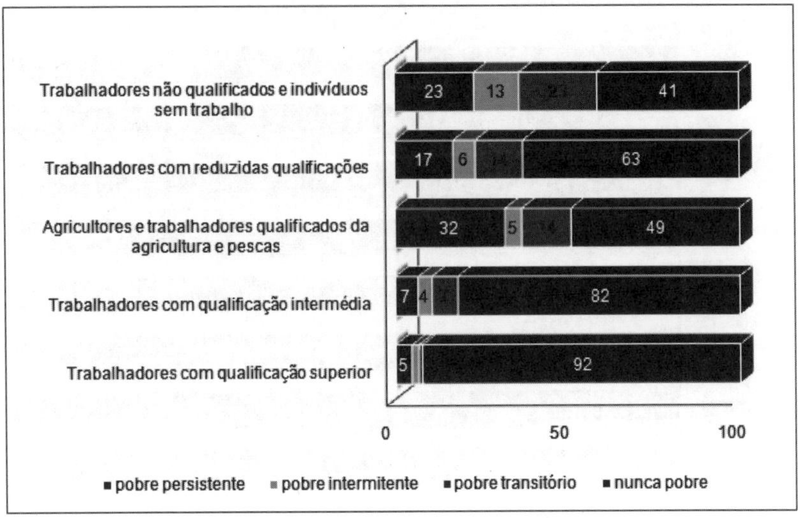

	pobre persistente	pobre intermitente	pobre transitório	nunca pobre
Trabalhadores não qualificados e indivíduos sem trabalho	23	13	23	41
Trabalhadores com reduzidas qualificações	17	6	14	63
Agricultores e trabalhadores qualificados da agricultura e pescas	32	5	14	49
Trabalhadores com qualificação intermédia	7	4	7	82
Trabalhadores com qualificação superior	5			92

Fonte: INE, Inquérito às Condições de Vida e Rendimentos (ICOR), painel equilibrado 2005-2007

Analise-se agora a pobreza monetária em termos dinâmicos a partir de métodos econométricos.

Os resultados de estimação que constam da Tabela 45 em anexo consideram como variáveis explicativas do número de anos em situação de pobreza de uma criança: a composição do agregado familiar; a localização geográfica; o tipo de alojamento onde reside; a capacidade para o seu agregado familiar fazer face às despesas e encargos usuais e o nível máximo de escolaridade no seu agregado familiar[43].

De notar que do ponto de vista da tipologia familiar, apenas o facto de uma criança pertencer a uma família composta por dois adultos e uma criança parece afectar positivamente o número de

---

[43] Refere-se ao mesmo conjunto de variáveis explicativas utilizadas na análise econométrica efectuada na perspectiva estática da pobreza através do modelo *logit*. As referências já feitas, no contexto da base de dados transversal, ao nível da forte correlação entre algumas variáveis, mantêm-se neste contexto também, dizendo agora obviamente respeito a variáveis resultantes do painel equilibrado.

O carácter rural da pobreza infantil também está patente no modelo: as crianças que vivem em apartamentos deverão permanecer menos anos em situação de pobreza do que aquelas que vivem em moradias, tipologia mais comum às áreas menos densamente povoadas. Porém, a informação directa sobre o grau de urbanização da zona onde reside a criança não se demonstra diferenciadora do número de anos em que esta se encontra em pobreza.

Também significativa em termos estatísticos é a *capacidade para fazer face às despesas e encargos usuais*, nomeadamente no que toca à percepção *com alguma dificuldade* ou *com alguma facilidade*, relativamente a *com muita dificuldade*.

Finalmente, e em termos do *nível máximo de escolaridade*, apenas as crianças inseridas em famílias em que este nível é o 3.º ciclo do ensino básico deverão ter menos anos em situação de pobreza do que aquelas em que este nível é no máximo o 2.º ciclo. Para os restantes níveis de escolaridade os resultados estimados não são estatisticamente significativos.

Em termos globais, os resultados obtidos com a estimação do modelo de contagem não conferem um acréscimo informativo notório. Todavia, o exercício de estimação realizado permite ilustrar as potencialidades de aplicação deste tipo de técnicas. O aumento da dimensão do painel, quer em termos de número de anos como de dimensão amostral, possibilitaria com certeza a obtenção de resultados de maior qualidade e conteúdo informativo.

Em síntese, os resultados obtidos a partir da base de dados longitudinal permitem-nos caracterizar as trajectórias de pobreza das crianças no período 2005 a 2007, através dos elementos que se seguem:

- As crianças são o grupo etário com um padrão evolutivo mais desfavorável no que diz respeito aos movimentos de entrada e de saída da pobreza;

- Esta evolução está necessariamente subjacente a uma duração acrescida da pobreza para elas. Apenas uma em cada três crianças não esteve em qualquer destes anos em situação de pobreza, valor que não é ultrapassado por nenhum dos outros grupos etários;
- Só os idosos apresentam incidências maiores do que as crianças de pobreza persistente e de pobreza intermitente – as trajectórias mais gravosas de pobreza. Mais de uma em cada cinco crianças estava nestas condições, destacando-se de forma bem mais significativa o número daquelas que viveram situações de pobreza persistente;
- Todavia, não é de descurar o número de crianças que viveram situações de pobreza transitória, facto que contribui para acrescer a variabilidade de situações de pobreza e, consequentemente, dificulta o desenho de medidas de política social;
- De acordo com os atributos sociodemográficos adoptados, a duração da pobreza parece ser mais notória nas áreas rurais, onde cerca de 20% das crianças permaneceram durante todos os anos em situação de pobreza;
- Este factor também está presente no modelo de contagem, facto que reforça a importância do carácter rural da pobreza infantil em termos longitudinais;
- O *número de crianças no agregado familiar* parece constituir um factor de vulnerabilidade à duração da pobreza para a generalidade dos indivíduos. A incidência de pobreza persistente cresce com o número de crianças no agregado familiar;
- Do ponto de vista das tipologias familiares a análise das trajectórias de pobreza sugere percursos diferenciados para os indivíduos de famílias com dois adultos e três ou mais crianças e agregados familiares monoparentais. Para os primeiros parecem ser predominantes as formas de pobreza mais duradouras do que para os segundos, que parecem ter mais marcadamente um perfil de pobreza transitória;

O Diagnóstico da Problemática da Pobreza Infantil em Portugal | 135

- A inserção no mercado de trabalho é um factor determinante da duração da pobreza. Para as crianças inseridas em famílias em que nenhum elemento trabalha, este factor parece ser ainda mais importante. Cerca de um terço das crianças nestas condições viveu permanentemente em situação de pobreza, valor que supera o verificado para qualquer dos indivíduos dos restantes grupos etários nas mesmas condições. Na mesma linha e tendo em conta o *grau de esforço do agregado*, metade das crianças inseridas em famílias em que não existiram rendimentos do trabalho, é pobre persistente;
- Em consonância com estes resultados, a percepção subjectiva da pobreza, traduzida através da *capacidade do agregado para fazer face às despesas e encargos usuais*, sugere maior duração da pobreza para os indivíduos cujos agregados familiares consideram ter mais dificuldade em fazer face a tais encargos, em especial no que toca às crianças;
- Para esta variável, *grau de esforço do agregado*, os resultados obtidos com a estimação do modelo de contagem, reforçam a sua importância enquanto factor determinante do número de anos em situação de pobreza;
- As profissões menos qualificadas, subjacentes às quais estão baixos níveis de escolaridade, são factores favoráveis à perpetuação da pobreza. As crianças incluídas em famílias cujo indivíduo com maior rendimento pertence à agricultura e afins, registam maiores tempos de permanência na pobreza, de acordo com o carácter rural que parece caracterizar a pobreza monetária.

5. Política Social e Pobreza Infantil: Relações e Contradições

A dimensão e a gravidade do problema da pobreza infantil, sobressai no diagnóstico elaborado do problema no capítulo anterior. Em Portugal as crianças parecem constituir um grupo particularmente vulnerável à pobreza, quer do ponto de vista da pobreza monetária como da privação.

Apresentados os principais contornos do problema, importa então reflectir sobre duas questões fundamentais: (i) O que tem vindo a ser feito para o minorar? (ii) O que poderíamos fazer nesse sentido?

A discussão de algumas das possíveis respostas a estas perguntas constitui o objecto deste capítulo.

5.1. A política social e a pobreza infantil

A política social desempenha um papel relevante no combate à pobreza e à exclusão social. A análise do impacto das medidas de política social e, em particular, das transferências especificamente destinadas à crianças, permite realizar uma primeira aferição da eficácia destas políticas na redução da pobreza infantil.

Globalmente, o efeito das transferências sociais no risco de pobreza monetária é diferenciado. Os dados do ICOR permitem aferir que é no grupo dos idosos que este efeito é mais notório, promovendo uma descida do risco de pobreza de cerca de 70%, em média. A incidência da pobreza antes de transferências sociais, à excepção das pensões, sublinha a importância desta prestação social nos idosos, como factor de protecção da pobreza. De facto, o risco de pobreza neste contexto não sofre um acréscimo significativo. Como seria de esperar, nos restantes grupos etários o papel das pensões é mais diminuto.

É ao nível das crianças que a política social parece registar menor eficácia, considerando todos os tipos de prestações sociais. É neste grupo que se regista uma menor descida do risco de pobreza após transferências sociais, sendo de salientar que nestas prestações se incluem as transferências especificamente destinadas à família/criança. O risco de pobreza após transferências sociais decresce na ordem dos 50% para a generalidade dos indivíduos ao longo do período observado. Para os adultos este decréscimo situa-se também à volta dos 50% e para as crianças é apenas cerca de 30%. Em termos evolutivos, é no grupo etário dos idosos que se regista um crescimento mais acentuado do impacto das transferências sociais no risco de pobreza, traduzindo a preocupação de identificar *target groups* e, consequentemente, promovendo uma maior eficácia da política social.

A autonomização das prestações sociais destinadas à família/ /criança permite realizar uma primeira avaliação das medidas de política social desenvolvidas no âmbito da pobreza infantil. Trata-se de uma primeira avaliação, fundamentalmente por duas ordens de razões:

- primeiro, porque todas as medidas com impacto no agregado familiar poderão reflectir-se no bem-estar da criança, elemento que está na dependência total deste agregado dada a sua condição de criança;
- em segundo lugar, porque as transferências destinadas à família/criança incluem uma variedade de prestações das quais o abono de família para crianças e jovens é a mais significativa e a que mais directamente se pode reflectir nas condições de vida da criança.

Note-se, também, que a avaliação que é possível ser feita sobre a eficácia das transferências sociais pressupõe que o acréscimo de rendimento proporcionado beneficia igualmente todos os membros da família, hipótese subjacente à análise da pobreza monetária e que não permite identificar os reais beneficiários/benefícios de tais prestações. Apesar da natureza diferenciada das pensões e de outras prestações sociais que constituem fonte de rendimento de subsistência, e por isso com maior impacto na situação de pobreza, as prestações destinadas à família/criança têm um efeito diminuto na redução do risco de pobreza infantil.

O peso das transferências sociais destinadas à família e à criança no total das prestações sociais auferidas pelos agregados familiares é globalmente diminuta, como se poderá observar no Quadro 10 com informação relativa a 2009. Porém, considerando o número de crianças na família, esse peso passa a ganhar expressão, correspondendo a cerca de metade do total de prestações sociais nas famílias com 3 ou mais crianças. Segundo as Tabelas 38 e 39 em anexo, as famílias de maior dimensão (dois adultos com 2 crianças ou com 3 ou mais crianças) apresentam também, em termos relativos, um peso considerável de prestações destinadas à família/ /criança no total das prestações sociais que auferem.

QUADRO 10 – **Distribuição do rendimento médio dos agregados familiares proveniente de prestações sociais pelos diferentes tipos de prestações, segundo o número de crianças no agregado, 2009**

	Total	Número de crianças no agregado familiar			
		0	1	2	3 ou mais
Prestações para protecção à criança/família	4	1	20	36	49
Prestações sociais no âmbito da habitação	1	0	3	4	1
Prestações sociais monetárias por desemprego	5	3	19	21	6
Prestações sociais monetárias por velhice	73	79	35	20	1
Prestações sociais monetárias de sobrevivência por morte do cônjuge	9	9	6	4	4
Prestações sociais monetárias por doença ou acidente	2	2	4	3	1
Prestações sociais monetárias por protecção na invalidez	5	5	7	5	7
Prestações sociais monetárias relacionadas com a educação	0	0	2	1	4
Outras prestações para apoio à exclusão social	1	1	4	6	28
Total de prestações sociais	100	100	100	100	100

Fonte: INE, Inquérito às Condições de Vida e Rendimentos (ICOR), 2009

Debrucemo-nos então sobre o impacto destas transferências na redução da pobreza monetária e, em particular, da pobreza monetária infantil. O Gráfico 65 e os apuramentos incluídos na Tabela 5 em anexo permitem-nos perceber que as transferências destinadas à família/criança têm um efeito mais reduzido do que a globalidade das prestações sociais, tal como seria de esperar. De facto, as transferências destinadas à família e à criança constituem apenas uma parcela do conjunto das transferências sociais, como sugeriu o Quadro 11, e, por isso, não se poderia esperar destas um maior impacto do que o referente à globalidade das transferências sociais. A questão reside na dimensão e evolução deste impacto.

GRÁFICO 65 – **Evolução da incidência da pobreza antes e após transferências sociais destinadas à família/criança, por grupos etários**

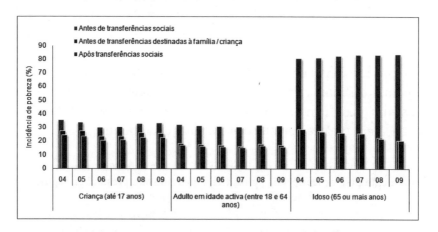

Fonte: INE, Inquérito às Condições de Vida e Rendimentos (ICOR), 2004 a 2009

Vejamos: a globalidade das transferências sociais permite uma redução do risco de pobreza em cerca de 50% para a generalidade dos indivíduos e em cerca de 35% para as crianças, tal como foi referido anteriormente. Mesmo considerando a natureza das pensões, note-se que as mesmas promovem um decréscimo do risco de pobreza dos idosos para cerca de um quarto do valor deste risco sem pensões. Todavia, as prestações destinadas à família/criança ape-

Política Social e Pobreza Infantil: Relações e Contradições | 141

nas dão origem a um decréscimo adicional do risco de pobreza infantil na ordem dos 10%. Note-se, contudo, que em termos evolutivos e em especial no período que abrange os anos de 2008 e 2009 este impacto é relativamente maior, talvez como consequência das medidas adoptadas em 2008 sobre as majorações do abono de família. Os apuramentos obtidos questionam a natureza destas transferências uma vez que, ao que parece, a sua eficácia é reduzida.

Numa análise desagregada pelos diferentes escalões etários considerados no grupo das crianças, representada no Gráfico 66, verifica-se que é ao nível das crianças mais novas – com idade até aos cindo anos – que se regista um maior impacto das transferências sociais na redução do risco de pobreza a partir de 2006, registando-se, globalmente, também um efeito decrescente deste impacto com a idade.

GRÁFICO 66 – **Evolução da incidência da pobreza infantil antes e após transferências sociais destinadas à família/criança**

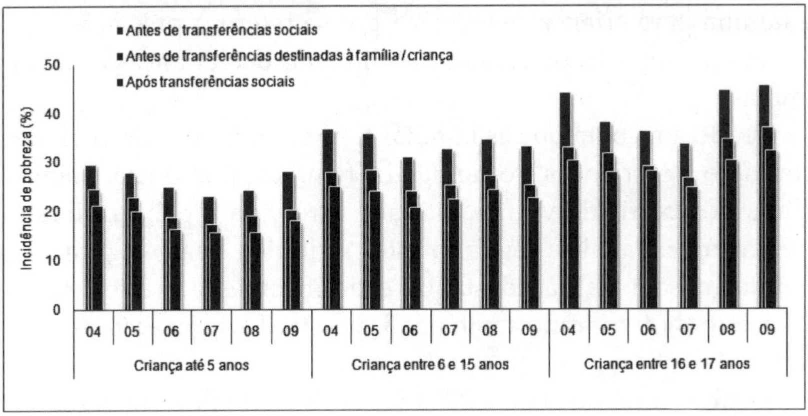

Fonte: INE, Inquérito às Condições de Vida e Rendimentos (ICOR), 2004 a 2009

Se atentarmos apenas no efeito das prestações específicas da família/criança, comparando o risco de pobreza após transferências sociais com o risco de pobreza antes de transferências sociais específicas da família/criança, percebemos que só em 2009 é que este efeito foi mais significativo no contexto das crianças mais

142 | Números com Esperança

velhas de 16 e 17 anos do que nos restantes escalões etários. Será esta uma das razões que está subjacente ao carácter relativamente mais gravoso da pobreza infantil neste subconjunto de crianças?

5.2. Simulando o impacto de algumas medidas

A avaliação da eficácia da política social na redução da pobreza reveste-se de uma importância crescente. A escassez de recursos públicos e a gravidade do problema da pobreza obrigam a uma seriação criteriosa das medidas a adoptar.

Em termos metodológicos, a avaliação do impacto de algumas medidas de política social na pobreza infantil, resultará de um processo de simulação a partir de alterações directas nas prestações sociais destinadas a crianças e jovens e da avaliação do consequente resultado, em termos da incidência e intensidade da pobreza infantil.

As medidas ensaiadas dizem respeito especificamente ao abono de família para crianças e jovens[44] por se referir à prestação social com maior impacto directo no rendimento das crianças e da suas famílias.

Tendo em conta que as famílias monoparentais, por um lado, e o número de crianças no agregado familiar, por outro, sugerem alguns dos perfis de vulnerabilidade acrescida à pobreza infantil, desagrega-se a análise segundo estes atributos. Mais, algumas das medidas ensaiadas dão destaque especificamente a estes grupos. É por este motivo importante analisar esta desagregação de resultados.

Entre o final de 2007 e 2008 foram introduzidas novas alterações à atribuição do abono de família a crianças e jovens, privilegiando-se, mediante majorações sobre as prestações auferidas, as seguintes estruturas familiares:

---

[44] Entendido como uma prestação mensal, de concessão continuada, que visa compensar os encargos familiares respeitantes ao sustento e educação das crianças e jovens.

Política Social e Pobreza Infantil: Relações e Contradições | 143

a) As famílias numerosas – o nascimento ou a integração de uma segunda ou terceira criança titular no agregado familiar determina a majoração, em dobro ou triplo, respectivamente, das prestações atribuídas a cada criança do agregado familiar com idade entre os 12 meses e os 36 meses, inclusive (Decreto-Lei n.º 308-A/2007, de 5 de Setembro);

b) As famílias monoparentais[45] – o montante de abono de família para crianças e jovens inseridos em agregados familiares monoparentais é majorado em 20% (Decreto-Lei n.º 87/2008, de 28 de Maio).

Ainda em 2008, surge a título extraordinário, um aumento do abono de família a crianças e jovens nas situações de mais baixos rendimentos, através da Portaria n.º 425/2008 de 16 de Junho. Concretamente, esta medida pretende apoiar as *"famílias economicamente mais desfavorecidas e mais carenciadas através do aumento em 25% do valor do abono de família para os 1.º e 2.º escalões do abono"*.

Adicionalmente, no início de 2009, as crianças e jovens com idade compreendida entre os 6 e os 16 anos passaram todas a beneficiar de uma 13ª prestação que visa compensar as despesas com encargos escolares, desde que matriculados em estabelecimento de ensino (Decreto-Lei n.º 245/2008, de 18 de Dezembro). Anteriormente, este valor adicional apenas era atribuído aos beneficiários do 1.º escalão.

Em 2010, outras medidas foram tomadas no âmbito desta prestação social, ainda que algumas delas numa perspectiva regressiva associada à maior contenção de custos. Na medida em que a informação mais recente do ICOR disponibilizada – base de dados utilizada no processo de simulação – se refere ao ano de 2009, cujos rendimentos se reportam ao ano transacto ao do inquérito (2008),

---

[45] Para efeitos da atribuição do abono de família, definem-se como as famílias constituídas por um único parente ou afim em linha recta ascendente e em linha colateral, até ao 2.º grau, ou equiparado, a viver com os titulares do direito ao abono de família para crianças e jovens.

opta-se por atender somente às medidas que, até ao final de 2008, puderam dar alguma melhoria ao rendimento das famílias com crianças.

Neste sentido, a avaliação dos impactos recairá sobre os anos de 2008 e 2009, pelo que, os apuramentos em termos de simulação da incidência e intensidade da pobreza relativos a 2008 permitem prever os efeitos destas medidas e, relativos a 2009, reproduzem a aplicação continuada de algumas delas.

Considerando que as crianças inseridas em famílias monoparentais constituem um grupo particularmente vulnerável à pobreza, foi introduzida a meio do ano de 2008 uma majoração de 20% das prestações de abono de família atribuídas a estas famílias (Decreto-Lei 87/2008, de 28 de Maio). Esta majoração está subjacente ao **Cenário 1** a ser desenvolvido, permitindo uma primeira avaliação desta medida. Complementarmente são também ensaiadas outras majorações de 30, 50 e 100 em ambos os anos analisados, sendo ainda consideradas as majorações de 230 e 240% em 2008 e de 300 e 350% em 2009, que visam aferir a dimensão da alteração introduzida. No âmbito da simulação, estas majorações incidem sobre a rubrica *prestações sociais destinadas à família/criança* recolhida pelo ICOR e, por isso, fazem uma relativa sobreavaliação da efectiva majoração realizada. De facto, esta majoração apenas incide sobre uma das parcelas das referidas prestações que, contudo, é também a mais significativa.

As crianças de famílias numerosas registam também um risco particularmente elevado de pobreza infantil, assim como uma intensidade significativa deste problema. Tendo em conta este facto e a majoração introduzida no abono de família, no último trimestre de 2007, em função dos nascimentos ocorridos (Decreto-Lei n.º 308-A/2007, de 5 de Setembro) é proposto um segundo cenário – **Cenário 2** – de alteração das prestações à família/criança. Este cenário pressupõe uma majoração em função do número de crianças incluídas no agregado, explicitada através da seguinte função:

$$(20 * \sqrt{n^\circ\, de\, crianças\, no\, agregado})\%$$

Uma vez que a moda relativa ao número de crianças no agregado familiar é de uma criança, este esquema de majoração é em grande parte equivalente ao realizado no cenário anterior, mas agora abrangendo todas as famílias com crianças. A introdução da influência do número de crianças faz-se sentir de forma relativamente regressiva dado que se considera a raíz quadrada do número de crianças, reflectindo as economias de escala que se produzem com o aumento do número de crianças no agregado. Adicionalmente, são também consideradas majorações com factor 50 e 100 em ambos os anos, que visam aferir de forma relativa o impacto da medida efectiva. Note-se que este cenário não pretende ser uma replicação directa da medida, até porque, para além de outros aspectos, não considera somente o acréscimo nas prestações das famílias com crianças entre os 12 e os 36 meses de idade, resultante do nascimento ou integração de uma segunda ou terceira criança no agregado familiar.

Finalmente, no **Cenário 3** propomo-nos aferir o impacto de um acréscimo global das transferências sociais destinadas à família/ /criança na ordem dos 5, 10, 15, 20 e 100, 200% em ambos os anos, bem como 290 e 300% em 2008 e 215 e 250% em 2009. Com este cenário pretende-se medir a eficácia da política social em termos globais. Sendo também possível prever o efeito da atribuição generalizada de uma 13ª prestação (Decreto-Lei n.º 245/2008, de 18 de Dezembro), na medida em que se trata de um aumento de quase 10 por cento no total do abono de família recebido. Pretende-se também avaliar, de alguma forma, o esforço necessário em termos públicos de uma redução da pobreza infantil.

Sistematiza-se de seguida a grelha de cenários:

146 | Números com Esperança

Cenários base propostos para avaliação do impacto do abono de família

Cenário 1

Acréscimo de $\alpha\%$ nas prestações destinadas à família/criança das famílias monoparentais com $\alpha=20, 30, 50, 100, 230$ e 240 em 2008 e com a=20, 30, 50, 100, 300 e 350 em 2009.

Cenário 2

Acréscimo de $(\alpha^* \sqrt{n^o\, de\, crianças\, no\, agregado})\%$ nas prestações destinadas à família/crianças com $\alpha=20, 50$ e 100.

Cenário 3

Aumentar o total de prestações destinadas à família/criança recebidas em $\alpha\%$ com $\alpha=5, 10, 15, 100, 200, 290$ e 300 em 2008 e com $\alpha=5, 10, 15, 100, 200, 215$ e 250 em 2009.

Considerando uma majoração base de 20%, os cenários propostos concretizam-se da seguinte forma:

População-alvo	Num. crianças	Cenário 1	Cenário 2	Cenário 3
Famílias monoparentais	1	20	20	20
	2	20	28,28	20
	3	20	34,64	20
Famílias com crianças	1	0	20	20
	2	0	28,28	20
	3	0	34,64	20

Importa sintetizar que, embora se esteja perante um processo de simulação, os cenários ensaiados encontram-se limitados em diferentes níveis:

- Definição de agregado familiar inerente à base de simulação (ICOR) vs a definição estabelecida na atribuição do abono de família;
- Generalização da rubrica *prestações sociais destinadas à família/criança*, enquanto prestações auferidas no âmbito do abono de família;
- Definição dos grupos-alvo numa forma generalizada, sem ter em conta as condições directas de atribuição da medida;

Adicionalmente, salienta-se o facto do ICOR referir-se a um inquérito por amostragem cujo desenho da amostra não é específico para as prestações familiares.

Pelas razões apresentadas não é possível realizar uma avaliação completa das medidas ensaiadas. O exercício de simulação que aqui é feito permite uma primeira avaliação do impacto de algumas medidas de política social que, contudo, nos possibilita aferir o seu efeito ao nível dos indicadores de pobreza monetária.

Neste sentido, simula-se um aumento directamente no rendimento das famílias proveniente de *prestações sociais destinadas à família/criança*, de acordo com os grupos-alvo potenciados em cada cenário e determinam-se os indicadores de pobreza monetária resultantes dessa nova distribuição de rendimento[46].

Analisam-se de seguida cada um dos três cenários definidos.

---

[46] Os indicadores de pobreza determinados no âmbito de cada cenário resultam da obtenção de um novo limiar de pobreza com base na nova distribuição de rendimento equivalente da população. Esta opção metodológica é adoptada em outros trabalhos como por exemplo Whiteford and Adema (2007).

148 | Números com Esperança

> **Cenário 1**
>
> Acréscimo de α% nas prestações destinadas à família/criança das famílias monoparentais com a=20, 30, 50, 100, 230 e 240 em 2008 e com α=20, 30, 50, 100, 300 e 350 em 2009.

Os apuramentos sistematizados no Quadro 11 mostram que a redução na incidência e intensidade da pobreza para o grupo-alvo desta medida – famílias monoparentais – é reduzida. Mais, ao nível das crianças essa redução é quase inexistente, facto que questiona a utilidade desta medida. Necessariamente mais reduzido é o efeito da mesma noutras tipologias familiares.

QUADRO 11 – **Avaliação da redução da pobreza nos indivíduos pertencentes a famílias monoparentais e no total das crianças, cenário 1, 2008**

	Incidência de pobreza	Intensidade de pobreza
Indivíduos pertencentes a famílias monoparentais		
Situação original	40,5	13,0
Cenário 1: Majoração em 20%	37,6	12,1
Taxa de redução da pobreza no grupo-alvo da medida (1)	**-7,1%**	**-7,0%**
Total de crianças		
Situação original	22,8	6,9
Cenário 1: Majoração em 20%	22,6	6,9
Taxa de redução da pobreza no total das crianças	**-0,8%**	**-1,0%**

Fonte: INE, Inquérito às Condições de Vida e Rendimentos (ICOR), 2008
(1) Consideram-se os indivíduos pertencentes a famílias monoparentais

Os apuramentos incluídos na Tabela 40 em anexo, atestam a ineficácia desta medida. Só a partir de uma majoração de 100% se produziriam resultados significativos ao nível da incidência e da intensidade da pobreza infantil, tal como o Gráfico 67 mostra. Tal facto está associado à reduzida proporção de crianças nestas condições e, por isso, a uma escassa abrangência desta medida em termos globais.

Política Social e Pobreza Infantil: Relações e Contradições | 149

GRÁFICO 67 – **Avaliação da incidência e intensidade da pobreza resultante do cenário 1 – 2008**

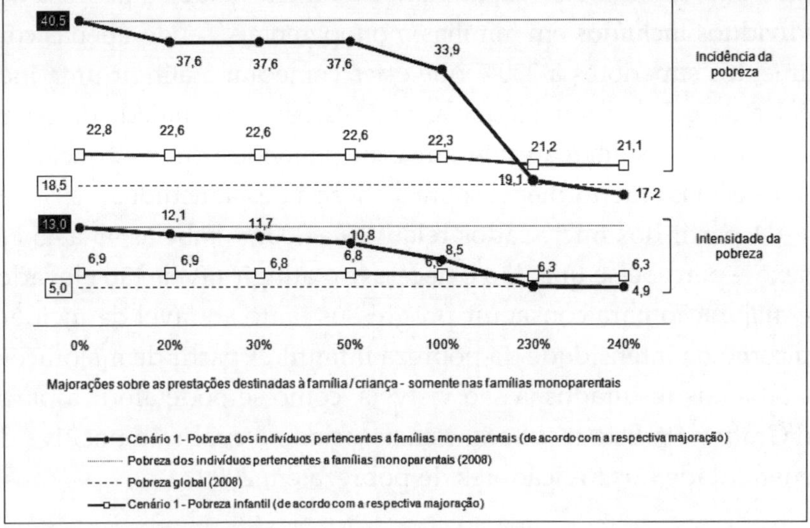

Fonte: INE, Inquérito às Condições de Vida e Rendimentos (ICOR), 2008

Em 2009, o impacto deste cenário, apesar de mais notório do que no ano transacto, continua a ser reduzido ao nível do grupo alvo que visa atingir – famílias monoparentais – tal como demonstram os apuramentos sistematizados no Quadro 12.

QUADRO 12 – **Avaliação da redução da pobreza nos indivíduos pertencentes a famílias monoparentais e no total das crianças, cenário 1, 2009**

	Incidência de pobreza	Intensidade de pobreza
	Indivíduos pertencentes a famílias monoparentais	
Situação original	39,6	14,2
Cenário 1: Majoração em 20%	36,8	13,3
Taxa de redução da pobreza no grupo-alvo da medida (1)	-7,0%	-5,8%
	Total de crianças	
Situação original	22,7	7,0
Cenário 1: Majoração em 20%	22,5	7,0
Taxa de redução da pobreza no total das crianças	-1,1%	-1,0%

Fonte: INE, Inquérito às Condições de Vida e Rendimentos (ICOR), 2009
(1)Consideram-se os indivíduos pertencentes a famílias monoparentais

As estatísticas incluídas na Tabela 41 em anexo e o Gráfico 67 permitem-nos afirmar que só com majorações superiores a 100% se consegue uma redução notória do risco e da intensidade da pobreza dos indivíduos incluídos em famílias monoparentais, sendo apenas com aumentos superiores a 230% que estes começam a atingir uma incidência da pobreza igual à que se verifica para a totalidade da população. Estes resultados estão em conformidade com as conclusões estabelecidas anteriormente sobre a eficácia desta medida.

A partir dos microdados relativos a 2009 – Tabelas 43 a 45 em anexo – percebe-se que não é necessário atingir níveis tão elevados de majoração para conseguir progressos tanto ao nível da incidência como da intensidade da pobreza infantil. A partir de majorações de 50% tais resultados já são visíveis, como se pode aferir a partir do Gráfico 68. Este resultado está associado à evolução positiva da generalidade dos indicadores de pobreza em 2009.

GRÁFICO 68 – **Avaliação da incidência e intensidade da pobreza resultante do cenário 1 – 2009**

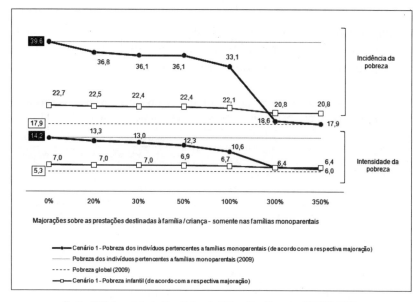

Fonte: INE, Inquérito às Condições de Vida e Rendimentos (ICOR), 2009

Política Social e Pobreza Infantil: Relações e Contradições | 151

Contudo, só uma majoração na casa dos 350% permite uma redução do risco de pobreza dos indivíduos incluídos em famílias monoparentais para o nível geral da população. Note-se que com majorações de 100% já se conseguem progressos notórios, tanto em termos de incidência como de intensidade da pobreza dos indivíduos pertencentes a famílias monoparentais.

Os resultados obtidos permitem-nos concluir que as alterações às prestações destinadas à família/criança incluídas no Cenário 1 parecem produzir efeitos diminutos.

> **Cenário 2**
>
> Acréscimo de $(\alpha^* \sqrt{n^o\,de\,crianças\,no\,agregado})\%$ nas prestações destinadas à família/crianças com $\alpha=20$, 50 e 100.

As estatísticas incluídas no Quadro 13 mostram que o impacto deste cenário em 2008 se faz sentir, fundamentalmente, ao nível da intensidade da pobreza, com reduções na casa dos 30% para famílias com três ou mais crianças.

QUADRO 13 – **Avaliação da redução da pobreza nos indivíduos pertencentes a famílias mais numerosas e no total das crianças, cenário 2, 2008**

	Incidência de pobreza	Intensidade de pobreza
	Dois adultos com duas crianças	
Situação original	18,9	6,3
Cenário 2: Majoração 20 *raizq(número de criancas)%	18,6	5,7
Taxa de redução da pobreza no grupo-alvo da medida (1)	-1,2%	-9,5%
	Dois adultos com três ou mais crianças	
Situação original	31,7	14,5
Cenário 2: Majoração 20 *raizq(número de criancas)%	30,0	10,1
Taxa de redução da pobreza no grupo-alvo da medida (1)	-5,1%	-30,0%
	2 crianças	
Situação original	22,1	6,8
Cenário 2: Majoração 20 *raizq(número de criancas)%	21,5	6,0
Taxa de redução da pobreza no grupo-alvo da medida (1)	-2,9%	-11,2%
	3 crianças	
Situação original	29,5	9,7
Cenário 2: Majoração 20 *raizq(número de criancas)%	27,0	7,0
Taxa de redução da pobreza no grupo-alvo da medida (1)	-8,6%	-27,8%

152 | Números com Esperança

	4 ou mais crianças	
Situação original	73,9	35,1
Cenário 2: Majoração 20 *raizq(número de criancas)%	73,9	21,7
Taxa de redução da pobreza no grupo-alvo da medida (1)	**0,0%**	**-38,2%**
	Total de crianças	
Situação original	22,8	6,9
Cenário 2: Majoração 20 *raizq(número de criancas)%	22,1	5,8
Taxa de redução da pobreza no total das crianças	**-2,9%**	**-15,9%**

Fonte: INE, Inquérito às Condições de Vida e Rendimentos (ICOR), 2008
(1) Consideram-se os indivíduos pertencentes a famílias que pela sua maior dimensão poderão fazer parte do grupo-alvo da medida.

Os resultados obtidos em 2009 atestam a eficácia deste cenário não só no contexto da intensidade da pobreza como também da sua incidência. Mais uma vez a evolução positiva da generalidade dos indicadores de pobreza monetária deverá estar subjacente a este impacto acrescido em 2009 relativamente ao ano anterior.

QUADRO 14 – **Avaliação da redução da pobreza nos indivíduos pertencentes a famílias mais numerosas e no total das crianças, cenário 2, 2009**

	Incidência de pobreza	Intensidade de pobreza
	Dois adultos com duas crianças	
Situação original	19,6	5,5
Cenário 2: Majoração 20 *raizq(número de criancas)%	18,3	4,8
Taxa de redução da pobreza no grupo-alvo da medida (1)	**-6,8%**	**-14,0%**
	Dois adultos com três ou mais crianças	
Situação original	38,4	15,2
Cenário 2: Majoração 20 *raizq(número de criancas)%	31,8	9,9
Taxa de redução da pobreza no grupo-alvo da medida (1)	**-17,0%**	**-35,1%**
	2 crianças	
Situação original	22,6	6,0
Cenário 2: Majoração 20 *raizq(número de criancas)%	21,0	5,2
Taxa de redução da pobreza no grupo-alvo da medida (1)	**-7,0%**	**-14,2%**
	3 crianças	
Situação original	40,2	16,2
Cenário 2: Majoração 20 *raizq(número de criancas)%	37,5	11,7
Taxa de redução da pobreza no grupo-alvo da medida (1)	**-6,8%**	**-27,8%**
	4 ou mais crianças	
Situação original	55,2	17,8
Cenário 2: Majoração 20 *raizq(número de criancas)%	35,5	6,8
Taxa de redução da pobreza no grupo-alvo da medida (1)	**-35,6%**	**-61,7%**
	Total de crianças	
Situação original	22,7	7,0
Cenário 2: Majoração 20 *raizq(número de criancas)%	20,9	5,8
Taxa de redução da pobreza no total das crianças	**-8,2%**	**-17,8%**

Fonte: INE, Inquérito às Condições de Vida e Rendimentos (ICOR), 2009
(1) Consideram-se os indivíduos pertencentes a famílias que pela sua maior dimensão poderão fazer parte do grupo-alvo da medida.

A majoração em função do número de crianças incluídas no agregado revela-se assim bastante mais eficaz do que a incluída no cenário anterior, até porque abrange também um grupo-alvo bem mais alargado. De facto, o cenário 2, englobando apenas uma majoração das prestações destinadas à família/criança em função do número de crianças no agregado, produz logo, com a menor majoração considerada, alguns resultados tanto na redução do risco de pobreza infantil como da sua intensidade, como mostram os Gráficos que se seguem (Gráfico 69 e Gráfico 70).

GRÁFICO 69 – **Avaliação da incidência da pobreza resultante do cenário 2 -2008**

Fonte: INE, Inquérito às Condições de Vida e Rendimentos (ICOR), 2008

GRÁFICO 70 – **Avaliação da intensidade da pobreza resultante do cenário 2-2009**

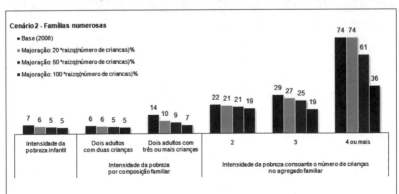

Fonte: INE, Inquérito às Condições de Vida e Rendimentos (ICOR), 2008

154 | Números com Esperança

Idêntico impacto se regista ao nível da pobreza dos indivíduos de agregados familiares com crianças, cujos resultados são apresentados nas Tabelas 40, 41 e 42 em anexo. Os Gráficos anteriores (Gráfico 71 e Gráfico 72) mostram que as reduções que se conseguem ao nível da incidência e intensidade da pobreza são crescentes com o número de crianças dependentes, consequência da majoração proposta, apesar de tudo regressiva em termos do impacto do número de crianças.

As simulações a partir dos dados de 2009 – Tabelas 43 a 45 em anexo – seguem um padrão idêntico em termos de impacto na pobreza. Esse impacto é maior em 2009 do que no ano transacto – como mostram os gráficos que se seguem (Gráfico 73 e Gráfico 74) – tal como decorre da evolução positiva da generalidade dos indicadores de pobreza monetária já anteriormente referida.

GRÁFICO 71 – **Avaliação da incidência da pobreza resultante do cenário 2 -2009**

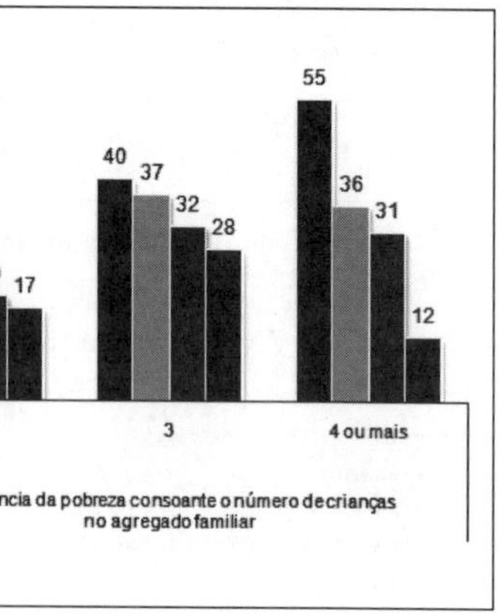

Fonte: INE, Inquérito às Condições de Vida e Rendimentos (ICOR), 2009

GRÁFICO 72 – **Avaliação da intensidade da pobreza resultante do cenário 2-2009**

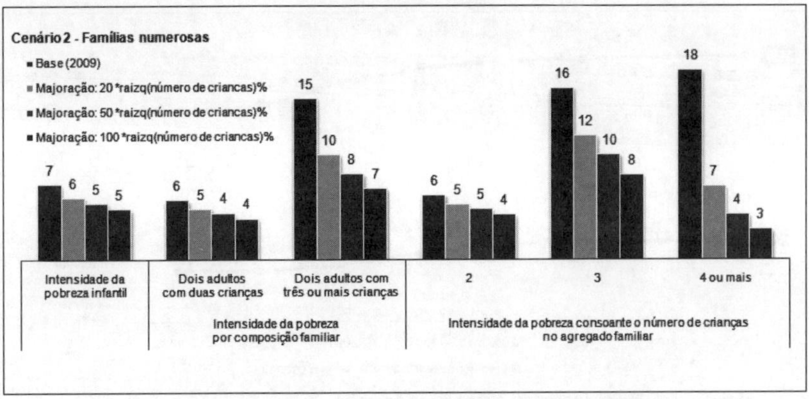

Fonte: INE, Inquérito às Condições de Vida e Rendimentos (ICOR), 2009

Cenário 3

Aumentar o total de prestações destinadas à família/criança recebidas em α% com α=5, 10, 15, 100, 200, 290 e 300 em 2008 e com α=5, 10, 15, 100, 200, 215 e 250 em 2009.

Em 2008 este cenário apenas se reveste de significado ao nível da redução da pobreza infantil com majorações bastante elevadas – superiores a 200%. O mesmo se aplica à pobreza em geral, relativa aos indivíduos incluídos nas tipologias familiares consideradas – só majorações acima dos 100% conseguem reduções significativas na pobreza dos indivíduos em questão. O Gráfico 73 mostra que só uma majoração de 300% permite igualar a incidência da pobreza infantil ao nível da verificada para a população em geral nesse ano. Todavia, note-se que em termos de intensidade, esta igualdade se consegue com uma majoração de 200%.

GRÁFICO 73 – **Avaliação da incidência e intensidade da pobreza resultante do cenário 3-2008**

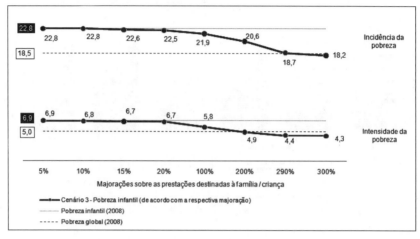

Fonte: INE, Inquérito às Condições de Vida e Rendimentos (ICOR), 2008

Pese embora a melhoria dos indicadores de pobreza monetária em 2009, as alterações consideradas neste cenário parecem originar alterações diminutas ao nível da incidência e da intensidade da pobreza infantil, tal como as estatísticas do Quadro 15 mostram.

QUADRO 15 – **Avaliação da redução da pobreza infantil, cenário 3, 2009**

	Incidência de pobreza	Intensidade de pobreza
	Total de crianças	
Situação original	22,7	7,0
Cenário 3: Majoração global 10%	22,3	6,9
Taxa de redução da pobreza no total das crianças	-1,9%	-1,7%

Fonte: INE, Inquérito às Condições de Vida e Rendimentos (ICOR), 2009

Neste cenário só se consegue que o risco e a intensidade da pobreza infantil desçam até ao da generalidade dos indivíduos com majorações na casa dos 200%, tal como o Gráfico 74 mostra. Este resultado sublinha mais uma vez o diminuto impacto das medidas preconizadas neste contexto.

Política Social e Pobreza Infantil: Relações e Contradições | 157

GRÁFICO 74 – **Avaliação da incidência e intensidade da pobreza resultante do cenário 3-2009**

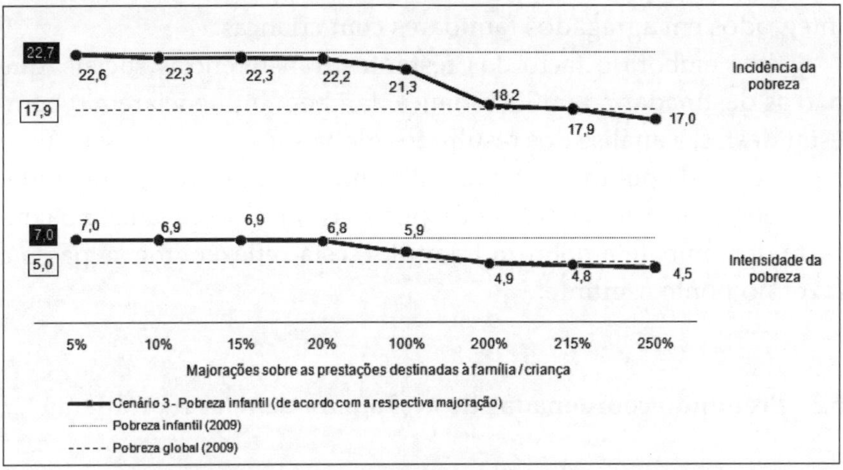

Fonte: INE, Inquérito às Condições de Vida e Rendimentos (ICOR), 2009

Em jeito de conclusão podemos afirmar que, no que se refere à pobreza infantil e à pobreza dos indivíduos incluídos em famílias com crianças, o desenho de medidas de política social deverá ter preferencialmente subjacente o número de crianças no agregado familiar. De facto, apesar da monoparentalidade constituir um significativo risco em termos de pobreza infantil e da pobreza em geral, o número de crianças parece sobrepor-se quando se definem majorações das prestações sociais destinadas às famílias/criança, sugerindo efeitos mais favoráveis em termos de incidência e intensidade da pobreza.

Os resultados apresentados sublinham a necessidade de implementação de medidas específicas para os diferentes tipos de agregados, tal como as estatísticas relativas à severidade da pobreza infantil sugerem.

Note-se, ainda, que as majorações ensaiadas mostram a necessidade de reforçar as prestações sociais às famílias com crianças, resultado sublinhado pela ineficácia que o nível de prestações actual revela apresentar; mesmo relativamente às simulações de 2009, as majorações consideradas só se mostram eficazes para valores

158 | Números com Esperança

mais elevados, sublinhando o reduzido efeito destas transferências sociais na redução da pobreza infantil e da pobreza dos indivíduos integrados em agregados familiares com crianças.

Pese embora o facto das restantes transferências sociais, que não as destinadas à família/criança, também influenciarem o bem-estar destas, a análise dos resultados globais mostra que o seu efeito na redução da pobreza infantil é diminuto, o que sugere uma reflexão sobre quais as medidas que poderão ser preconizadas no contexto do combate à pobreza infantil. É esta reflexão que se passa a fazer no ponto seguinte.

5.3. Propondo coordenadas de acção para debelar o problema

A pobreza infantil traduz-se por um estado deficitário de bem-estar que tem subjacente carências de vária ordem. Desde os problemas de saúde ao insucesso escolar e aos constrangimentos financeiros do agregado familiar, a natureza diferenciada destas carências obriga à definição de medidas de política social complexas, transversais a várias áreas e com diversas formas de intervenção. Assim, as medidas preconizadas deverão, por um lado, fazer parte de uma política global para a infância e, por outro lado, integrar planos globais de luta contra a pobreza.

Do ponto de vista das medidas de política social com impacto directo nas crianças, será importante integrar uma perspectiva de ciclo de vida. As crianças passam por diferentes estádios de desenvolvimento que envolvem necessidades também diferenciadas. A perspectiva do ciclo de vida, ao permitir ter em conta esta diferenciação, está a criar condições de maior eficácia das políticas encetadas.

Quais as principais formas de intervenção possíveis? As medidas de política social com impacto na pobreza infantil dividem-se fundamentalmente em três grandes grupos[47]: (i) *incremento do ren-*

---

[47] Whiteford and Adema (2007) e OCDE (2009) são alguns dos trabalhos onde também se agrupam desta forma estas medidas de política social.

Política Social e Pobreza Infantil: Relações e Contradições | 159

dimento dos agregados familiares com crianças, (ii) *benefícios em espécie* e (iii) *políticas relacionadas com o mercado de trabalho.*

Debrucemo-nos detalhadamente sobre estas diferentes formas de intervenção e sobre as coordenadas de acção que propomos, no âmbito do combate à pobreza infantil.

(i) Incremento do rendimento dos agregados familiares com crianças

Actualmente este incremento é feito, directamente, através das transferências sociais e, indirectamente, em consequência dos benefícios fiscais. Independentemente da origem deste incremento importa talvez reflectir sobre qual a relação entre o rendimento do agregado familiar e o bem-estar das crianças nele incluídas.

Sendo de facto reconhecido que as restrições orçamentais se reflectem no bem-estar das crianças, não é contudo linear que o aumento do rendimento se repercuta positivamente nesse bem-estar[48]. A idade dos pais e a idade da criança, o nível de escolaridade e a ocupação profissional dos pais condicionam significativamente a relação entre rendimento do agregado familiar e o bem-estar das suas crianças. Sobre esta relação importa ainda adicionar dois importantes elementos – saberão os pais aplicar correctamente os acréscimos de rendimento de que possam beneficiar em prol do bem-estar dos seus filhos?[49] É indiferente considerar como beneficiário destas transferências o pai ou a mãe?[50].

O acesso a este tipo de prestações ou benefícios pode ser universal ou ter implícita uma condição de acesso, se bem que a uni-

---

[48] Autores tais como Jenkins and Scluter (2002), Blow et al. (2005) e Duncan (2006) concluem ser relativamente ténue esta relação. Mais do que o rendimento anual parece ser o rendimento permanente que mais fortemente influencia o bem-estar das crianças.

[49] Num estudo recente da OCDE sobre o bem-estar das crianças refere-se a este propósito: "(...) *marginal cash transfers to poor, dysfunctional families end up being spent in consumption goods that may not benefit children.*" OCDE(2009): pág. 167.

[50] Lundberg et al. (1997) consideram que sendo a mãe a beneficiária das prestações sociais é mais provável que as mesmas se repercutam no incremento do bem-estar da criança.

160 | Números com Esperança

versalidade implique maiores custos, a existência de condições de acesso pode levar à estigmatização e a falsos negativos ou positivos. Nestas condições é necessário ponderar previamente sobre o *trade-off* inerente a esta escolha para cada caso em concreto.

No contexto deste tipo de medidas, as propostas de coordenadas de acção que aqui deixamos são:

Tendo em conta a não linearidade da relação entre rendimento do agregado familiar e bem-estar das crianças nele incluídas, julgamos que se devem privilegiar as prestações condicionadas relativamente às universais. As condições de acesso deverão incluir elementos para além do rendimento do agregado familiar. Dentro destas condições poderão, por exemplo, considerar-se regras que exijam o cumprimento de determinados requisitos, como sejam a frequência escolar das crianças da família (independentemente da idade), a sua vigilância médica, requisitos esses que visam, de alguma forma, garantir o benefício das crianças do agregado familiar.

A vulnerabilidade acrescida de determinadas tipologias familiares e considerando o exercício de simulação feito no ponto anterior, deverão direccionar-se medidas para as famílias monoparentais e os agregados familiares compostos por dois adultos e três ou mais crianças. Note-se que na definição destas condições deverá ter-se em conta as trajectórias de pobreza diferenciadas das crianças destas duas tipologias familiares, tal como foi identificado no capítulo anterior. Assim, se as crianças de famílias monoparentais parecem realizar preferencialmente percursos de pobreza transitória, em detrimento dos perfis de pobreza persistente que parecem ser mais característicos das crianças incluídas em famílias de dois adultos e três ou mais crianças, deverão talvez adequar-se mais para as primeiras medidas que permitam corrigir a escassez de rendimento conjuntural que o seu agregado sente, enquanto para as segundas talvez sejam mais eficazes os apoios em espécie que, dada a sua natureza, podem corrigir as carências estruturais que estas crianças vivem.

Tendo em atenção que a existência de pelo menos um indivíduo a trabalhar condiciona favoravelmente, tanto a dimensão como a duração da pobreza monetária e a privação das crianças, seria talvez importante ter em conta a inserção no mercado de trabalho dos pais. Esta inserção poderia também funcionar como condição de acesso a prestações sociais que, desta forma, permitiriam amenizar a escassez ou mesmo inexistência de rendimentos do trabalho.

Ainda do ponto de vista das desagregações consideradas na análise da pobreza monetária e da privação, será importante considerar, também no contexto das condições de acesso a prestações sociais, a localização geográfica. Não só porque a pobreza monetária tem algum carácter rural, mas também como forma de correcção de assimetrias de desenvolvimento, promovendo o rejuvenescimento das populações.

No contexto dos benefícios sociais e atentando nos problemas que as crianças pobres geralmente apresentam em termos de saúde e de educação, benefícios fiscais relacionadas com as despesas nestas áreas, indexados ao rendimento do agregado, poderão ajudar a colmatar estas privações.

Todo este tipo de medidas deverá ser desenhado de acordo com o objectivo de promover, em primeira instância, o bem-estar da criança. Por isso foram seleccionados alguns elementos que, pela sua importância na pobreza infantil, poderão, de forma isolada ou combinada, definir condições de acesso a prestações/benefícios fiscais que permitam alcançar o objectivo de redução deste problema.

(ii) Benefícios em espécie

A saúde e a escolaridade são as áreas que concentram a oferta de serviços públicos às crianças. Sendo de facto domínios cruciais para o seu desenvolvimento, são normalmente de carácter universal, facto que, por vezes, condiciona o seu nível de qualidade e limita o seu acesso.

Sendo preferencialmente dirigidos a crianças mais desfavorecidas, a sua universalidade implica muitas vezes um desperdício de recursos que, de outra forma, poderiam permitir incrementar a sua qualidade. Mais, dirigindo-se a crianças de agregados familiares com competências parentais por vezes deficitárias, seria importante encontrar formas de garantir o acesso destas crianças a estes serviços, área também consumidora de recursos.

Sendo o insucesso escolar um problema comum às crianças de meios mais desfavorecidos, seria importante encontrar formas de o minorar através da criação de apoios e acompanhamento destas crianças. A promoção de hábitos de leitura, de visitas de estudo e de períodos de férias, poderiam ajudar a colmatar algumas das carências das crianças de meios mais desfavorecidos.

Constituindo a saúde uma área fulcral do desenvolvimento das crianças, a vigilância médica periódica, a vacinação, a higiene oral e a educação para a saúde, de onde se destacam os aspectos relacionados com a alimentação, são elementos que importaria considerar no contexto das políticas de combate à pobreza infantil. Neste domínio e em particular no que respeita ao acesso a estes serviços, os aspectos geográficos da pobreza sublinham a importância do enfoque em determinadas zonas, nomeadamente rurais e do interior.

Finalmente e porque a família constitui o meio de referência da criança, seria importante desenvolver acções que permitissem potenciar a resolução dos problemas disfuncionais dessas famílias, ou, simplesmente, promover as suas competências parentais.

(iii) Políticas relacionadas com o mercado de trabalho

A inserção no mercado de trabalho, para além de permitir a obtenção de rendimento, constitui também uma forma de inserção social. O diagnóstico elaborado sobre a pobreza infantil mostrou a importância desta integração tanto ao nível da pobreza monetária como da privação das crianças. Será então importante perceber o que pode ser feito para estimular e garantir esta participação.

As medidas de política social neste domínio incluem benefícios sociais que poderão ser dados às empresas como contrapartida de oferta de trabalho, formação profissional e criação de infraestruturas que permitam o cuidado das crianças enquanto os pais estão a trabalhar – eixos de definição de acções a desenvolver também nesta área.

Sendo as famílias monoparentais uma das tipologias mais vulneráveis à pobreza infantil, será importante reforçar a necessidade de criação das infraestruturas acima referidas, com horários alargados de funcionamento.

Para além dos aspectos de formação profissional e tendo em conta as incapacidades de desenvolvimento pessoal que caracterizam muitas das pessoas de meios mais desfavorecidos, seria talvez importante implementar acções que permitissem ultrapassar estas dificuldades, alimentando um processo de *empowerment* dessas pessoas, facilitador de quebra do ciclo de pobreza em que vivem.

As medidas discutidas no âmbito quer dos benefícios em espécie, quer as relacionadas com o mercado de trabalho, ao promoverem as capacidades dos indivíduos, estão a actuar ao nível das causas da pobreza. Em contrapartida, as transferências sociais permitem atenuar os sintomas da pobreza.

Não se pretendendo aqui valorizar quaisquer destas opções, será contudo importante reflectir sobre estes aspectos de diferenciação, quanto mais não seja para perceber o alcance destas medidas.

6. Conclusão

O diagnóstico elaborado do problema da pobreza infantil, não deixa margem para dúvidas quanto à vulnerabilidade das crianças às situações de pobreza e de exclusão social. Ao comprometer o seu bem-estar, estamos no curto e médio prazo, a comprometer também o bem-estar de todos nós. Numa sociedade que se pauta pela igualdade de oportunidades, a pobreza infantil surge como um paradoxo que a todos toca.

Sendo um problema de reconhecida dimensão, a sua monitorização permanente e rigorosa é de extrema importância. Por isso, não queremos finalizar este trabalho sem deixar alguns contributos para a definição de indicadores que permitam traduzir a situação das crianças no contexto da pobreza e da exclusão social[51].

Sendo a pobreza infantil um problema multifacetado, que resulta da convergência de uma multiplicidade de carências, é indispensável utilizar uma abordagem multidimensional para definir um sistema de indicadores de monitorização desta problemática. A definição e selecção destes indicadores deverá ter em conta os seguintes princípios:

- A criança deverá constituir a unidade privilegiada de observação;
- Os indicadores devem basear-se em informação estatística internacionalmente comparável, nomeadamente ao nível da UE;

---

[51] Para uma análise detalhada da construção de indicadores de bem-estar da criança vejam-se, por exemplo, os trabalhos de: Richardson *et al.* (2007), Land *et al.* (2001), Bradshaw *et al.* (2006) e UNICEF (2010).

- Os dados estatísticos recolhidos deverão ser preferencialmente de periodicidade anual;
- A informação deverá traduzir a situação das crianças em todos os domínios ou áreas considerados essenciais ao seu bem-estar e desenvolvimento;
- Deverão ser adoptados indicadores que tenham subjacente uma perspectiva de ciclo de vida, permitindo potenciar os diferentes estádios de desenvolvimento de uma criança;
- A escolha dos indicadores deverá ser parcimoniosa de forma a garantir a sua operacionalidade.

Pese embora a importância de cada um dos princípios enumerados, a disponibilidade de dados estatísticos, precisos e acessíveis, constitui uma forte restrição na definição dos indicadores de monitorização da pobreza infantil.

O *EU-SILC*[52] pela natureza de dados que reúne e pela cobertura internacional que detém, constitui a base de dados fundamental deste sistema de indicadores. Complementarmente, poderão utilizar-se dados provenientes de outras bases, tais como o *Programme for International Student Assessment (PISA)*[53], o *OCDE Health*[54], o *EU Health for All (HFA-DB)*[55] e os *World Development Indicators*[56], com informação específica e detalhada sobre as áreas da educação e da saúde, relativa às crianças.

Tendo subjacente a análise da privação adoptada, consideram-se como domínios de bem-estar, objecto de observação por parte do sistema de indicadores de monitorização da pobreza infantil, as seguintes áreas: recursos materiais, saúde, educação e habitação. Os

---

[52] O Eurostat disponibiliza a informação sobre rendimento e condições de vida com base no EU-SILC, a qual poderá ser consultada em *http://epp.eurostat.ec.europa.eu/portal/page/portal/income_social_inclusion_living_conditions/data/database*

[53] Informação que poderá ser consultada em: *www.pisa.oecd.org*

[54] Informação que poderá ser consultada em: *www.oecd.org*

[55] Informação que pode ser consultada em: *http://data.euro.who.int/hfadb/*

[56] Informação que poderá ser consultada em: *http://data.worldbank.org/indicator*

indicadores propostos em cada um destes domínios constam no Quadro 16.

QUADRO 16 – **Sistema de indicadores de monitorização da pobreza infantil**

DOMÍNIO	INDICADOR	Fonte de recolha
Recursos materiais	. Risco de pobreza monetária das crianças	EU-SILC (Eurostat)
	. Intensidade da pobreza infantil	EU-SILC (Eurostat)
	. % de crianças a viverem em agregados familiares em que nenhum indivíduo trabalha	EU-SILC (Eurostat)
	. % de crianças a viverem em agregados familiares que consideram ser com muita dificuldade que fazem face às despesas e encargos usuais	EU-SILC (Eurostat)
Saúde	. Taxa de mortalidade infantil	World Development Indicators
	. % de crianças com peso deficitário	World Development Indicators
Educação	. % de crianças em creches e jardins de infância	PISA
	. % de crianças com competências de leitura, na área da matemática e na área das ciências, abaixo da média	PISA
	. % de crianças com problemas de insucesso escolar	PISA
	. % de crianças que abandonam a escola precocemente	PISA
Habitação	. % de crianças a viverem em alojamentos sobrelotados	EU-SILC (Eurostat)
	. % de crianças a viverem em alojamentos com problemas tais como: telhado que deixa passar água, paredes/fundações/chão húmido, caixilharias de janelas ou chão apodrecido	EU-SILC (Eurostat)
	. % de crianças a viverem em alojamentos sinalizados por um ambiente exterior com poluição, sujidade ou outros problemas ambientais	EU-SILC (Eurostat)
	. % de crianças a viverem em zonas sinalizadas por crime, violência ou vandalismo	EU-SILC (Eurostat)

A indisponibilidade de dados estatísticos relativos aos aspectos de inserção social impede a consideração deste domínio, pese embora a sua importância. De facto, só a partir de estudos pontuais é possível encontrar informação sobre aspectos tão importantes como as relações com os pais, a interacção com os seus pares e envolvimento social, por exemplo[57].

---

[57] O *Health Behaviour of School Children survey* pode ser uma das fontes deste tipo de informação.

As dificuldades inerentes à monitorização do bem-estar das crianças e implicitamente pobreza infantil decorrem fundamentalmente da escassez de informação precisa e actualizada nesta área. É neste contexto que tem vindo a ser proposta a criação de um *Observatório da Criança*, cujo principal objectivo seria congregar informação sobre a infância, nomeadamente sobre as questões de bem-estar, elemento informativo crucial na definição de políticas sociais neste contexto.

O trabalho que agora terminamos pretendeu contribuir para o diagnóstico da pobreza infantil em Portugal no passado recente, a partir dos dados estatísticos disponibilizados pelo INE até Dezembro de 2010, data em que ultimámos a análise empírica apresentada. Com a discussão de alguns elementos de política social pretendemos também deixar alguma reflexão sobre os meios de debelar um problema que a todos toca.

Contudo, consideramos que apenas iniciámos um caminho … Muitas questões ficaram em aberto. A escassez de dados estatísticos sobre a infância de âmbito nacional constituiu uma forte limitação à análise efectuada no contexto da pobreza monetária e, em especial, da privação. Sendo a criança a unidade estatística de observação, os dados estatísticos disponíveis obrigaram a que fosse o agregado familiar a unidade de medida considerada. Somente o módulo adicional do ICOR relativo a 2009 permitiu uma análise mais especifica sobre a privação da criança, muito embora não seja possível diferenciar as crianças que fazem parte do mesmo agregado familiar, bem como, por se tratar de um módulo adicional, não permitir a elaboração de um cenário evolutivo.

Pese embora a importância da análise dinâmica da pobreza, enquanto meio de identificação do processo causal que lhe está subjacente, a dimensão reduzida da janela temporal considerada limitou fortemente as potencialidades de análise neste contexto. A utilização de métodos econométricos ficou comprometida, limitando o potencial analítico e de inferência de tais métodos.

O momento presente deixa-nos algumas interrogações adicionais sobre a problemática da pobreza infantil. Os recentes cortes nos apoios sociais não permitem antever um futuro promissor para estas crianças ... Cabe-nos a todos dar-lhes esperança num futuro melhor, que aliás, é também o nosso!

7. Referências Bibliográficas

BARTLETT, S. (1998); Does Inadequate Housing Perpetuate Children's Poverty?, Childhood, vol. 5 (4), pp 403-420.

BASTOS, A., MACHADO, C. and PASSOS, J. (2010); The profile of income-poor children; *International Journal of Social Economics*, vol. 37, Issue 12, pp. 933-950.

BASTOS, A., MACHADO, C. (2009); Child poverty: a multidimensional measurement, *International Journal of Social Economics*, vol. 36, Issue 3, pp. 237-251.

BASTOS, A. e NUNES, F. (2009); Child poverty in Portugal – dimensions and dynamics. *Childhood*, 16, pp. 67-87.

BASTOS, A., FERNANDES, G. and PASSOS, J. (2004), Child income poverty and child deprivation: an essay on measurement, *International Journal of Social Economics*, vol. 31, number 11/12, pp. 1050-1060.

BRADSHAW, J., HOELSCHER, P. and RICHARDSON, D. (2007). An Index of Child Well-Being in the European Union, *Journal of Social Indicators*, vol. 80, number 1, January 2007, pp. 133-177.

BLOW, L. GOODMAN, A., WALKER, I. and WINDMEIJER, F. (2005); *Parental Background and Child Outcomes: How Much Does Money Matter and What Else Matters?*, Department for Education and Skills, Research Report No. RR660.

BOMBA, T., FERNANDES, R. e MACHADO, C. (2006). Medição da privação – abordagem metodológica. In Neves, A. (Ed.). *Protecção Social*. Lisboa, MTSS/DGEEP.

CAMERON, A. and TRIVERDI, P. (2005); *Microeconometrics: Methods and Applications*, Cambridge University Press.

CANTÓ-SANCHEZ, O. and PRATS, M. (1998); Child Poverty in Spain: What Can be Said?, *Innoccenti Occasional Papers*, EPS 66, UNICEF.

CENTER ON THE DEVELOPING CHILD AT HARVARD UNIVERSITY (2007), *A Science-Based Framework for Early Childhood Policy: Using Evidence to Improve Outcomes in Learning, Behaviour and Health for Vulnerable Children*.

CHELI, B. e LEMMI, A. (1995), A totally fuzzy and relative approach to the multidimensional analysis of poverty, *Economic Notes*, 24 (1), pp.115-133.

COMISSÃO EUROPEIA (2009); *Inquérito Eurobarómetro sobre a Pobreza e a Exclusão Social*, UE

172 | Números com Esperança

DUNCAN, G. (2006); *Income and Child Well-Being*, 2005 Geary Lecture, The Economic and Social Research Institute, Dublin.

DUNCAN, G. and BROOKS-GUNN, J. (eds) (1997), *Consequences of Growing Up Poor*, New York: Russel Sage Foundation.

EUROPEAN COMMISSION (2008), *Child Poverty and Well-Being in the EU. Current status and way forward*, The Social Protection Committee.

FOSTER, J. E., GREER, J., THORBECKE, E., 1984. A Class of Decomposable Poverty Measures. *Econometrica* 52 (3), pp. 761-766.

GAUTHIER, H. (1999), Inequalities in children's environment: the case of Britain, *Childhood*, vol.6, number 2, pp. 243-260.

GRIGGS, J. and WALKER, R. (2008), *The costs of child poverty for individuals and society*, Joseph Rowntree Foundation.

GUIO, A., FUSCO, A. e MARLIER, E.(2009); A European Union Approach to Material Deprivation using EU-SILC and Eurobarameter data, *IRISS Working Papers*.

HIRSCH, D. (2008), *Estimating the costs of child poverty*, Joseph Rowntree Foundation.

HECKMAN, J. and MASTEROV. D. (2007), The Productivity Argument for Investing in Young Children, *NBER Working Paper* No. 13016, April.

HILL, M. and JENKINS, S. (2001); "Poverty among British children: chronic or transitory", in: Bradbury, B., Jenkins, S., Micklewright, J. (editors), *The Dynamics of Child Poverty in Industrializes Countries*, Cambridge University Press.

INSTITUTO DE SEGURANÇA SOCIAL (2010), *Relatório de Caracterização de Crianças e Jovens em Situação de Acolhimento em 2009*.

JENKINS, S. and SCHLUTER, C. (2002); The Effect of Family Income during Childhood and Later-life Attainment: Evidence from Germany, *Institute for Social and Economic Research Working Paper*, No. 2002-20, University of Essex.

JENKINS, S. P. (2000). Modelling Household Income Dynamics, *Journal of Population Economics*, 13 (4), pp. 529-567.

KUCHLER, B. and GOEBEL, J. (2003); Smoothed Income Poverty in European Countries, DIW Discussion Papers, n.° 32, *German Institute for Economic Research*.

LUNDBERG, S., POLLAK, R. and WALES, T. (1997); Do Husbands and Wifes Pool Resources?: Evidence from the UK Child Benefit, *Journal of Human Resources*, vol. 32, pp. 380-463, Summer.

MINUJIN, A., DELAMONICA, E., GONZALEZ. E. and DAVIDZIUK, A. (2006); The definition of child poverty: a discussion of concepts and measurements, *Environment and Urbanization*, vol. 18, no. 2, pp. 481-500.

NUNES, F. (2004); *Dinâmica de Pobreza e Eficácia do Sistema de Solidariedade e Segurança Social – uma Aplicação a Portugal*, ISEG/UTL, Dissertação de doutoramento.

NUSSBAUM, M. (2000); *Women and Human Development: A study in Human Capabilities*, Cambridge University Press, Cambridge, UK.

PEREIRINHA, J., NUNES, F., BASTOS, A., CASACA, S., FERNANDES, R. e MACHADO, C. (2008); *Género e Pobreza.Impacto e determinantes da Pobreza no Feminino*. CIG.

ROELEN, K. and GASMAN, F. (2008); Measuring child poverty and well-being: a literature review, *Maastricht Graduate School of Governance*, Working paper, WP001.

TARKI (2010); *Study on Child Poverty and Child Well-Being in the EU*, Social Research Institute, Inc., Hungary.

WALDFOGEL, J. (2006); *What Children Need?* Harvard University Press, Cambridge.

WHITEFORD, P. and ADEMA, W. (2007); What Works Best in Reducing Child Poverty: A Benefit or Work Strategy?, *OECD Social, Employment and Migration Working Papers*, No. 51, OECD Publishing.

SEN, A. (1999); *Development as Freedom*, Random House, New York.

TOWNSEND, P. (1979), *Poverty in the United Kingdom: A Survey of Households Resources and Standards of Living*, Penguin Books, Harmondsworth.

8. Anexo

TABELA 1 – Indicadores de privação considerados para a determinação do indicador composto de privação

Dimensões de bem-estar	Variáveis	Descrição	Categorias adaptadas	Situação na privação
Condições internas do alojamento	HH030_aux	Alojamento sobrelotado - relação entre dimensão familiar e número de divisões no alojamento	1. Sim	Situação de privação
			0. Não	Ausência de privação
	HH040	Telhado que deixa passar água, paredes/fundações/chão húmido, caixilhos de janelas ou chão apodrecido	1. Sim	Situação de privação
			0. Não	Ausência de privação
	HS160	Luz insuficiente no alojamento	1. Sim	Situação de privação
			0. Não	Ausência de privação
	HH080	Instalações de banho ou duche no interior	1. Não	Situação de privação
			0. Sim	Ausência de privação
Capacidade financeira	HH050	Capacidade financeira para ter a casa adequadamente aquecida	1. Não	Situação de privação
			0. Sim	Ausência de privação
	HS010 a HS030 - aux	Atraso no pagamento de rendas, mensalidades de crédito à habitação, despesas correntes com o alojamento, outros empréstimos ou prestações de bens e serviços adquiridos	1. Sim	Situação de privação
			0. Não	Ausência de privação
	HS050	Capacidade do agregado para ter uma refeição de carne ou de peixe (ou equivalente vegetariano), pelo menos de dois em dois dias	1. Não	Situação de privação
			0. Sim	Ausência de privação
Bens de conforto	HS070_aux	Disponibilidade de telefone fixo ou móvel	1. Não, por razões económicas	Situação de privação
			0. Sim ou não, por outras razões que não as económicas	Ausência de privação
	HS080_aux	Disponibilidade de TV a cores	1. Não, por razões económicas	Situação de privação
			0. Sim ou não, por outras razões que não as económicas	Ausência de privação
	HS110_aux	Disponibilidade de veículo ligeiro de passageiros ou misto	1. Não, por razões económicas	Situação de privação
			0. Sim ou não, por outras razões que não as económicas	Ausência de privação
Ambiente exterior ao alojamento	HS170 e HS180 - aux	Poluição, sujidade, outros problemas ambientais causados pelo trânsito ou indústria ou Vizinhança barulhenta ou ruídos exteriores (comércio, trânsito, indústrias)	1. Sim	Situação de privação
			0. Não	Ausência de privação
	HS190	Crime, violência ou vandalismo na área de residência	1. Sim	Situação de privação
			0. Não	Ausência de privação

Fonte: INE, Inquérito às Condições de Vida e Rendimentos (ICOR), 2004 a 2009

176 | Números com Esperança

TABELA 2 – Frequência dos distintos indicadores de bem-estar que compõem o índice de privação

Indicadores de bem-estar (que compõem o índice de privação)		Total						Criança						Adulto em idade activa						Idoso					
		2004	2005	2006	2007	2008	2009	2004	2005	2006	2007	2008	2009	2004	2005	2006	2007	2008	2009	2004	2005	2006	2007	2008	2009
N.° observações eliminadas (não resposta em pelo menos um indicador)		0	5	0	7	3	70																		
Dimensão total da amostra utilizada		11147	12873	12071	11684	11783	12343																		
I1 Alojamento sobrelotado																									
Não	Ausência de privação	87	86	87	88	87	88	76	75	77	78	77	77	87	87	88	88	88	89	96	96	96	97	97	97
Sim	Situação de privação	13	14	13	12	13	12	24	25	23	22	23	23	13	13	12	12	12	11	4	4	4	3	3	3
I2 Telhado que deixa passar água, paredes/fundações/chão húmido, caixilhos de janelas ou chão apodrecido																									
Não	Ausência de privação	80	81	81	81	81	80	81	82	84	81	81	81	81	82	82	81	82	82	72	74	75	77	77	75
Sim	Situação de privação	20	19	19	19	19	20	19	18	16	19	19	19	19	18	18	19	18	18	28	26	25	23	23	25
I3 Luz insuficiente no alojamento																									
Não	Ausência de privação	82	83	81	83	88	91	82	83	81	81	90	92	83	84	82	84	89	92	77	78	78	82	85	89
Sim	Situação de privação	18	17	19	17	12	9	18	17	19	19	10	8	17	16	18	16	11	8	23	22	22	18	15	11
I4 Instalações de banho ou duche no interior																									
Sim	Ausência de privação	96	96	96	96	97	97	97	98	98	97	98	98	97	97	97	97	98	98	90	91	91	93	93	94
Não	Situação de privação	4	4	4	4	3	3	3	2	2	3	2	2	3	3	3	3	2	2	10	9	9	7	7	6
I5 Capacidade financeira para ter a casa adequadamente aquecida																									
Sim	Ausência de privação	64	60	60	58	65	71	65	62	64	61	64	74	66	62	62	60	67	72	54	50	51	48	60	66
Não	Situação de privação	36	40	40	42	35	29	35	38	36	39	36	26	34	38	38	40	33	28	46	50	49	52	40	34
I6 Atraso no pagamento de rendas, mensalidades de crédito à habitação, despesas correntes com o alojamento, outros empréstimos ou prestações de bens e serviços adquiridos																									
Não	Ausência de privação	92	93	93	93	94	91	87	90	92	90	89	85	92	93	93	93	93	92	95	95	96	96	98	97
Sim	Situação de privação	8	7	7	7	6	9	13	10	8	10	11	15	8	7	7	7	7	8	5	5	4	4	2	3
I7 Capacidade do agregado para ter uma refeição de carne ou de peixe (ou equivalente vegetariano), pelo menos de dois em dois dias																									
Sim	Ausência de privação	96	96	96	96	96	96	96	96	96	96	96	95	96	97	97	96	97	96	93	94	94	96	94	95
Não	Situação de privação	4	4	4	4	4	4	4	4	4	4	4	5	4	3	3	4	3	4	7	6	6	4	6	5
I8 Disponibilidade de telefone fixo ou móvel																									
Sim ou não, por outras razões que	Ausência de privação	96	97	96	95	95	99	96	98	96	94	95	99	97	98	97	96	96	99	93	94	93	94	95	96
Não, por razões económicas	Situação de privação	4	3	4	5	5	1	4	2	4	6	5	1	3	2	3	4	4	1	7	6	7	6	5	4
I9 Disponibilidade de TV a cores																									
Sim ou não, por outras razões que	Ausência de privação	99	99	99	99	100	99	99	100	100	100	100	100	99	100	100	100	100	100	97	98	98	99	99	99
Não, por razões económicas	Situação de privação	1	1	1	1	0	1	1	0	0	0	0	0	1	0	0	0	0	0	3	2	2	1	1	1
I10 Disponibilidade de veículo ligeiro de passageiros ou misto																									
Sim ou não, por outras razões que	Ausência de privação	88	88	89	89	91	90	87	87	88	87	89	89	89	89	90	90	91	91	85	87	86	87	89	87
Não, por razões económicas	Situação de privação	12	12	11	11	9	10	13	13	12	13	11	11	11	11	10	10	9	9	15	13	14	13	11	13
I11 Poluição, sujidade, outros problemas ambientais causados pelo trânsito ou indústria ou Vizinhança barulhenta ou ruídos exteriores (comércio, trânsito, indústrias)																									
Não	Ausência de privação	67	66	66	63	69	68	68	67	67	62	69	69	67	65	66	63	69	68	67	65	67	66	69	69
Sim	Situação de privação	33	34	34	37	31	32	32	33	33	38	31	31	33	35	34	37	31	32	33	35	33	34	31	31
I12 Crime, violência ou vandalismo na área de residência																									
Não	Ausência de privação	86	86	88	87	88	86	87	87	89	88	87	85	86	86	87	87	88	86	88	88	90	88	90	88
Sim	Situação de privação	14	14	12	13	12	14	13	13	11	12	13	15	14	14	13	13	12	14	12	12	10	12	10	12

Fonte: INE, Inquérito às Condições de Vida e Rendimentos (ICOR), 2004 a 2009

TABELA 3 – **Frequência de indicadores de bem-estar seleccionados para os domínios de bem-estar "Participação social" (2006) e "Acessibilidades a serviços básicos" (2007)**

		Total	Criança (até 17 anos)	Adulto em idade activa (entre 18 e 64 anos)	Idoso (65 ou mais anos)
Participação social (2006)					
P1 Participação em eventos culturais e de lazer (cinema, espectáculos ao vivo, visitas a locais de interesse cultural, acontecimentos desportivos ao vivo)					
Todos os adultos do agregado tiveram pelo menos uma participação	Ausência de privação	40	49	43	20
Apenas alguns adultos do agregado tiveram pelo menos uma saída	Privação parcial	35	33	39	25
Nenhum adulto do agregado com saídas para estes eventos culturais	Privação total	25	19	18	55
P2 Relação social com amigos / familiares					
Todos os adultos do agregado tiveram pelo menos um encontro mensal com amigos ou familiares	Ausência de privação	93	90	94	96
Apenas alguns adultos do agregado tiveram encontros mensais com amigos ou familiares	Privação parcial	6	10	6	4
Nenhum adulto do agregado teve encontros mensais com amigos ou familiares (1)	Privação total	0	0	0	0
P3 Participação em actividades organizacionais (voluntárias informais, partidos políticos ou sindicatos, associações profissionais, organizações religiosas, organizações recreativas, instituições de caridade, outros)					
Todos os adultos do agregado tiveram participações desta natureza	Ausência de privação	44	45	43	46
Apenas alguns adultos do agregado tiveram participações desta natureza	Privação parcial	32	31	34	25
Nenhum adulto do agregado teve participações desta natureza	Privação total	24	24	23	29
Acessibilidades a serviços básicos (2007)					
A1 Alimentação (acessibilidade de serviços de mercearia)					
Com facilidade ou com muita facilidade (2)	Ausência de privação	91	93	92	88
Com alguma dificuldade	Privação parcial	7	5	6	9
Com muita dificuldade	Privação total	2	2	2	3
A2 Transportes (acessibilidade de transportes públicos)					
Com facilidade ou com muita facilidade (2)	Ausência de privação	89	89	89	87
Com alguma dificuldade	Privação parcial	8	7	8	9
Com muita dificuldade	Privação total	3	4	3	3
A3 Saúde (acessibilidade dos serviços de cuidade de saúde primários)					
Com facilidade ou com muita facilidade (2)	Ausência de privação	82	84	83	77
Com alguma dificuldade	Privação parcial	14	13	13	18
Com muita dificuldade	Privação total	4	3	4	5
A4 Educação (acessibilidade de escola de ensino obrigatório)					
Com facilidade ou com muita facilidade (2)	Ausência de privação	91	83	92	98
Com alguma dificuldade	Privação parcial	7	14	6	1
Com muita dificuldade	Privação total	2	3	2	1

Fonte: INE, Inquérito às Condições de Vida e Rendimentos (ICOR), Módulos adicionais: "Participação cultural e social" (2006) e "Habitação e habitabilidade" (2007)

(1) Inclui as situações em que os indivíduos não têm familiares e/ou amigos; (2) Inclui as situações em que o serviço não é utilizado pelo agregado familiar

178 | Números com Esperança

TABELA 4 – **Frequência de indicadores de bem-estar seleccionados para o domínio de bem-estar "Privação específica das crianças"**

		Crianças (1-15 anos)
Acesso a vestuário e calçado	**C1 Roupa nova (não em segunda mão) para todas as crianças do agregado**	
	Sim — *Ausência de privação*	85
	Não, devido a outra razão que não financeira — *Privação parcial*	1
	Não, porque o agregado não tem capacidade financeira — *Privação total*	14
	C2 Dois pares sapatos tamanho adequado (incluindo um para todas as condições metereológicas) para todas as crianças do agregado	
	Sim — *Ausência de privação*	95
	Não, devido a outra razão que não financeira — *Privação parcial*	1
	Não, porque o agregado não tem capacidade financeira — *Privação total*	5
Acesso a uma alimentação equilibrada	**C3 Fruta e legumes fresco uma vez por dia para todas as crianças do agregado**	
	Privação total — *Ausência de privação*	94
	Não, devido a outra razão que não financeira — *Privação parcial*	2
	Não, porque o agregado não tem capacidade financeira — *Privação total*	4
	C4 Três refeições por dia para todas as crianças do agregado	
	Sim — *Ausência de privação*	98
	Não, devido a outra razão que não financeira — *Privação parcial*	0
	Não, porque o agregado não tem capacidade financeira — *Privação total*	2
	C5 Uma refeição de carne ou de peixe (ou equivalente vegetariano) por dia para todas as crianças do agregado	
	Sim — *Ausência de privação*	94
	Não, devido a outra razão que não financeira — *Privação parcial*	1
	Não, porque o agregado não tem capacidade financeira — *Privação total*	5
Acesso ao entretenimento	**C6 Livros em casa adequados à faixa etária para todas as crianças do agregado**	
	Sim — *Ausência de privação*	84
	Não, devido a outra razão que não financeira — *Privação parcial*	4
	Não, porque o agregado não tem capacidade financeira — *Privação total*	12
	C7 Equipamento de lazer ao ar livre (bicicleta, patins, etc...) para todas as crianças do agregado	
	Sim — *Ausência de privação*	90
	Não, devido a outra razão que não financeira — *Privação parcial*	2
	Não, porque o agregado não tem capacidade financeira — *Privação total*	8
	C8 Jogos de interior (brinquedos educativos, jogos de construção, jogos informáticos,	
	Sim — *Ausência de privação*	87
	Não, devido a outra razão que não financeira — *Privação parcial*	2
	Não, porque o agregado não tem capacidade financeira — *Privação total*	11
Acesso ao lazer	**C9 O agregado pode pagar uma semana de férias por ano fora de casa para todas as crianças do agregado**	
	Sim — *Ausência de privação*	40
	Não, devido a outra razão que não financeira — *Privação parcial*	12
	Não, porque o agregado não tem capacidade financeira — *Privação total*	48
	C10 Actividade extra-curricular ou de lazer regular (natação, tocar um instrumento, etc)	
	Sim — *Ausência de privação*	52
	Não, devido a outra razão que não financeira — *Privação parcial*	21
	Não, porque o agregado não tem capacidade financeira — *Privação total*	28
Acesso à socialização	**C11 Celebrações em ocasiões especiais (aniversários, dias comemorativos, festas**	
	Sim — *Ausência de privação*	85
	Não, devido a outra razão que não financeira — *Privação parcial*	3
	Não, porque o agregado não tem capacidade financeira — *Privação total*	12
	C12 Convidar amigos de vez em quando para brincarem e comerem juntos para todas as crianças do agregado	
	Sim — *Ausência de privação*	67
	Não, devido a outra razão que não financeira — *Privação parcial*	13
	Não, porque o agregado não tem capacidade financeira — *Privação total*	21
	C13 Participar em viagens e eventos escolares não gratuitos para todas as crianças dos agregados	
	Sim — *Ausência de privação*	84
	Não, devido a outra razão que não financeira — *Privação parcial*	5
	Não, porque o agregado não tem capacidade financeira — *Privação total*	11
Acesso a um espaço adequado (interior e exterior do alojamento)	**C14 As crianças do agregado possuem um espaço apropriado para estudar e fazer trabalhos de casa**	
	Sim — *Ausência de privação*	88
	Não, devido a outra razão que não financeira — *Privação parcial*	0
	Não, porque o agregado não tem capacidade financeira — *Privação total*	12
	C15 Existe espaço ao ar livre na vizinhança onde as crianças podem brincar em segurança	
	Sim — *Ausência de privação*	77
	Não, devido a outra razão que não financeira — *Privação parcial*	0
	Não, porque o agregado não tem capacidade financeira — *Privação total*	23
Acesso à saúde	**C16 Durante últimos 12 meses necessitou consultar médico clínica geral ou especialista**	
	Não, nunca aconteceu — *Ausência de privação*	96
	Sim, aconteceu pelo menos uma vez; MOTIVO: Está numa lista de espera; Falta de tempo — *Privação parcial*	0
	Sim, aconteceu pelo menos uma vez; MOTIVO: Falta de capacidade financeira (demasiado caro) — *Privação total*	3
	C17 Durante últimos 12 meses necessitou consultar dentista e não consultou (para todas crianças do agregado)	
	Não, nunca aconteceu — *Ausência de privação*	91
	Sim, aconteceu pelo menos uma vez; MOTIVO: Está numa lista de espera; Falta de tempo — *Privação parcial*	0
	Sim, aconteceu pelo menos uma vez; MOTIVO: Falta de capacidade financeira (demasiado caro) — *Privação total*	9

Fonte: INE, Inquérito às Condições de Vida e Rendimentos (ICOR), Módulo adicional: "Privação material" (2009)

Anexos | 179

TABELA 5 – **Principais indicadores de pobreza monetária, desagregação por escalão etário**

	2004	2005	2006	2007	2008	2009
Incidência (risco de pobreza)						
Total de indivíduos	20,4	19,4	18,5	18,1	18,5	17,9
Criança (até 17 anos)	24,5	23,3	20,5	20,9	22,8	22,7
Criança até 5 anos	21,3	19,9	16,3	15,6	15,6	18,0
Criança entre 6 e 15 anos	25,0	24,1	20,6	22,4	24,3	22,6
Criança entre 16 e 17 anos (1)	30,4	27,8	28,1	24,7	30,2	32,2
Adulto em idade activa (entre 18 e 64 anos)	17,1	16,1	15,8	15,2	16,4	15,8
Idoso (65 ou mais anos)	28,4	27,1	26,0	25,6	21,9	20,3
Intensidade						
Total de indivíduos	6,2	5,7	5,3	5,0	5,0	5,0
Criança (até 17 anos)	7,9	7,2	6,2	6,0	6,9	7,0
Criança até 5 anos	6,5	5,4	5,3	4,7	3,7	5,6
Criança entre 6 e 15 anos	8,1	7,6	6,0	6,3	7,8	7,0
Criança entre 16 e 17 anos (1)	10,6	9,5	9,1	7,3	9,3	10,1
Adulto em idade activa (entre 18 e 64 anos)	5,6	5,1	4,9	4,5	4,6	4,7
Idoso (65 ou mais anos)	6,5	6,1	6,0	6,0	4,6	4,2
Severidade						
Total de indivíduos	3,0	2,6	2,5	2,1	2,1	2,2
Criança (até 17 anos)	4,0	3,3	3,0	2,6	3,1	3,3
Criança até 5 anos	3,2	2,3	2,7	2,1	1,6	2,8
Criança entre 6 e 15 anos	4,2	3,5	2,8	2,7	3,7	3,2
Criança entre 16 e 17 anos (1)	5,3	4,9	4,7	3,0	3,9	4,3
Adulto em idade activa (entre 18 e 64 anos)	2,9	2,5	2,4	1,9	2,0	2,1
Idoso (65 ou mais anos)	2,4	2,3	2,3	2,3	1,5	1,5
Risco de pobreza antes de transferências sociais						
Total de indivíduos	41,3	40,8	40,2	40,0	41,5	41,5
Criança (até 17 anos)	35,5	33,8	30,1	30,2	33,1	33,5
Criança até 5 anos	29,7	27,8	25,0	23,2	24,3	28,0
Criança entre 6 e 15 anos	36,7	35,9	31,0	32,6	34,5	33,1
Criança entre 16 e 17 anos (1)	44,2	38,1	36,2	33,6	44,7	45,6
Adulto em idade activa (entre 18 e 64 anos)	32,0	31,4	31,0	30,5	31,8	31,3
Idoso (65 ou mais anos)	80,7	81,1	82,6	83,3	83,2	83,9
Risco de pobreza antes de transferências sociais (à excepção das pensões)						
Total de indivíduos	26,5	25,7	25,1	24,2	24,9	24,3
Criança (até 17 anos)	31,7	30,6	27,4	27,3	30,1	30,7
Criança até 5 anos	27,0	25,5	22,6	20,2	22,0	25,3
Criança entre 6 e 15 anos	33,0	32,2	28,1	29,7	31,1	30,4
Criança entre 16 e 17 anos (1)	37,3	35,0	34,0	30,1	42,3	42,5
Adulto em idade activa (entre 18 e 64 anos)	23,3	22,7	22,8	21,9	23,5	22,8
Idoso (65 ou mais anos)	32,7	31,5	31,1	29,3	24,9	23,7
Risco de pobreza antes de prestações sociais destinadas à família/criança						
Total de indivíduos	21,8	21,1	19,7	19,3	20,1	19,2
Criança (até 17 anos)	27,5	27,1	23,3	23,4	25,9	25,6
Criança até 5 anos	24,5	22,8	18,8	17,4	19,1	20,3
Criança entre 6 e 15 anos	27,9	28,4	24,0	25,3	27,2	25,3
Criança entre 16 e 17 anos (1)	33,0	31,6	29,2	26,6	34,5	37,0
Adulto em idade activa (entre 18 e 64 anos)	18,3	17,6	16,9	16,3	17,9	17,2
Idoso (65 ou mais anos)	28,7	27,5	26,2	25,8	22,4	20,4

Fonte: INE, Inquérito às Condições de Vida e Rendimentos (ICOR), 2004 a 2009

180 | Números com Esperança

TABELA 6 – Evolução do índice agregado de privação, desagregação por escalão etário

	2004		2005		2006		2007		2008		2009	
	IAP	desv.pad	IAP	desv.pad	IAP	desv.pad	IAP	desv.pad	IAP	desv.pad	IAP	desv.pad
Total de indivíduos	0,100	(0,1085)	0,093	(0,1022)	0,093	(0,1016)	0,094	(0,1040)	0,085	(0,1001)	0,080	(0,0956)
Criança (até 17 anos)	**0,109**	**(0,1167)**	**0,098**	**(0,1051)**	**0,096**	**(0,1055)**	**0,105**	**(0,1166)**	**0,098**	**(0,1070)**	**0,088**	**(0,1004)**
Criança até 5 anos	0,114	(0,1212)	0,100	(0,1101)	0,094	(0,1046)	0,107	(0,1183)	0,096	(0,1057)	0,088	(0,1028)
Criança entre 6 e 15 anos	0,106	(0,1135)	0,098	(0,1037)	0,099	(0,1083)	0,107	(0,1180)	0,097	(0,1067)	0,089	(0,1005)
Criança entre 16 e 17 anos	0,106	(0,1200)	0,090	(0,0985)	0,086	(0,0930)	0,091	(0,1037)	0,101	(0,1116)	0,088	(0,0949)
Adulto em idade activa (entre 18 e 64 anos)	0,093	(0,1029)	0,087	(0,0969)	0,088	(0,0973)	0,091	(0,1011)	0,081	(0,0980)	0,075	(0,0929)
Idoso (65 ou mais anos)	0,116	(0,1171)	0,108	(0,1149)	0,107	(0,1106)	0,097	(0,1003)	0,089	(0,0992)	0,087	(0,0991)

Fonte: INE, Inquérito às Condições de Vida e Rendimentos (ICOR), 2004 a 2009

TABELA 7 – Evolução do risco de privação, desagregação por escalão etário

	2004	2005	2006	2007	2008	2009
Total de indivíduos	23,3	23,0	23,1	22,7	23,8	22,9
Criança (até 17 anos)	25,2	24,4	22,5	27,2	29,0	27,4
Criança até 5 anos	26,6	25,0	20,8	27,3	28,9	27,3
Criança entre 6 e 15 anos	24,8	24,3	23,9	27,8	28,9	27,6
Criança entre 16 e 17 anos	23,8	22,9	19,7	24,2	29,7	26,8
Adulto em idade activa (entre 18 e 64 anos)	20,9	21,2	21,5	21,1	21,9	20,9
Idoso (65 ou mais anos)	30,3	28,4	28,9	24,1	25,6	25,5

Fonte: INE, Inquérito às Condições de Vida e Rendimentos (ICOR), 2004 a 2009

TABELA 8 – **Evolução do índice de privação por indicador de bem-estar, desagregação por escalão etário**

Indicadores de bem-estar	2004 Ponderador	2004 Total	2004 Criança	2004 Adulto	2004 Idoso	2005 Ponderador	2005 Total	2005 Criança	2005 Adulto	2005 Idoso	2006 Ponderador	2006 Total	2006 Criança	2006 Adulto	2006 Idoso	2007 Ponderador	2007 Total	2007 Criança	2007 Adulto	2007 Idoso	2008 Ponderador	2008 Total	2008 Criança	2008 Adulto	2008 Idoso	2009 Ponderador	2009 Total	2009 Criança	2009 Adulto	2009 Idoso
Alojamento sobrelotado	0,072	0,010	0,017	0,009	0,003	0,067	0,009	0,017	0,009	0,001	0,070	0,009	0,016	0,009	0,003	0,072	0,009	0,016	0,009	0,002	0,068	0,009	0,016	0,008	0,002	0,068	0,008	0,016	0,007	0,002
Telhado que deixa passar água, paredes/fundações/chão húmido, caixilhos de janelas ou chão apodrecido	0,057	0,012	0,011	0,011	0,016	0,056	0,011	0,010	0,010	0,008	0,057	0,011	0,009	0,010	0,014	0,056	0,011	0,010	0,011	0,013	0,055	0,010	0,010	0,010	0,013	0,051	0,010	0,009	0,009	0,013
Luz insuficiente no alojamento	0,060	0,011	0,011	0,010	0,014	0,060	0,010	0,010	0,010	0,006	0,057	0,011	0,011	0,010	0,013	0,061	0,010	0,011	0,010	0,011	0,071	0,008	0,007	0,008	0,010	0,077	0,007	0,006	0,006	0,009
Instalações de banho ou duche no interior	0,111	0,005	0,003	0,004	0,011	0,111	0,004	0,002	0,003	0,000	0,111	0,004	0,003	0,003	0,010	0,115	0,004	0,003	0,003	0,008	0,113	0,004	0,002	0,003	0,008	0,114	0,003	0,002	0,002	0,006
Capacidade financeira para ter a casa adequadamente aquecida	0,036	0,013	0,013	0,012	0,017	0,031	0,012	0,012	0,012	0,076	0,031	0,013	0,013	0,012	0,015	0,030	0,013	0,012	0,012	0,015	0,034	0,012	0,012	0,011	0,014	0,039	0,011	0,010	0,011	0,013
Atraso no pagamento de rendas, mensalidades de crédito à habitação, despesas correntes com o alojamento, outros empréstimos ou prestações de bens e serviços adquiridos	0,089	0,007	0,011	0,007	0,004	0,090	0,006	0,009	0,006	0,000	0,093	0,006	0,008	0,006	0,004	0,092	0,006	0,009	0,006	0,003	0,090	0,006	0,010	0,006	0,001	0,077	0,007	0,011	0,007	0,003
Capacidade do agregado para ter uma refeição de carne ou de peixe (ou equivalente vegetariano), pelo menos de dois em dois dias	0,111	0,005	0,004	0,004	0,007	0,110	0,004	0,004	0,004	0,000	0,112	0,004	0,004	0,004	0,007	0,110	0,005	0,005	0,005	0,004	0,105	0,004	0,005	0,004	0,006	0,100	0,004	0,005	0,004	0,005
Disponibilidade de telefone fixo ou móvel	0,115	0,005	0,005	0,004	0,008	0,121	0,003	0,003	0,003	0,000	0,107	0,005	0,005	0,004	0,008	0,104	0,005	0,006	0,004	0,006	0,102	0,005	0,005	0,004	0,005	0,137	0,002	0,001	0,001	0,005
Disponibilidade de TV a cores	0,162	0,002	0,001	0,001	0,004	0,177	0,001	0,000	0,000	0,000	0,175	0,001	0,000	0,001	0,003	0,178	0,001	0,001	0,001	0,002	0,176	0,001	0,001	0,001	0,002	0,167	0,001	0,000	0,001	0,002
Disponibilidade de veículo ligeiro de passageiros ou misto	0,076	0,009	0,010	0,008	0,011	0,073	0,008	0,010	0,008	0,002	0,076	0,008	0,009	0,007	0,010	0,075	0,009	0,010	0,008	0,010	0,078	0,007	0,008	0,007	0,009	0,072	0,007	0,008	0,006	0,009
Poluição, sujidade, outros problemas ambientais causados pelo trânsito ou indústria ou Vizinhança barulhenta ou ruídos exteriores (comércio, trânsito, indústrias)	0,039	0,013	0,013	0,013	0,013	0,036	0,012	0,012	0,013	0,036	0,037	0,013	0,012	0,013	0,012	0,035	0,013	0,013	0,013	0,012	0,038	0,012	0,012	0,012	0,012	0,036	0,011	0,011	0,012	0,011
Crime, violência ou vandalismo na área de residência	0,071	0,010	0,009	0,010	0,008	0,067	0,009	0,009	0,010	0,002	0,073	0,009	0,008	0,009	0,007	0,072	0,009	0,009	0,009	0,009	0,070	0,008	0,009	0,008	0,007	0,062	0,009	0,009	0,009	0,007
Índice agregado de privação (IAP)		0,100	0,109	0,093	0,116		0,093	0,098	0,087	0,108		0,093	0,096	0,088	0,107		0,094	0,105	0,091	0,097		0,085	0,098	0,081	0,089		0,080	0,088	0,075	0,087
desvio padrão		(0,11)	(0,12)	(0,10)	(0,12)		(0,10)	(0,11)	(0,10)	(0,11)		(0,10)	(0,11)	(0,10)	(0,11)		(0,10)	(0,12)	(0,10)	(0,10)		(0,10)	(0,11)	(0,10)	(0,10)		(0,10)	(0,10)	(0,09)	(0,10)

Fonte: INE, Inquérito às Condições de Vida e Rendimentos (ICOR), 2004 a 2009

182 | Números com Esperança

TABELA 9 – Índice de privação e risco de privação, desagregação por escalão etário, relativamente às dimensões de bem-estar "Participação social" e "Acessibilidade a serviços básicos"

	Participação social (2006)			Acessibilidade a serviços básicos (2007)		
	Índice de privação (IP)	desv.pad IP	Risco de privação (%)	Índice de privação (IP)	desv.pad IP	Risco de privação (%)
Total de indivíduos	0,205	(0,2098)	15,3	0,091	(0,1704)	29,8
Criança (até 17 anos)	0,215	(0,2499)	17,4	0,103	(0,1859)	31,7
Criança até 5 anos	0,162	(0,1752)	10,7	0,082	(0,1534)	29,2
Criança entre 6 e 15 anos	0,179	(0,2011)	13,3	0,111	(0,1961)	33,0
Criança entre 16 e 17 anos	0,495	(0,3727)	50,2	0,106	(0,1935)	30,3
Adulto em idade activa (entre 18 e 64 anos)	0,194	(0,2047)	12,3	0,087	(0,1686)	28,4
Idoso (65 ou mais anos)	0,234	(0,1784)	23,7	0,095	(0,1600)	33,0

Fonte: INE, Inquérito às Condições de Vida e Rendimentos (ICOR), Módulos adicionais: "Participação cultural e social" (2006) e "Habitação e habitabilidade" (2007)

TABELA 10 – Índice de privação e risco de privação específico das crianças, desagregação por escalão etário

	Índice de privação infantil (IP)	desv.pad IP	Risco de privação infantil* (%)
Criança (1 a 15 anos)	0,105	(0,1577)	21,5
Criança entre 1 e 5 anos	0,089	(0,1429)	16,8
Criança entre 6 e 15 anos	0,111	(0,1620)	23,1

Fonte: INE, Inquérito às Condições de Vida e Rendimentos (ICOR), Módulo adicional: "Privação material" (2009)

Anexos | 183

TABELA 11 – **Despesa média dos agregados familiares pelas classes da COICOP, diferenciação de situações de pobreza monetária e presença de crianças no agregado familiar (euros)**

Classes da COICOP	Ausência de risco de pobreza monetária					Em risco de pobreza monetária				
	Sem crianças	Com crianças				Sem crianças	Com crianças			
		Total	1 criança	2 crianças	3 ou mais crianças		Total	1 criança	2 crianças	3 ou mais crianças
Despesa total	**15915**	**22209**	**21668**	**23108**	**22497**	**7884**	**13157**	**12786**	**13153**	**13885**
01. Produtos alimentares e bebidas não alcoólicas	2506	3264	3085	3436	3875	1594	2977	2693	2950	3571
02. Bebidas alcoólicas, tabaco e narcóticos/estupefacientes	379	552	536	500	891	184	497	398	486	705
03. Vestuário e calçado	564	1056	1005	1170	962	189	508	476	466	634
04. Habitação, despesas com água, electricidade, gás e outros combustíveis	4705	5719	5618	5944	5535	2963	3878	3895	3993	3664
05. Móveis, artigos de decoração, equipamento doméstico e despesas correntes de manutenção da habitação	741	1169	1067	1321	1290	281	504	474	454	641
06. Saúde	1125	1043	1071	993	1041	849	615	623	632	575
07. Transportes	2017	3122	3236	3001	2784	440	1213	1250	1288	1024
08. Comunicações	521	683	688	688	625	243	410	411	408	415
09. Lazer, distracção e cultura	796	1354	1270	1515	1308	175	597	613	526	674
10. Ensino	130	350	318	384	441	21	66	98	36	49
11. Hotéis, restaurantes, cafés e similares	1551	2402	2381	2493	2189	638	1237	1221	1239	1264
12. Outros bens e serviços	880	1494	1392	1662	1556	306	656	634	675	669

Fonte: INE, Inquérito às Despesas das Famílias (IDEF), 2005/06

TABELA 12 – **Distribuição da despesa pelas classes de despesa da COICOP, diferenciação de situações de pobreza monetária e presença de crianças no agregado familiar (%)**

Classes da COICOP	Ausência de risco de pobreza monetária					Em risco de pobreza monetária				
	Sem crianças	Com crianças				Sem crianças	Com crianças			
		Total	1 criança	2 crianças	3 ou mais crianças		Total	1 criança	2 crianças	3 ou mais crianças
Despesa total	100	100	100	100	100	100	100	100	100	100
01. Produtos alimentares e bebidas não alcoólicas	16	15	14	15	17	20	23	21	22	26
02. Bebidas alcoólicas, tabaco e narcóticos/estupefacientes	2	2	2	2	4	2	4	3	4	5
03. Vestuário e calçado	4	5	5	5	4	2	4	4	4	5
04. Habitação, despesas com água, electricidade, gás e outros combustíveis	30	26	26	26	25	38	29	30	30	26
05. Móveis, artigos de decoração, equipamento doméstico e despesas correntes de manutenção da habitação	5	5	5	6	6	4	4	4	3	5
06. Saúde	7	5	5	4	5	11	5	5	5	4
07. Transportes	13	14	15	13	12	6	9	10	10	7
08. Comunicações	3	3	3	3	3	3	3	3	3	3
09. Lazer, distracção e cultura	5	6	6	7	6	2	5	5	4	5
10. Ensino	1	2	1	2	2	0	1	1	0	0
11. Hóteis, restaurantes, cafés e similares	10	11	11	11	10	8	9	10	9	9
12. Outros bens e serviços	6	7	6	7	7	4	5	5	5	5

Fonte: INE, Inquérito às Despesas das Famílias (IDEF), 2005/06

TABELA 13 – Consistência entre as medidas de pobreza: pobreza monetária / / privação – por grupo etário

Incidência de pobreza (conjugação de situações de pobreza consoante a medida: pobreza monetária / privação)

	2004				2005				2006				2007				2008				2009			
	Situações de pobreza (1)	Apenas em privação	Apenas em pobreza monetária	Em privação e pobreza monetária	Situações de pobreza (1)	Apenas em privação	Apenas em pobreza monetária	Em privação e pobreza monetária	Situações de pobreza (1)	Apenas em privação	Apenas em pobreza monetária	Em privação e pobreza monetária	Situações de pobreza (1)	Apenas em privação	Apenas em pobreza monetária	Em privação e pobreza monetária	Situações de pobreza (1)	Apenas em privação	Apenas em pobreza monetária	Em privação e pobreza monetária	Situações de pobreza (1)	Apenas em privação	Apenas em pobreza monetária	Em privação e pobreza monetária
Total de indivíduos	35,3	14,8	11,9	8,5	34,5	15,1	11,4	8,0	33,7	15,2	10,6	7,8	32,6	14,5	9,9	8,2	34,7	16,2	10,9	7,6	33,4	15,5	10,5	7,4
Criança (até 17 anos)	37,8	13,3	12,6	11,9	37,1	13,8	12,7	10,6	33,8	13,4	11,3	9,2	36,6	15,7	9,4	11,5	41,0	18,2	12,0	10,8	39,0	16,2	11,6	11,2
Criança até 5 anos	*35,2*	*13,9*	*8,5*	*12,7*	*33,3*	*13,4*	*6,3*	*11,6*	*28,4*	*12,0*	*7,6*	*8,8*	*33,6*	*16,0*	*6,3*	*9,3*	*37,4*	*21,8*	*8,5*	*7,1*	*36,6*	*18,6*	*9,3*	*8,7*
Criança entre 6 e 15 anos	*38,8*	*13,8*	*14,0*	*11,0*	*38,2*	*14,0*	*13,8*	*10,3*	*34,7*	*14,0*	*10,8*	*9,9*	*37,7*	*15,3*	*10,0*	*12,5*	*41,6*	*17,3*	*12,8*	*11,6*	*39,0*	*16,2*	*11,4*	*11,4*
Criança entre 16 e 17 anos	*39,8*	*9,5*	*16,0*	*14,3*	*41,3*	*13,5*	*18,4*	*9,4*	*41,2*	*13,1*	*21,5*	*6,6*	*37,6*	*12,8*	*13,3*	*11,4*	*45,3*	*15,0*	*15,6*	*14,7*	*43,8*	*11,4*	*17,0*	*15,4*
Adulto em idade activa (entre 18 e 64 anos)	31,5	14,4	10,6	6,5	31,2	15,0	10,0	6,2	30,9	15,1	9,3	6,4	29,7	14,5	8,6	6,6	32,0	15,6	10,1	6,3	30,5	14,7	9,7	6,2
Idoso (65 ou mais anos)	46,4	17,9	16,1	12,4	43,8	16,6	15,3	11,8	43,5	17,5	14,5	11,4	39,0	13,4	15,0	10,6	38,5	16,5	12,8	9,1	37,9	17,6	12,4	7,9

Posição relativa das situações de pobreza

	2004				2005				2006				2007				2008				2009			
	Situações de pobreza (1)	Apenas em privação	Apenas em pobreza monetária	Em privação e pobreza monetária	Situações de pobreza (1)	Apenas em privação	Apenas em pobreza monetária	Em privação e pobreza monetária	Situações de pobreza (1)	Apenas em privação	Apenas em pobreza monetária	Em privação e pobreza monetária	Situações de pobreza (1)	Apenas em privação	Apenas em pobreza monetária	Em privação e pobreza monetária	Situações de pobreza (1)	Apenas em privação	Apenas em pobreza monetária	Em privação e pobreza monetária	Situações de pobreza (1)	Apenas em privação	Apenas em pobreza monetária	Em privação e pobreza monetária
Total de indivíduos	100	42	34	24	100	44	33	23	100	45	32	23	100	44	30	25	100	47	31	22	100	46	31	22
Criança (até 17 anos)	100	35	33	31	100	37	34	29	100	39	33	27	100	43	26	31	100	44	29	26	100	42	30	29
Criança até 5 anos	*100*	*40*	*24*	*36*	*100*	*40*	*25*	*35*	*100*	*42*	*27*	*31*	*100*	*53*	*19*	*28*	*100*	*58*	*23*	*19*	*100*	*51*	*25*	*24*
Criança entre 6 e 15 anos	*100*	*36*	*36*	*28*	*100*	*37*	*36*	*27*	*100*	*40*	*31*	*29*	*100*	*41*	*26*	*33*	*100*	*42*	*31*	*28*	*100*	*42*	*29*	*29*
Criança entre 16 e 17 anos	*100*	*24*	*40*	*36*	*100*	*33*	*45*	*23*	*100*	*32*	*52*	*16*	*100*	*34*	*35*	*30*	*100*	*33*	*34*	*32*	*100*	*26*	*39*	*35*
Adulto em idade activa (entre 18 e 64 anos)	100	46	34	21	100	48	32	20	100	49	30	21	100	49	29	22	100	49	32	20	100	48	32	20
Idoso (65 ou mais anos)	100	39	35	27	100	38	35	27	100	40	33	26	100	34	38	27	100	43	33	24	100	46	33	21

Fonte: INE, Inquérito às Condições de Vida e Rendimentos (ICOR), 2004 a 2009
(1) Corresponde às situações em que se está em pobreza por pelo menos uma das medidas: pobreza monetária e/ou privação

TABELA 14 – Risco de pobreza monetária segundo algumas características sociodemográficas

	Total						Criança (até 17 anos)						Adulto em idade activa (entre 18 e 64 anos)						Idoso (65 ou mais anos)					
	2004	2005	2006	2007	2008	2009	2004	2005	2006	2007	2008	2009	2004	2005	2006	2007	2008	2009	2004	2005	2006	2007	2008	2009
Grau de urbanização																								
Áreas densamente povoadas	15,3	14,9	13,1	13,6	13,4	11,9	20,6	20,6	15,3	16,1	17,6	16,4	13,5	12,6	12,3	12,0	11,8	10,5	17,4	17,5	14,1	17,2	14,5	12,1
Área intermédia	21,9	21,6	20,4	19,8	22,2	22,2	28,1	24,0	23,9	24,2	26,3	29,2	18,2	18,6	17,4	16,8	20,6	20,2	29,7	30,7	28,6	26,8	23,9	22,1
Área pouco povoada	27,6	24,5	23,9	24,0	23,4	23,4	28,1	27,6	25,1	26,7	29,1	27,0	22,5	19,5	19,2	19,1	19,5	20,2	40,7	35,4	35,4	35,0	30,4	29,5
Sexo																								
Masculino	19,2	18,7	17,7	17,2	17,9	17,3	22,9	22,7	20,7	21,6	25,6	23,6	16,0	15,6	15,0	14,4	15,6	15,3	28,1	26,6	25,4	23,2	18,8	18,1
Feminino	21,6	20,1	19,1	19,0	19,1	18,4	26,2	24,0	20,2	20,2	19,7	21,8	18,1	16,7	16,5	15,9	17,2	16,4	28,7	27,5	26,4	27,2	24,2	21,9
Número de crianças no agregado familiar																								
0	19,4	17,7	18,3	17,7	16,2	15,4	:	:	:	:	:	:	14,9	13,1	14,5	14,0	13,4	13,0	29,2	27,9	26,5	25,8	22,4	20,6
1	15,0	16,4	14,5	13,1	18,2	16,1	14,9	16,5	14,5	13,0	16,3	16,0	14,8	16,5	14,3	12,9	16,4	16,3	20,0	14,4	18,5	16,9	13,0	11,6
2	25,5	23,3	21,2	20,5	22,1	22,6	26,2	23,6	21,5	20,3	21,8	22,5	25,4	22,6	20,9	20,0	22,6	23,0	13,4	31,2	19,0	38,1	15,8*	16,5*
3	33,8	38,3	33,5	39,3	29,5	40,2	34,2	37,6	33,8	40,2	29,5	40,2	33,5	39,6	33,0	38,6	29,4	40,4	#	#	#	#	#	#
4 ou mais (1)	79,1	65,4	54,8	91,3	73,9	55,2	79,8	69,1	58,2	92,4	82,4*	66,3	77,9	60,6	48,3	89,0*			#	#	#	#	#	#
Composição do agregado familiar																								
Um adulto	35,2	37,1	34,9	33,0	31,0	28,0	:	:	:	:	:	:	25,1	27,9	24,9	26,8	24,6	19,0	40,9	41,8	40,2	36,7	34,4	33,0
Dois adultos sem crianças ambos < 65 anos	16,6	15,4	18,2	16,5	16,7	16,1	:	:	:	:	:	:	16,6	15,4	18,2	16,5	16,7	16,1	:	:	:	:	:	:
Dois adultos sem crianças pelo menos um adulto com 65 ou mais anos	29,6	28,0	26,0	26,9	21,8	19,0	:	:	:	:	:	:	23,5	21,7	22,3	31,7	25,4	20,2	30,8	29,2	26,7	25,9	21,0	18,8
Outros agregados sem crianças	13,1	10,4	11,4	10,6	10,3	10,6	:	:	:	:	:	:	12,8	10,4	11,5	10,2	10,1	10,5	14,6	10,4	11,1	13,1	11,6	11,5
Um adulto com uma ou mais crianças (família monoparental) (1)	42,7	31,0	47,1	38,0	40,5	39,6	46,4	31,8	49,4	41,2	41,9	42,7	37,1	29,9	43,1	33,3	38,4	35,7	#	#	#	#	#	#
Dois adultos com uma criança	12,1	14,4	11,9	11,4	14,7	13,7	12,1	14,4	11,4	11,4	14,7	13,7	11,3	14,1	11,4	10,8	14,6	13,6	#	#	#	#	#	#
Dois adultos com duas crianças	25,4	22,2	17,6	17,3	18,9	19,6	25,4	22,2	17,6	17,3	16,9	19,6	25,3	22,1	17,7	17,1	16,9	19,4	#	#	#	#	#	#
Dois adultos com três ou mais crianças	44,2	42,8	36,7	49,0	31,7	38,4	45,5	44,1	37,7	50,9	33,4	39,9	41,6	40,4	34,9	45,6	28,9	35,9	#	#	#	#	#	#
Outros agregados com uma ou mais crianças	20,8	21,8	19,1	24,2	22,3		23,2	24,5	21,3	21,4	26,4	24,4	20,5	21,3	19,3	18,2	24,0	22,3	13,9	16,4	15,1	18,6	14,7	10,6
Tipo de alojamento do agregado familiar																								
Moradia independente	23,8	22,7	22,3	21,1	22,6	21,0	27,2	26,2	24,7	23,0	29,4	26,3	20,1	19,3	19,3	18,2	20,2	18,5	33,9	31,5	29,9	29,6	24,9	24,6
Moradia geminada ou em banda	24,8	22,6	20,8	20,5	20,7	21,7	34,2	28,3	24,0	27,0	25,5	26,4	19,6	18,0	16,7	15,8	17,5	19,5	32,0	31,4	29,8	29,0	26,3	24,7
Apartamento num edifício com menos de 10 apartamentos	14,9	14,1	12,4	14,0	14,5	12,9	21,2	18,7	15,3	17,7	20,2	19,5	12,8	11,5	10,4	12,3	12,4	11,7	15,6	18,6	17,8	16,2	15,8	9,5
Apartamento num edifício com 10 ou mais apartamentos	11,9	13,0	11,6	12,3	10,3	8,8	13,1	18,8	14,3	14,9	11,0	13,8	11,0	11,2	11,0	11,0	10,1	7,5	15,1	12,6	10,1	17,3	10,1	6,9
Nível máximo de escolaridade no agregado familiar																								
Inferior ao 1º ciclo do ensino básico	53,2	53,5	49,4	48,0	43,6	41,3	#	#	#	#	36,6	37,2	53,6	51,7	53,7	55,4	47,5	53,0	52,5	53,3	48,6	46,1	42,6	39,1
1º e 2º ciclo do ensino básico	27,1	27,2	27,2	30,1	28,2	27,5	33,4	33,2	32,2	37,9	24,1	25,1	25,2	25,4	26,1	29,1	28,9	28,3	26,3	26,8	25,7	26,6	22,1	21,5
3º ciclo do ensino básico	21,2	19,0	14,6	15,5	19,4	18,5	26,3	25,8	18,9	21,4	24,1	25,1	19,7	18,3	14,3	14,4	19,0	17,7	15,4	9,0	7,3	6,9	11,9	6,7
Ensino secundário	13,1	12,6	10,8	12,5	13,7		17,8	16,7	16,7	7,8	16,5	16,7	12,6	12,0	13,9	11,3	12,1	13,3	7,9	9,1	10,7	12,2	7,1	9,9
Ensino pós-secundário (sem atingir nível superior) (1)	0,0*	0,0*	16,4	13,9	6,3	0,0	#	#	#	#	#	#	#	#	#	14,0	10,5*	0,0*	#	#	#	#	#	#
Ensino Superior	5,5	4,0	3,2	2,7	3,6	4,6	5,2	4,6	2,1	1,2	3,5	5,6	5,8	4,4	3,5	3,0	4,0	4,6	3,4	0,4	2,9	2,6	1,1	2,6

Fonte: INE, Inquérito às Condições de Vida e Rendimentos (ICOR), 2004 a 2009
Número de observações amostrais inferior a 30 (resultado não divulgado)
* Número de observações amostrais entre 30 e 49 (resultado com reservas de análise)
: Cruzamento impossível
(1) Refere-se a um subgrupo com algumas reservas de análise dado o baixo número amostral associado

Anexos | 187

TABELA 15 – **Risco de pobreza monetária segundo algumas características económicas**

	Total						Criança (até 17 anos)						Adulto em idade activa (entre 18 e 64 anos)						Idoso (65 ou mais anos)					
	2004	2005	2006	2007	2008	2009	2004	2005	2006	2007	2008	2009	2004	2005	2006	2007	2008	2009	2004	2005	2006	2007	2008	2009
Existência de pelo menos um indivíduo a trabalhar no agregado familiar																								
Sim	17,1	15,6	15,1	14,0	15,3	14,4	23,1	21,7	18,6	18,3	19,3	18,9	15,2	14,0	13,8	12,7	14,2	13,4	17,7	14,4	18,3	15,2	15,4	10,8
Não	36,1	37,1	33,5	35,4	32,9	30,4	53,5	57,0	65,9	64,2	73,3	66,3	36,7	40,2	36,7	40,5	41,7	36,9	34,5	34,4	30,1	30,7	25,4	23,6
Profissão do indivíduo com maior rendimento no agregado familiar																								
Trabalhadores com qualificação superior	11,2	9,2	8,0	5,1	7,0	6,9	12,0	9,7	6,4	5,2	7,0	10,8	10,4	8,6	8,1	4,0	6,9	6,4	14,3	11,4	9,6	10,7	7,7	4,1
Trabalhadores com qualificação intermédia	10,0	10,7	10,2	8,6	11,5	9,9	14,0	14,8	14,9	10,1	13,1	14,0	9,0	9,8	9,6	7,9	11,6	9,1	9,7	10,3	7,3	10,4	9,2	8,4
Agricultores e trabalhadores qualificados da agricultura e pescas	51,7	49,9	43,9	46,0	40,3	44,1	64,1	63,4	41,5	41,7	45,9	51,8	47,4	44,1	36,8	43,7	34,8	43,0	53,2	52,9	50,9	49,1	44,5	43,8
Trabalhadores com reduzidas qualificações	20,9	20,1	18,4	19,9	19,4	18,9	27,2	25,4	22,1	25,4	24,2	23,7	18,0	17,5	16,4	16,4	17,4	18,4	25,2	24,4	22,7	23,8	17,4	15,2
Trabalhadores não qualificados e indivíduos sem trabalho	38,3	35,3	34,2	37,3	34,9	36,4	46,2	50,2	47,2	46,1	53,9	52,4	34,5	31,0	31,8	35,4	31,1	33,7	41,0	35,4	32,8	36,4	30,5	31,8
Capacidade do agregado para fazer face às despesas e encargos usuais																								
Com grande dificuldade	41,1	40,5	40,9	42,6	33,9	33,9	48,4	47,6	46,6	49,0	41,3	40,4	36,2	35,8	37,4	37,8	30,9	30,8	47,6	46,3	45,2	50,4	36,3	36,8
Com dificuldade	25,6	23,2	22,1	24,0	21,9	21,7	30,1	25,3	22,2	28,0	23,0	26,2	20,8	20,0	18,8	20,9	19,4	19,3	35,9	32,7	33,2	30,1	29,5	25,5
Com alguma dificuldade	18,0	15,9	14,8	13,0	13,2	10,7	19,7	18,7	17,0	14,6	16,6	12,4	15,5	13,3	12,6	10,9	11,8	9,5	26,7	23,1	21,4	19,3	15,3	13,4
Com alguma facilidade	8,6	7,7	8,0	4,8	3,7	6,8	9,8	9,7	7,6	3,8	1,4	7,8	7,5	5,9	7,2	3,8	3,1	5,9	11,7	12,7	11,6	10,4	7,5	9,0
Com facilidade	4,3	6,5	4,9	5,3	2,7	5,9	4,5	7,6	6,6	4,2	5,5*	8,5	3,8	6,2	3,9	4,0	2,0	5,9	6,1	6,7	6,7	10,1	3,4	4,1
Com muita facilidade	22,6	6,1	0,9	8,5	8,0	14,8*	#	#	#	#	#	#	18,9	4,9	0,0*	3,0*	*	*	*	*	*	*	*	*
Grau de esforço económico do agregado																								
]0,75; 1]	4,7	3,6	3,5	5,3	6,4	4,2	#	#	#	#	#	#	4,6	3,3	3,1	5,2	6,3	4,1	7,1	6,8	14,9	7,5	7,1	6,6
]0,5; 0,75]	5,5	3,4	3,0	4,2	4,4	5,1	4,8	2,8	2,4	3,6	5,1	5,5	5,7	3,5	3,2	4,4	4,3	5,2	5,0	3,8	1,1	4,8	3,3	0,9
]0,25; 0,5]	16,7	16,0	15,4	12,9	18,6	16,7	18,0	17,0	14,8	11,0	19,0	17,2	17,1	17,0	16,5	13,7	19,6	18,0	11,3	8,0	10,5	11,9	11,3	7,2
]0; 0,25]	46,5	47,5	42,0	45,0	40,9	43,0	52,7	55,7	47,8	53,5	47,5	48,9	45,2	45,5	41,7	42,6	40,5	41,7	25,2	20,7	14,2	19,7	13,7	21,3
0	41,0	42,0	40,5	39,8	34,1	33,3	65,6	73,5	80,6	82,5	73,5	78,1	44,4	48,2	49,1	50,1	45,5	45,2	37,8	37,8	34,1	32,6	27,5	25,8

Fonte: INE, Inquérito às Condições de Vida e Rendimentos (ICOR), 2004 a 2009
\# Número de observações amostrais inferior a 30 (resultado não divulgado)
* Número de observações amostrais entre 30 e 49 (resultado com reservas de análise)
: Cruzamento impossível

188 | Números com Esperança

TABELA 16 – **Resultados da estimação do modelo logit para identificação do perfil da criança em risco de pobreza monetária em 2004**

```
Iteration 0:   log pseudolikelihood = -1050736.1
Iteration 1:   log pseudolikelihood = -884252.97
Iteration 2:   log pseudolikelihood = -866977.81
Iteration 3:   log pseudolikelihood = -866574.48
Iteration 4:   log pseudolikelihood = -866574.17
Iteration 5:   log pseudolikelihood = -866574.17
Logistic regression                          Number of obs   =        2572
                                             Wald chi2(16)   =      187.02
                                             Prob > chi2     =      0.0000
Log pseudolikelihood = -866574.17            Pseudo R2       =      0.1753

                   (Std. Err. adjusted for 1677 clusters in id_agregado)
-------------------------------------------------------------------------------
             |               Robust
       pobre |      Coef.   Std. Err.      z    P>|z|     [95% Conf. Interval]
-------------+-----------------------------------------------------------------
        sexm |  -.2218137   .1099635    -2.02   0.044    -.4373382   -.0062891
 _Icomp_fam_6 | -1.751832   .293949     -5.96   0.000    -2.327961   -1.175703
 _Icomp_fam_7 | -.7561251   .2886773    -2.62   0.009    -1.321922   -.1903279
 _Icomp_fam_8 |  .0292713   .3712738     0.08   0.937    -.698412    .7569545
 _Icomp_fam_9 | -1.184574   .289827     -4.09   0.000    -1.752624   -.616523
      apartam |  -.5281443   .1892158    -2.79   0.005    -.8990004   -.1572882
    _Ihs120_2 | -.8545952   .2222111    -3.85   0.000    -1.290121   -.4190694
    _Ihs120_3 | -1.305211   .1962382    -6.65   0.000    -1.689831   -.9205913
    _Ihs120_4 | -1.919688   .2870747    -6.69   0.000    -2.482344   -1.357031
    _Ihs120_5 | -2.317238   .6354935    -3.65   0.000    -3.562782   -1.071694
    _Ihs120_6 |  .138509    .6214057     0.22   0.824    -1.079424   1.356442
    _Idb100_2 |  .2673305   .1882345     1.42   0.156    -.1016024   .6362633
    _Idb100_3 |  .1843725   .197765      0.93   0.351    -.2032398   .5719847
  niv_esc_ma~2 |  .0463336   .2196       0.26   0.796    -.3042071   .3968742
  niv_esc_ma~3 | -.3339753   .2252159   -1.48   0.138    -.7753904   .1074398
  niv_esc_ma~4 | -1.58617    .4021224   -3.94   0.000    -2.374316   -.7980248
        _cons |  1.184487   .3251134     3.64   0.000     .5472766   1.821698
-------------------------------------------------------------------------------

Marginal effects after logit
      y  = Pr(pobre) (predict)
         =  .18531695
-------------------------------------------------------------------------------
    variable |      dy/dx    Std. Err.     z    P>|z|  [    95% C.I.    ]      X
-------------+-----------------------------------------------------------------
       sexm*|  -.033554     .01673     -2.01   0.045  -.066335 -.000773    .51271
    _Icomp~6*| -.2021541    .02739     -7.38   0.000  -.255843 -.148465    .246512
    _Icomp~7*| -.1058113    .0372      -2.84   0.004  -.178716 -.032907    .337303
    _Icomp~8*|  .0044521    .05693      0.08   0.938  -.107127 .116031     .096831
    _Icomp~9*| -.1510411    .03119     -4.84   0.000  -.212165 -.089917    .269695
     apartam*| -.0774063    .0267      -2.90   0.004  -.129741 -.025071    .407687
    _Ihs12~2*| -.1091642    .0238      -4.59   0.000  -.155802 -.062526    .194353
    _Ihs12~3*| -.1815469    .02629     -6.91   0.000  -.233066 -.130028    .39039
    _Ihs12~4*| -.1950361    .0217      -8.99   0.000  -.237567 -.152506    .168274
    _Ihs12~5*| -.181792     .02196     -8.28   0.000  -.224838 -.138746    .058993
    _Ihs12~6*|  .0218116    .10181      0.21   0.830  -.177728 .221351     .008846
    _Idb10~2*|  .0416582    .03028      1.38   0.169  -.017682 .100999     .31067
    _Idb10~3*|  .0286863    .03162      0.91   0.364  -.033289 .090662     .238316
   niv_es~2*|  .0070415    .02737      0.26   0.797  -.046605 .060689     .273186
   niv_es~3*| -.0471577    .02969     -1.59   0.112  -.105357 .011042     .185963
   niv_es~4*|  -.172822    .02786     -6.20   0.000  -.227424 -.11822     .174031
-------------------------------------------------------------------------------
(*) dy/dx is for discrete change of dummy variable from 0 to 1
```

Grupo base: Sexo feminino, pertencente a uma família monoparental, a residir em moradia, muita dificuldade em fazer face às despesas e encargos usuais, a viver numa zona densamente povoada e cujo nível de escolaridade máximo no agregado familiar é inferior ou igual ao 2° ciclo do ensino básico.

```
Descrição das variáveis finais utilizadas no modelo:

Sexm - Sexo Masculino

_Tcomp_fam_6 - Composição familiar - Dois adultos com uma criança
_Tcomp_fam_7 - Composição familiar - Dois adultos com duas crianças
_Tcomp_fam_8 - Composição familiar - Dois adultos com três ou mais crianças
_Tcomp_fam_9 - Composição familiar - Outros agregados com uma ou mais crianças

Apartam - Tipo de alojamento onde o indivíduo reside - apartamento

_Ihs120_2 - Capacidade para fazer face às despesas e encargos usuais - Com dificuldade
_Ihs120_3 - Capacidade para fazer face às despesas e encargos usuais - Com alguma dificuldade
_Ihs120_4 - Capacidade para fazer face às despesas e encargos usuais - Com alguma facilidade
_Ihs120_5 - Capacidade para fazer face às despesas e encargos usuais - Com facilidade
_Ihs120_6 - Capacidade para fazer face às despesas e encargos usuais - Com muita facilidade

_Idb100_2 - Grau de urbanização - área intermédia
_Idb100_3 - Grau de urbanização - área pouco povoada

niv_esc_ma~2 - Nível de escolaridade máximo no agregado familiar - 3° ciclo do ensino básico
niv_esc_ma~3 - Nível de escolaridade máximo no agregado familiar - Ensino secundário
niv_esc_ma~4 - Nível de escolaridade máximo no agregado familiar - Ensino superior
```

Fonte: Cálculos com base no Inquérito às Condições de Vida e Rendimentos, 2004 (INE)

TABELA 17 – **Resultados da estimação do modelo logit para identificação do perfil da criança em risco de pobreza monetária em 2009**

```
Iteration 0:   log pseudolikelihood = -996763.07
Iteration 1:   log pseudolikelihood = -844419.89
Iteration 2:   log pseudolikelihood = -830204.12
Iteration 3:   log pseudolikelihood = -829919.83
Iteration 4:   log pseudolikelihood = -829918.95
Iteration 5:   log pseudolikelihood = -829918.95

Logistic regression                        Number of obs   =      2002
                                           Wald chi2(15)   =    127.35
                                           Prob > chi2     =    0.0000
Log pseudolikelihood = -829918.95          Pseudo R2       =    0.1674

                  (Std. Err. adjusted for 1351 clusters in id_agregado)
-----------------------------------------------------------------------
             |             Robust
       pobre |    Coef.   Std. Err.     z    P>|z|   [95% Conf. Interval]
-------------+---------------------------------------------------------
        sexm |  .0103729   .139822    0.07   0.941   -.2636732    .2844189
 _Icomp_fam_6| -.9183737   .3613013  -2.54   0.011   -1.626511   -.2102361
 _Icomp_fam_7| -.6143437   .3666524  -1.68   0.094   -1.332969    .1042819
 _Icomp_fam_8|  .3108446   .4757627   0.65   0.514   -.6216331    1.243322
 _Icomp_fam_9| -.5089007   .357878   -1.42   0.155   -1.210329    .1925272
      apartam| -.2296517   .2258412  -1.02   0.309   -.6722924    .2129889
    _Ihs120_2| -.6387294   .2408282  -2.65   0.008   -1.110744   -.1667147
    _Ihs120_3| -1.451461   .2469227  -5.88   0.000   -1.93542    -.9675011
    _Ihs120_4| -1.762028   .3960923  -4.45   0.000   -2.538355   -.9857012
    _Ihs120_5| -1.274204   .881273   -1.45   0.148   -3.001467    .4530595
    _Ihs120_6| (omitted)
    _Idb100_2|  .7598082   .2356409   3.22   0.001    .2979606    1.221656
    _Idb100_3|  .6104778   .2542338   2.40   0.016    .1121888    1.108767
 niv_esc_ma~2| -.5200429   .2349558  -2.21   0.027   -.9805478   -.0595381
 niv_esc_ma~3| -.7794412   .2615772  -2.98   0.003   -1.292123   -.2667593
 niv_esc_ma~4| -1.612548   .4060652  -3.97   0.000   -2.408422   -.8166751
        _cons|  .2312816   .3697854   0.63   0.532   -.4934844    .9560476
-----------------------------------------------------------------------
```

190 | Números com Esperança

```
note: _Ihs120_6 != 0 predicts failure perfectly
       _Ihs120_6 dropped and 1 obs not used

Marginal effects after logit
      y  = Pr(pobre) (predict)
         = .1724323
```

variable	dy/dx	Std. Err.	z	P>|z|	[95% C.I.]		X
sexm*	.0014801	.01993	0.07	0.941	-.03759	.04055	.512105
_Icomp~6*	-.1125682	.03904	-2.88	0.004	-.189085	-.036051	.244475
_Icomp~7*	-.0828281	.04679	-1.77	0.077	-.174526	.00887	.354338
_Icomp~8*	.0482143	.07978	0.60	0.546	-.108159	.204588	.079619
_Icomp~9*	-.0666574	.04342	-1.54	0.125	-.151754	.018439	.243244
apartam*	-.0323649	.03157	-1.03	0.305	-.094246	.029516	.415186
_Ihs12~2*	-.0809798	.02749	-2.95	0.003	-.134859	-.027101	.218337
_Ihs12~3*	-.1793342	.02762	-6.49	0.000	-.233468	-.1252	.333756
_Ihs12~4*	-.1641946	.02474	-6.64	0.000	-.212678	-.115711	.128328
_Ihs12~5*	-.12102	.05085	-2.38	0.017	-.220678	-.021362	.031254
_Idb10~2*	.1181533	.03829	3.09	0.002	.043099	.193208	.325203
_Idb10~3*	.0976292	.04356	2.24	0.025	.012246	.183012	.204474
niv_es~2*	-.0696326	.02921	-2.38	0.017	-.126874	-.012391	.310654
niv_es~3*	-.096744	.02818	-3.43	0.001	-.151988	-.04154	.226804
niv_es~4*	-.1679029	.02851	-5.89	0.000	-.223789	-.112016	.193631

```
(*) dy/dx is for discrete change of dummy variable from 0 to 1
```

Grupo base: Sexo feminino, pertencente a uma família monoparental, a residir em moradia, muita dificuldade em fazer face às despesas e encargos usuais, a viver numa zona densamente povoada e cujo nível de escolaridade máximo no agregado familiar é inferior ou igual ao 2º ciclo do ensino básico.

Descrição das variáveis finais utilizadas no modelo:

Sexm - Sexo Masculino

_Tcomp_fam_6 - Composição familiar - Dois adultos com uma criança
_Tcomp_fam_7 - Composição familiar - Dois adultos com duas crianças
_Tcomp_fam_8 - Composição familiar - Dois adultos com três ou mais crianças
_Tcomp_fam_9 - Composição familiar - Outros agregados com uma ou mais crianças

Apartam - Tipo de alojamento onde o indivíduo reside - apartamento

_Ihs120_2 - Capacidade para fazer face às despesas e encargos usuais - Com dificuldade
_Ihs120_3 - Capacidade para fazer face às despesas e encargos usuais - Com alguma dificuldade
_Ihs120_4 - Capacidade para fazer face às despesas e encargos usuais - Com alguma facilidade
_Ihs120_5 - Capacidade para fazer face às despesas e encargos usuais - Com facilidade
_Ihs120_6 - Capacidade para fazer face às despesas e encargos usuais - Com muita facilidade

_Idb100_2 - Grau de urbanização - área intermédia
_Idb100_3 - Grau de urbanização - área pouco povoada

niv_esc_ma~2 - Nível de escolaridade máximo no agregado familiar - 3º ciclo do ensino básico
niv_esc_ma~3 - Nível de escolaridade máximo no agregado familiar - Ensino secundário
niv_esc_ma~4 - Nível de escolaridade máximo no agregado familiar - Ensino superior

Fonte: Cálculos com base no Inquérito às Condições de Vida e Rendimentos, 2009 (INE)

Anexos | 191

TABELA 18 – Risco de privação segundo algumas características sociodemográficas

	Total						Criança (até 17 anos)						Adulto em idade activa (entre 18 e 64 anos)						Idoso (65 ou mais anos)					
	2004	2005	2006	2007	2008	2009	2004	2005	2006	2007	2008	2009	2004	2005	2006	2007	2008	2009	2004	2005	2006	2007	2008	2009
Grau de urbanização																								
Área densamente povoada	26,6	27,1	26,1	27,3	28,4	28,5	28,2	30,9	26,1	33,8	35,5	33,5	24,8	25,9	25,3	25,9	27,1	27,3	32,4	27,5	29,0	25,4	25,9	27,9
Área intermédia	20,6	20,1	21,6	20,3	22,7	21,1	24,2	19,5	20,7	23,5	25,6	25,4	17,8	17,8	19,9	18,4	20,1	18,6	27,7	29,4	29,0	24,5	29,9	25,8
Área pouco povoada	21,0	19,8	20,4	17,6	16,6	14,8	21,0	18,4	18,7	18,3	19,1	16,8	17,5	16,7	17,6	15,7	14,2	11,7	30,0	28,7	28,8	22,0	21,2	21,9
Sexo																								
Masculino	22,6	22,8	22,9	22,2	23,0	22,5	24,3	24,0	22,0	26,4	27,0	27,4	20,6	21,5	21,9	21,1	22,0	21,3	28,1	27,2	28,1	21,7	22,7	21,9
Feminino	24,1	23,2	23,2	23,2	24,5	23,2	26,2	24,8	23,1	28,1	31,0	27,5	21,0	20,9	21,2	21,1	21,8	20,4	31,9	29,3	29,6	25,8	27,8	28,1
Número de crianças no agregado familiar																								
0	22,3	22,4	24,1	20,1	20,7	20,7	:	:	:	:	:	:	18,9	19,8	21,8	18,4	18,5	18,4	29,9	28,0	29,0	23,8	25,4	25,3
1	20,7	21,0	19,7	20,4	22,9	19,2	19,9	20,5	18,9	19,3	22,3	19,1	20,3	20,8	19,7	20,7	23,3	19,2	33,7	28,3	26,6	24,5	19,4	22,2
2	25,9	23,6	20,7	29,7	29,8	28,1	24,9	22,8	20,3	29,2	29,5	27,2	26,4	23,4	20,7	30,0	29,1	28,6	34,3	47,8	29,1	32,7	56,9*	39,5*
3	32,4	33,8	32,5	32,6	35,9	45,7	31,2	34,3	32,6	32,4	35,6	45,7	33,4	37,1	32,3	32,3	37,5	45,0	#	#	#	#	#	#
4 ou mais (1)	65,5	66,0	84,4	97,9	97,8	91,1	66,6	68,6	67,8	98,2	98,0*	89,7	65,3	62,9	78,5	97,2*	#	#	#	#	#	#	#	#
Composição do agregado familiar																								
Um adulto	35,6	35,6	36,7	29,6	31,8	28,6	:	:	:	:	:	:	25,9	27,9	32,6	25,2	31,5	24,3	41,1	39,4	38,9	32,2	31,9	31,0
Dois adultos sem crianças ambos < 65 anos	18,0	20,8	21,6	19,2	19,8	17,4	:	:	:	:	:	:	18,0	20,8	21,6	19,2	19,8	17,4	:	:	:	:	:	:
Dois adultos sem crianças pelo menos um adulto com 65 ou mais anos	27,9	25,6	28,6	24,4	25,5	25,9	:	:	:	:	:	:	26,0	28,1	36,2	34,8	32,0	35,4	28,3	25,1	27,1	22,1	24,1	23,9
Outros agregados sem crianças	18,7	18,8	20,3	16,3	16,4	17,5	:	:	:	:	:	:	18,0	18,1	19,7	16,0	15,8	16,7	22,9	22,8	23,4	18,8	21,3	22,6
Um adulto com uma ou mais crianças (família monoparental) (1)	31,3	34,9	33,0	44,8	45,5	37,9	34,3	34,7	33,7	46,7	47,4	39,9	26,5	35,2	31,3	41,9	42,5	34,4	#	#	#	#	#	#
Dois adultos com uma criança	17,8	16,2	15,3	13,9	18,5	15,8	17,8	16,2	15,3	13,9	18,5	15,8	16,9	16,9	14,8	13,6	18,5	15,8	#	#	#	#	26,0*	#
Dois adultos com duas crianças	21,4	19,9	18,6	27,3	26,0	24,9	21,4	19,9	18,6	27,3	26,0	24,9	21,3	19,8	18,6	27,1	25,6	25,0	#	#	#	#	#	#
Dois adultos com três ou mais crianças	35,0	38,7	41,2	39,5	40,4	46,7	36,4	39,8	42,8	41,8	41,9	47,8	32,3	36,5	38,2	35,4	38,0	45,0	#	#	#	#	#	#
Outros agregados com uma ou mais crianças	29,3	28,8	26,0	30,8	31,3	29,2	31,1	26,5	26,5	32,0	32,9	31,9	28,5	27,8	26,0	30,8	30,8	28,0	29,4	32,8	24,9	26,5	29,0	30,8
Tipo de alojamento do agregado familiar																								
Moradia independente	17,6	17,6	19,4	18,2	18,3	16,4	17,4	16,2	18,3	20,3	21,3	18,9	14,5	15,3	17,5	16,3	16,1	14,0	28,5	26,7	26,8	23,1	23,2	22,2
Moradia geminada ou em banda	30,1	29,7	30,1	26,6	25,8	25,2	38,1	34,6	30,4	33,0	28,0	26,3	26,9	26,7	29,0	26,1	24,2	22,7	33,2	34,6	32,9	23,5	28,6	31,2
Apartamento num edifício com menos de 10 apartamentos	25,7	23,9	21,9	24,6	28,7	29,2	28,6	24,2	20,8	28,0	34,7	36,8	23,9	23,8	21,1	23,9	26,7	27,0	29,9	24,1	27,8	22,5	29,4	28,2
Apartamento num edifício com 10 ou mais apartamentos	24,7	25,7	22,0	25,0	27,6	27,3	24,7	29,2	22,4	31,2	35,2	31,5	24,1	24,8	20,8	22,0	26,7	27,6	27,6	24,3	26,6	29,4	20,9	18,2
Nível máximo de escolaridade no agregado familiar																								
Inferior ao 1º ciclo de ensino básico	47,0	47,0	48,6	36,5	43,7	43,6	56,0	58,9	57,6	43,1	58,2	58,3	44,4	43,8	45,9	34,6	41,0	41,1	44,4	43,8	45,9	34,6	41,0	41,1
1º e 2º ciclo de ensino básico	29,8	28,2	32,0	31,0	29,9	32,3	28,1	28,5	32,8	31,3	30,9	34,0	29,2	26,7	28,6	25,1	24,0	25,1	29,2	26,7	28,6	25,1	24,0	25,1
3º ciclo de ensino básico	25,8	26,4	22,3	27,4	28,8	27,5	27,2	22,1	22,9	26,5	27,6	25,8	26,4	23,9	18,7	20,4	25,5	24,5	26,4	23,9	18,7	20,4	25,5	24,5
Ensino secundário	15,0	18,6	18,2	16,0	17,6	14,7	15,5	22,1	17,4	17,2	16,5	14,5	16,6	20,7	19,0	13,2	19,7	10,6	16,6	20,7	19,0	13,2	19,7	10,6
Ensino pós-secundário (sem atingir nível superior) (1)	#	0,0*	0,9	0,7	1,2	29,9	#	#	#	#	2,2*	31,6*	#	#	#	#	#	#	#	#	#	#	#	#
Ensino Superior	10,7	8,2	6,7	9,1	11,5	9,8	10,3	7,1	4,7	7,6	15,5	9,7	11,4	10,8	6,8	9,1	7,9	11,8	11,4	10,8	6,8	9,1	7,9	11,8

Fonte: INE, Inquérito às Condições de Vida e Rendimentos (ICOR), 2004 a 2009
Número de observações amostrais inferior a 30 (resultado não divulgado)
* Número de observações amostrais entre 30 e 49 (resultado com reservas de análise)
: Cruzamento impossível
(1) Refere-se a um subgrupo com algumas reservas de análise dado o baixo número amostral associado

192 | Números com Esperança

TABELA 19 – **Risco de privação segundo algumas características sociodemográficas, relativamente ao domínio de bem-estar "Participação social"**

	Total	Criança (até 17 anos)	Adulto em idade activa (entre 18 e 64 anos)	Idoso (65 ou mais anos)
Grau de urbanização				
Área densamente povoada	15,4	16,6	11,8	28,5
Área intermédia	14,9	17,6	12,6	21,2
Área pouco povoada	15,7	18,6	12,9	21,0
Sexo				
Masculino	14,7	17,7	12,1	21,8
Feminino	15,9	17,2	12,6	25,1
Número de crianças no agregado familiar				
0	13,7	:	8,9	24,1
1	16,7	16,6	16,5	22,1
2	15,2	15,3	15,3	7,0
3	24,0	24,6	23,0	#
4 ou mais (1)	46,0	44,0	50,1	#
Composição do agregado familiar				
Um adulto	25,8	:	15,2	31,5
Dois adultos sem crianças ambos < 65 anos	12,1	:	12,1	:
Dois adultos sem crianças pelo menos um adulto com 65 ou mais anos	23,1	:	17,6	24,2
Outros agregados sem crianças	7,7	:	6,4	15,9
Um adulto com uma ou mais crianças (família monoparental) (1)	20,8	21,1	20,6	#
Dois adultos com uma criança	15,7	15,7	15,4	#
Dois adultos com duas crianças	15,8	15,8	15,9	#
Dois adultos com três ou mais crianças	27,5	27,8	27,0	#
Outros agregados com uma ou mais crianças	17,3	17,2	17,3	17,2
Tipo de alojamento do agregado familiar				
Moradia independente	15,3	18,9	12,4	22,2
Moradia geminada ou em banda	16,0	19,8	12,5	22,7
Apartamento num edifício com menos de 10 apartamentos	14,3	13,7	12,1	26,3
Apartamento num edifício com 10 ou mais apartamentos	15,0	15,8	11,9	28,3
Nível máximo de escolaridade no agregado familiar				
Inferior ao 1º ciclo do ensino básico	38,8	#	30,2	40,4
1º e 2º ciclo do ensino básico	20,9	24,6	20,1	20,1
3º ciclo do ensino básico	12,9	15,0	11,6	17,5
Ensino secundário	10,3	14,8	8,7	16,4
Ensino pós-secundário (sem atingir nível superior) (1)	17,4	#	17,3	#
Ensino Superior	7,0	9,4	5,9	11,5

Fonte: INE, Inquérito às Condições de Vida e Rendimentos (ICOR), Módulo adicional "Participação cultural e social" (2006)

\# Número de observações amostrais inferior a 30 (resultado não divulgado)
* Número de observações amostrais entre 30 e 49 (resultado com reservas de análise)
: Cruzamento impossível
(1) Refere-se a um subgrupo com algumas reservas de análise dado o baixo número amostral associado

Anexos | 193

TABELA 20 – **Risco de privação segundo algumas características sociodemográficas, relativamente ao domínio de bem-estar "Acessibilidade a serviços básicos"**

	Total	Criança (até 17 anos)	Adulto em idade activa (entre 18 e 64 anos)	Idoso (65 ou mais anos)
Grau de urbanização				
Área densamente povoada	26,5	27,6	25,8	28,0
Área intermédia	32,0	36,2	29,3	38,0
Área pouco povoada	33,3	33,9	32,4	34,9
Sexo				
Masculino	28,9	29,4	28,5	29,8
Feminino	30,7	34,1	28,4	35,3
Número de crianças no agregado familiar				
0	27,4	:	25,2	32,1
1	32,1	30,0	32,4	43,2
2	32,9	32,5	32,8	44,2
3	31,3	29,3	33,5	#
4 ou mais (1)	46,7	48,6	42,0*	#
Composição do agregado familiar				
Um adulto	32,7	:	27,0	36,0
Dois adultos sem crianças ambos < 65 anos	21,6	:	21,6	:
Dois adultos sem crianças pelo menos um adulto com 65 ou mais anos	32,1	:	33,3	31,9
Outros agregados sem crianças	26,0	:	25,7	28,1
Um adulto com uma ou mais crianças (família monoparental) (1)	24,3	23,8	24,9	#
Dois adultos com uma criança	24,0	24,0	23,9	29,6*
Dois adultos com duas crianças	31,1	31,1	30,9	#
Dois adultos com três ou mais crianças	32,2	33,5	29,7	#
Outros agregados com uma ou mais crianças	42,2	42,0	41,9	46,1
Tipo de alojamento do agregado familiar				
Moradia independente	33,9	37,6	31,8	37,9
Moradia geminada ou em banda	31,7	34,3	30,9	32,2
Apartamento num edifício com menos de 10 apartamentos	24,6	24,4	23,6	29,5
Apartamento num edifício com 10 ou mais apartamentos	22,9	25,9	22,0	22,8
Nível máximo de escolaridade no agregado familiar				
Inferior ao 1º ciclo do ensino básico	41,9	#	43,6	41,7
1º e 2º ciclo do ensino básico	34,9	40,7	34,5	31,7
3º ciclo do ensino básico	29,6	29,5	29,6	30,2
Ensino secundário	28,3	28,6	27,8	33,0
Ensino pós-secundário (sem atingir nível superior)	22,3	#	24,0	#
Ensino Superior	20,9	21,8	20,6	21,9

Fonte: INE, Inquérito às Condições de Vida e Rendimentos (ICOR), Módulo adicional "Habitação e habitabilidade" (2007)
\# Número de observações amostrais inferior a 30 (resultado não divulgado)
* Número de observações amostrais entre 30 e 49 (resultado com reservas de análise)
: Cruzamento impossível
(1) Refere-se a um subgrupo com algumas reservas de análise dado o baixo número amostral associado

194 | Números com Esperança

TABELA 21 – **Risco de privação específico das crianças segundo algumas características sociodemográficas**

	Criança (até 16 anos)
Grau de urbanização	
Área densamente povoada	23,6
Área intermédia	24,0
Área pouco povoada	12,7
Sexo	
Masculino	21,9
Feminino	21,2
Número de crianças no agregado familiar	
1	17,4
2	17,8
3	43,3
4 ou mais (1)	#
Composição do agregado familiar	
Um adulto com uma ou mais crianças (família monoparental) (1)	42,6
Dois adultos com uma criança	11,8
Dois adultos com duas crianças	12,9
Dois adultos com três ou mais crianças	44,4
Outros agregados com uma ou mais crianças	30,4
Tipo de alojamento do agregado familiar	
Moradia independente	19,9
Moradia geminada ou em banda	20,6
Apartamento num edifício com menos de 10 apartamentos	25,1
Apartamento num edifício com 10 ou mais apartamentos	18,7
Nível máximo de escolaridade no agregado familiar	
Inferior ao 1º ciclo do ensino básico	#
1º e 2º ciclo do ensino básico	31,8
3º ciclo do ensino básico	29,4
Ensino secundário	12,1
Ensino pós-secundário (sem atingir nível superior) (1)	#
Ensino Superior	3,1

Fonte: INE, Inquérito às Condições de Vida e Rendimentos (ICOR), Módulo adicional: "Privação material" (2009)
\# Número de observações amostrais inferior a 30 (resultado não divulgado)
* Número de observações amostrais entre 30 e 49 (resultado com reservas de análise)
: Cruzamento impossível
(1) Refere-se a um subgrupo com algumas reservas de análise dado o baixo número amostral associado

TABELA 22 – Risco de privação segundo algumas características económicas

	Total						Criança (até 17 anos)						Adulto em idade activa (entre 18 e 64 anos)						Idoso (65 ou mais anos)					
	2004	2005	2006	2007	2008	2009	2004	2005	2006	2007	2008	2009	2004	2005	2006	2007	2008	2009	2004	2005	2006	2007	2008	2009
Existência de pelo menos um indivíduo a trabalhar no agregado familiar																								
Sim	20,7	20,6	20,9	21,2	21,8	20,5	23,8	23,2	21,2	25,8	26,1	24,4	19,6	19,6	20,3	19,9	20,5	19,0	22,1	23,2	25,9	21,2	22,5	25,0
Não	35,6	34,4	32,7	29,4	32,8	31,4	56,5	48,3	53,5	51,5	70,1	61,2	34,1	38,6	34,6	33,7	37,4	37,1	34,9	31,4	30,6	25,5	27,4	25,6
Profissão do indivíduo com maior rendimento no agregado familiar																								
Trabalhadores com qualificação superior	10,5	9,8	7,8	7,8	7,2	7,2	10,4	10,0	4,1	8,4	6,6	7,4	10,1	9,1	6,5	7,0	7,0	6,2	12,6	13,2	9,6	11,4	9,1	12,3
Trabalhadores com qualificação intermédia	16,7	19,2	17,5	18,3	20,7	17,7	16,9	24,1	20,5	20,8	22,5	21,6	15,9	18,5	16,4	17,8	20,2	16,9	20,3	16,5	18,9	18,0	21,3	17,3
Agricultores e trabalhadores qualificados de agricultura e pescas	29,9	33,9	35,7	33,0	29,3	31,2	34,9	40,5	41,3	38,6	29,5	37,7	24,9	30,0	30,2	30,8	26,4	29,1	34,2	36,3	39,5	33,9	32,1	31,8
Trabalhadores com reduzidas qualificações	26,4	25,0	25,2	24,8	25,9	25,8	28,8	24,6	24,7	29,5	32,8	30,7	24,1	23,6	24,5	23,7	23,8	24,2	33,2	31,6	29,3	23,2	25,4	26,0
Trabalhadores não qualificados e indivíduos sem trabalho	46,2	40,5	41,6	39,6	43,3	44,3	56,5	46,2	45,5	58,2	60,7	56,6	43,6	39,3	41,6	39,5	42,7	43,7	45,7	40,0	39,6	31,4	33,8	37,7
Capacidade do agregado para fazer face às despesas e encargos usuais																								
Com grande dificuldade	54,2	52,5	53,7	49,1	48,4	51,9	59,9	54,7	57,6	56,8	56,2	60,4	51,1	51,2	52,4	48,0	46,5	48,7	57,4	54,0	53,9	45,1	46,4	52,6
Com dificuldade	31,2	30,3	32,1	29,8	26,0	25,5	32,5	32,0	29,5	32,0	30,0	28,6	28,3	28,3	31,3	29,0	23,2	23,6	38,4	35,9	37,2	30,6	31,8	28,7
Com alguma dificuldade	17,4	16,7	15,7	18,3	14,4	11,0	16,9	16,3	14,5	24,7	17,3	8,8	18,1	15,5	14,6	16,8	12,9	9,9	23,8	22,0	21,5	17,6	17,0	17,2
Com alguma facilidade	8,3	7,2	7,7	6,1	5,6	6,7	7,6	6,6	8,0	5,8	4,7	5,5	7,4	6,6	6,5	5,5	4,8	6,6	12,8	10,1	12,4	9,1	9,4	8,1
Com facilidade	4,7	6,8	7,9	5,6	8,0	4,2	0,9	3,9	0,7	1,5	1,4*	8,1*	4,4	7,5	9,0	4,6	10,8	3,3	8,5	6,2	10,8	11,4	3,9	4,9
Com muita facilidade	20,7	4,0	1,8	9,3	5,8	11,3	#	#	#	#	#	#	17,4	4,3	0,0*	3,0*	#	#	#	#	#	24,4*	#	#
Grau de esforço económico do agregado																								
]0,75; 1]	17,9	16,3	19,1	16,2	17,8	16,7	#	#	#	#	#	#	17,5	15,7	18,6	15,8	17,2	16,5	22,6	25,2	28,0	20,5	27,7	22,2
]0,5; 0,75]	18,2	19,1	17,4	15,1	16,7	14,3	17,0	16,0	13,4	16,3	19,9	14,1	18,1	19,7	18,5	14,6	16,0	14,2	24,6	23,7	12,7	18,9	14,7	17,3
]0,25; 0,5]	20,2	21,4	20,6	22,3	24,6	23,9	21,8	22,7	19,5	23,7	26,9	25,9	19,5	21,2	20,7	22,1	23,9	22,8	20,9	19,8	22,4	20,6	23,7	25,3
]0; 0,25]	32,8	28,7	28,7	37,7	32,0	35,3	36,4	34,7	36,0	42,0	38,1	41,6	30,2	24,8	25,3	36,1	29,3	32,3	37,2	35,3	21,7	27,6	26,5	28,3
0	34,2	33,1	34,8	29,4	31,5	30,0	50,9	46,0	52,9	61,7	89,2	60,4	31,5	34,1	36,9	33,5	37,7	35,2	34,2	32,0	32,8	25,5	26,8	26,0

Fonte: INE, Inquérito às Condições de Vida e Rendimentos (ICOR), 2004 a 2009

\# Número de observações amostrais inferior a 30 (resultado não divulgado)

* Número de observações amostrais entre 30 e 49 (resultado com reservas de análise)

: Cruzamento impossível

(1) Refere-se a um subgrupo com algumas reservas de análise dado o baixo número amostral associado

TABELA 23 – **Risco de privação segundo algumas características económicas, relativamente ao domínio de bem-estar "Participação social"**

	Total	Criança (até 17 anos)	Adulto em idade activa (entre 18 e 64 anos)	Idoso (65 ou mais anos)
Existência de pelo menos um indivíduo a trabalhar no agregado familiar				
Sim	12,8	16,8	11,6	12,8
Não	26,9	32,3	20,4	29,5
Profissão do indivíduo com maior rendimento no agregado familiar				
Trabalhadores com qualificação superior	10,1	11,5	8,2	17,5
Trabalhadores com qualificação intermédia	12,8	15,8	10,5	20,0
Agricultores e trabalhadores qualificados da agricultura e pescas	19,4	20,9	15,0	23,0
Trabalhadores com reduzidas qualificações	15,7	19,3	13,4	22,1
Trabalhadores não qualificados e indivíduos sem trabalho	24,2	24,3	18,9	35,2
Capacidade do agregado para fazer face às despesas e encargos usuais				
Com grande dificuldade	26,8	28,8	23,2	34,7
Com dificuldade	17,5	20,2	13,8	27,5
Com alguma dificuldade	12,4	14,6	9,9	20,0
Com alguma facilidade	10,8	11,6	9,0	17,6
Com facilidade	10,4	11,8	8,7	15,1
Com muita facilidade	13,7	#	11,7*	#
Grau de esforço económico do agregado				
]0,75; 1]	8,8	#	8,4	15,2
]0,5; 0,75]	10,0	13,6	9,3	6,6
]0,25; 0,5]	13,4	15,8	12,6	12,9
]0; 0,25]	20,8	24,5	18,9	19,3
0	26,9	30,3	21,0	29,2

Fonte: INE, Inquérito às Condições de Vida e Rendimentos (ICOR), Módulo adicional "Participação cultural e social" (2006)

\# Número de observações amostrais inferior a 30 (resultado não divulgado)

* Número de observações amostrais entre 30 e 49 (resultado com reservas de análise)

TABELA 24 – **Risco de privação segundo algumas características económicas, relativamente ao domínio de bem-estar "Acessibilidade a serviços básicos"**

	Total	Criança (até 17 anos)	Adulto em idade activa (entre 18 e 64 anos)	Idoso (65 ou mais anos)
Existência de pelo menos um indivíduo a trabalhar no agregado familiar				
Sim	29,2	31,5	28,3	31,2
Não	32,8	34,3	30,2	33,8
Profissão do indivíduo com maior rendimento no agregado familiar				
Trabalhadores com qualificação superior	25,5	28,9	24,6	25,7
Trabalhadores com qualificação intermédia	22,8	22,4	22,3	25,1
Agricultores e trabalhadores qualificados da agricultura e pescas	42,0	49,2	40,8	41,5
Trabalhadores com reduzidas qualificações	33,7	37,5	32,2	35,1
Trabalhadores não qualificados e indivíduos sem trabalho	35,1	31,8	34,8	37,2
Capacidade do agregado para fazer face às despesas e encargos usuais				
Com grande dificuldade	44,4	45,8	42,9	47,4
Com dificuldade	33,9	33,0	33,2	37,1
Com alguma dificuldade	28,3	31,9	26,7	30,9
Com alguma facilidade	20,3	20,1	19,8	22,7
Com facilidade	15,3	19,7	14,9	13,2
Com muita facilidade	15,4	#	12,7*	23,0*
Grau de esforço económico do agregado				
]0,75; 1]	20,2	#	19,4	35,7
]0,5; 0,75]	28,3	27,1	28,8	24,0
]0,25; 0,5]	29,3	29,8	29,2	28,8
]0; 0,25]	40,8	43,6	38,1	49,0
0	32,6	28,5	29,8	34,0

Fonte: INE, Inquérito às Condições de Vida e Rendimentos (ICOR), Módulo adicional "Habitação e habitabilidade" (2007)

\# Número de observações amostrais inferior a 30 (resultado não divulgado)

* Número de observações amostrais entre 30 e 49 (resultado com reservas de análise)

198 | Números com Esperança

TABELA 25 – **Risco de privação específico das crianças segundo algumas características económicas**

	Criança (1-15 anos)
Existência de pelo menos um indivíduo a trabalhar no agregado familiar	
Sim	17,8
Não	64,1
Profissão do indivíduo com maior rendimento no agregado familiar	
Trabalhadores com qualificação superior	2,4
Trabalhadores com qualificação intermédia	13,8
Agricultores e trabalhadores qualificados da agricultura e pescas	35,1
Trabalhadores com reduzidas qualificações	27,9
Trabalhadores não qualificados e indivíduos sem trabalho	43,2
Capacidade do agregado para fazer face às despesas e encargos usuais	
Com grande dificuldade	52,1
Com dificuldade	21,3
Com alguma dificuldade	5,5
Com alguma facilidade	0,0
Com facilidade	0,0
Com muita facilidade	0,0 #
Grau de esforço económico do agregado	
]0.75; 1]	0,0 #
]0.5; 0.75]	8,3
]0.25; 0.5]	19,6
]0; 0.25]	31,5
0	74,6

Fonte: INE, Inquérito às Condições de Vida e Rendimentos (ICOR), Módulo adicional: "Privação material" (2009)
\# Número de observações amostrais inferior a 30 (resultado não divulgado)
* Número de observações amostrais entre 30 e 49 (resultado com reservas de análise)

TABELA 26 – **Consistência entre as medidas de pobreza: pobreza monetária / / privação – por estrutura familiar**

	2004								2009							
	Total indivíduos				**Crianças**				**Total indivíduos**				**Crianças**			
	Situações de pobreza (1)	Apenas privação	Apenas pobreza monetária	Em privação e pobreza monetária	Situações de pobreza (1)	Apenas privação	Apenas pobreza monetária	Em privação e pobreza monetária	Situações de pobreza (1)	Apenas privação	Apenas pobreza monetária	Em privação e pobreza monetária	Situações de pobreza (1)	Apenas privação	Apenas pobreza monetária	Em privação e pobreza monetária
Incidência de pobreza (conjugação de situações de pobreza consoante a medida: pobreza monetária / privação) — Número de crianças no agregado familiar																
sem crianças	34,4	15,0	12,1	7,3					30,8	15,3	10,1	5,3				
1 criança	30,2	15,2	9,5	5,6	29,1	14,2	9,2	5,7	28,3	12,0	9,0	7,2	28,0	11,8	8,9	7,2
2 crianças	40,2	14,7	14,4	11,2	39,6	13,4	14,6	11,5	40,8	18,1	12,6	10,0	40,2	17,7	12,9	9,6
3 crianças	45,2	11,4	12,8	21,0	44,5	10,3	13,2	20,9	64,0	24,0	18,3	21,7	62,7	22,6	17,0	23,1
4 ou mais crianças	89,9	10,8	24,4	54,7	91,0	11,2	24,2	55,6	100,0	44,8	8,9	46,3	100,0	33,7	10,3	56,0
Posição relativa das situações de pobreza																
sem crianças	100	44	35	21					100	50	33	17				
1 criança	100	50	31	18	100	49	32	20	100	43	32	25	100	42	32	26
2 crianças	100	37	36	28	100	34	37	29	100	44	31	25	100	44	32	24
3 crianças	100	25	28	46	100	23	30	47	100	37	29	34	100	36	27	37
4 ou mais crianças (2)	100	12	27	61	100	12	27	61	100	45	9	46	100	34	10	56
Incidência de pobreza (conjugação de situações de pobreza consoante a medida: pobreza monetária / privação) — Composição familiar																
Uma pessoa no agregado	53,3	18,1	17,7	17,5					43,9	15,9	15,3	12,7				
Dois adultos sem crianças ambos < 65 anos	29,8	13,2	11,8	4,8					28,1	11,9	10,8	5,5				
Dois adultos sem crianças pelo menos um adulto com 65 ou mais anos	46,0	16,5	18,1	11,5					37,9	18,8	12,0	7,1				
Outros agregados sem crianças	27,4	14,4	8,7	4,4					25,4	14,8	7,9	2,7				
Um adulto com uma ou mais crianças	49,9	7,2	18,6	24,1	52,9	6,5	18,7	27,7	55,4	15,8	17,6	22,0	58,6	15,9	18,6	24,0
Dois adultos com uma criança	24,1	12,0	6,3	5,8	24,1	12,0	6,3	5,8	23,8	10,0	7,9	5,9	23,8	10,0	7,9	5,9
Dois adultos com duas crianças	35,4	10,0	13,9	11,4	35,4	10,0	13,9	11,4	36,7	17,1	11,8	7,8	36,7	17,1	11,8	7,8
Dois adultos com três ou mais crianças	53,1	8,9	18,2	26,0	54,8	9,3	18,4	27,1	56,7	18,6	10,0	28,1	58,0	18,3	10,2	29,5
Outros agregados com crianças	42,1	21,4	12,9	7,9	44,6	21,4	13,5	9,6	41,2	18,7	12,0	10,5	45,0	20,5	13,1	11,5
Incidência de pobreza (conjugação de situações de pobreza consoante a medida: pobreza monetária / privação) — Composição familiar																
Uma pessoa no agregado	100	34	33	33					100	36	35	29				
Dois adultos sem crianças ambos < 65 anos	100	44	40	16					100	42	38	19				
Dois adultos sem crianças pelo menos um adulto com 65 ou mais anos	100	36	39	25					100	50	32	19				
Outros agregados sem crianças	100	52	32	16					100	58	32	11				
Um adulto com uma ou mais crianças (2)	100	14	37	48	100	12	35	52	100	29	32	40	100	27	32	41
Dois adultos com uma criança	100	50	26	24	100	50	26	24	100	42	33	25	100	42	33	25
Dois adultos com duas crianças	100	28	39	32	100	28	39	32	100	47	32	21	100	47	32	21
Dois adultos com três ou mais crianças	100	17	34	49	100	28	34	38	100	33	18	50	100	32	18	50
Outros agregados com crianças	100	51	31	19	100	48	30	22	100	45	29	26	100	45	29	26

Fonte: INE, Inquérito às Condições de Vida e Rendimentos (ICOR), 2004 e 2009
(1) Corresponde às situações em que se está em pobreza por pelo menos uma das medidas: pobreza monetária e/ou privação; (2) Refere-se a um subgrupo com algumas reservas de análise dado o baixo número amostral associado

TABELA 27 – **Consistência entre as medidas de pobreza: pobreza monetária / / privação – por tipo de capacidade económica do agregado familiar**

	2004 Total indivíduos				2004 Crianças				2009 Total indivíduos				2009 Crianças			
	Situações de pobreza (1)	Apenas privação	Apenas pobreza monetária	Em privação e pobreza monetária	Situações de pobreza (1)	Apenas privação	Apenas pobreza monetária	Em privação e pobreza monetária	Situações de pobreza (1)	Apenas privação	Apenas pobreza monetária	Em privação e pobreza monetária	Situações de pobreza (1)	Apenas privação	Apenas pobreza monetária	Em privação e pobreza monetária
Presença no mercado de trabalho — Incidência de pobreza (conjugação de situações de pobreza consoante a medida: pobreza monetária / privação)																
Pelo menos um indivíduo a trabalhar no agregado familiar	31,4	14,3	10,7	6,4	36,3	13,2	12,6	10,6	29,7	15,3	9,2	5,2	35,1	16,2	10,7	8,2
Nenhum indivíduo a trabalhar no agregado familiar	53,3	17,2	17,7	18,4	70,3	16,8	13,7	39,7	46,6	16,1	15,2	15,3	82,2	15,9	21,0	45,3
Posição relativa das situações de pobreza																
Pelo menos um indivíduo a trabalhar no agregado familiar	100	46	34	20	100	36	35	29	100	51	31	18	100	46	31	23
Nenhum indivíduo a trabalhar no agregado familiar	100	32	33	35	100	24	20	57	100	35	33	33	100	19	26	55
Grau de esforço económico do agregado — Incidência de pobreza (conjugação de situações de pobreza consoante a medida: pobreza monetária / privação)																
]0.75; 1]	21,2	16,6	3,3	1,4	#	#	#	#	19,8	15,6	3,1	1,1	#	#	#	#
]0.5; 0.75]	21,6	16,2	3,5	2,0	20,2	15,4	3,3	1,6	17,5	12,3	3,2	1,9	17,0	11,5	2,9	2,7
]0.25; 0.5]	31,1	14,4	10,9	5,8	31,7	13,7	9,9	8,1	34,5	17,8	10,7	6,1	36,4	19,2	10,5	6,7
]0; 0.25]	57,3	10,8	24,5	22,0	62,8	10,1	26,4	26,3	58,0	15,0	22,6	20,3	65,1	16,2	23,4	25,4
0	56,6	15,6	22,4	18,6	76,8	11,2	25,9	39,8	48,4	15,0	18,5	15,0	85,0	7,0	24,7	53,4
Posição relativa das situações de pobreza																
]0.75; 1]	100	78	16	7	#	#	#	#	100	79	16	6	#	#	#	#
]0.5; 0.75]	100	75	16	9	100	76	16	8	100	71	18	11	100	67	17	16
]0.25; 0.5]	100	46	35	19	100	43	31	25	100	52	31	18	100	53	29	18
]0; 0.25]	100	19	43	38	100	16	42	42	100	26	39	36	100	25	36	39
0	100	28	40	33	100	15	34	52	100	31	38	31	100	8	29	63

Fonte: INE, Inquérito às Condições de Vida e Rendimentos (ICOR), 2004 e 2009
\# Número de observações amostrais inferior a 30 (resultado não divulgado)
(1) Corresponde às situações em que se está em pobreza por pelo menos uma das medidas: pobreza monetária e/ou privação

Anexos | 201

TABELA 28 – Fluxos de entrada e saída de situações de pobreza entre t-1 e t, segundo o escalão etário

Características do indivíduo no momento t	Taxa de saída		Taxa de entrada		Taxa de persistência	
	t=2006	t=2007	t=2006	t=2007	t=2006	t=2007
Total de indivíduos	3,7	5,6	4,5	3,8	15,7	14,6
Criança (até 17 anos)	4,3	6,8	4,8	5,9	19,6	17,0
Criança até 5 anos	5,8	4,6	4,4	5,0	15,8	11,4
Criança entre 6 e 15 anos	4,0	6,7	5,2	5,8	20,1	18,0
Criança entre 16 e 17 anos	3,8	9,2	3,2	7,5	21,9	17,1
Adulto em idade activa (entre 18 e 64 anos)	3,5	4,5	3,7	3,8	13,3	12,4
Idoso (65 ou mais anos)	3,7	7,7	6,7	2,5	20,0	19,4

Fonte: INE, Inquérito às Condições de Vida e Rendimentos (ICOR), painel equilibrado 2005-2007

TABELA 29 – Fluxos de entrada e saída de situações de pobreza entre t-1 e t, segundo algumas características sociodemográficas

Características do indivíduo no momento t	Total						Criança (até 17 anos)						Adulto em idade activa (entre 18 e 64 anos)						Idoso (65 ou mais anos)					
	Tx Saída t=2006	Tx Saída t=2007	Tx Entrada t=2006	Tx Entrada t=2007	Tx Persistência t=2006	Tx Persistência t=2007	Tx Saída t=2006	Tx Saída t=2007	Tx Entrada t=2006	Tx Entrada t=2007	Tx Persistência t=2006	Tx Persistência t=2007	Tx Saída t=2006	Tx Saída t=2007	Tx Entrada t=2006	Tx Entrada t=2007	Tx Persistência t=2006	Tx Persistência t=2007	Tx Saída t=2006	Tx Saída t=2007	Tx Entrada t=2006	Tx Entrada t=2007	Tx Persistência t=2006	Tx Persistência t=2007
Grau de urbanização																								
Área densamente povoada	2,7	3,7	4,0	3,8	12,2	12,5	3,7	6,1	3,0	5,8	17,6	14,4	2,7	2,6	3,1	3,7	11,4	11,5	1,6	5,4	8,3	2,3	9,8	14,2
Área intermédia	4,0	6,6	4,5	3,9	16,7	14,6	3,4	8,3	5,8	5,0	20,5	17,0	3,5	5,9	3,9	4,1	14,7	12,8	6,7	7,5	5,3	2,2	19,9	18,3
Área pouco povoada	4,9	7,3	5,4	3,8	20,2	18,2	7,1	5,9	6,9	8,0	22,7	23,0	4,9	6,0	4,7	3,4	14,6	13,5	3,8	10,6	6,0	3,0	31,3	26,2
Sexo																								
Masculino	3,9	5,0	3,8	4,1	14,8	13,5	4,7	6,5	4,2	8,5	16,8	15,7	3,7	4,2	3,3	3,5	12,8	12,1	3,6	6,7	5,2	2,3	18,2	16,8
Feminino	3,5	6,1	5,2	3,6	16,5	15,6	3,8	7,1	5,3	3,6	20,5	18,2	3,3	4,8	4,2	4,0	13,7	12,7	3,9	8,4	7,6	2,7	21,1	21,1
Número de crianças no agregado familiar																								
0	3,3	5,3	4,4	3,0	14,7	14,0	:	:	:	:	:	:	3,0	4,0	3,3	3,2	11,5	10,8	3,8	7,7	6,3	2,6	20,6	19,7
1	2,9	4,6	3,9	3,3	10,8	11,7	2,6	5,2	4,1	3,7	10,7	10,8	3,1	4,3	3,2	3,3	11,2	12,0	1,7	5,0	11,8	1,9	5,5	10,9
2	5,4	6,6	7,2	6,2	21,9	16,7	5,0	6,4	6,6	6,8	22,3	18,8	5,6	6,0	7,5	6,1	21,2	18,1	#	#	#	#	#	#
3 ou mais	8,2	12,6	0,0	10,3	39,6	28,5	7,7	13,3	0,0	10,5	42,7	31,1	6,8	12,0	6,8	10,4	34,4	24,5	#	#	#	#	#	#
Composição do agregado familiar																								
Um adulto	6,1	9,0	6,1	3,5	29,8	30,4	:	:	:	:	:	:	9,4	3,1	5,5	3,5	21,2	23,6	4,8	11,4	6,4	0,8	33,5	33,2
Dois adultos sem crianças ambos < 65 anos	3,1	1,6	2,2	2,9	17,1	13,8	:	:	:	:	:	:	3,1	1,6	2,2	2,9	17,1	13,8	:	:	:	:	:	:
Dois adultos sem crianças pelo menos um adulto com 65 ou mais anos	4,7	7,9	5,5	3,6	22,0	19,4	:	:	:	:	:	:	5,7	5,1	5,9	4,6	22,1	26,7	4,5	5,4	5,4	3,5	22,0	16,0
Outros agregados sem crianças	2,2	4,3	4,1	3,1	7,9	7,9	:	:	:	:	:	:	2,3	4,7	3,3	3,2	8,2	7,5	1,4	2,2	8,2	2,5	6,0	10,2
Um adulto com uma ou mais crianças (família monoparental)	0,0*	14,9*	0,6*	13,4*	38,5*	22,2*	#	#	#	#	#	#	#	#	#	#	#	#	#	#	#	#	#	#
Dois adultos com uma criança	1,5	7,1	3,3	2,8	11,6	9,0	1,5	7,7	3,5	2,8	12,0	10,0	1,2	6,8	2,6	3,0	11,4	7,7	#	#	#	#	#	#
Dois adultos com duas crianças	4,5	3,1	4,8	8,1	20,6	16,7	4,6	3,3	5,6	8,0	26,8	17,5	4,3	2,9	4,1	8,1	20,4	15,9	#	#	#	#	#	#
Dois adultos com três ou mais crianças	8,1	12,6	0,0	11,5	40,7	29,3	7,1	13,3	0,0	11,5	43,4	31,1	9,9	11,9	0,0	11,8	35,6	25,7	#	#	#	#	#	#
Outros agregados com uma ou mais crianças	5,3	5,1	6,3	2,9	14,5	16,1	5,6	6,0	6,9	3,2	15,8	15,6	5,6	4,4	5,8	3,0	14,3	16,8	2,3	8,2	8,5	1,7	12,0	12,3
Tipo de alojamento do agregado familiar																								
Moradia independente	4,0	7,6	5,5	3,8	17,8	15,6	4,4	9,7	6,8	5,0	20,4	15,5	3,8	6,3	4,6	4,2	15,2	13,6	4,2	10,2	7,3	2,3	24,4	21,7
Moradia geminada ou em banda	4,6	4,3	3,8	3,6	18,2	17,8	4,0	2,8	3,7	6,5	27,2	27,2	4,5	3,7	4,0	3,1	13,2	13,9	5,0	6,3	3,4	3,3	24,6	21,7
Apartamento num edifício com menos de 10 apartamentos	2,8	3,3	3,2	5,1	11,4	10,6	4,7	5,0	1,6	9,2	15,1	11,0	2,3	1,8	1,9	4,2	11,2	9,6	2,4	7,2	10,2	4,0	7,6	14,1
Apartamento num edifício com 10 ou mais apartamentos	2,6	3,2	3,5	2,4	10,7	11,7	4,0	4,9	3,0	3,2	17,4	17,3	2,6	2,5	2,9	2,9	9,6	9,6	1,3	3,7	8,2	0,0	8,3	13,5
Nível máximo de escolaridade no agregado familiar																								
Inferior ao 1º ciclo de ensino básico	5,1	14,1	12,4	1,8	43,7	42,0	5,6	8,9	5,9	9,9	31,2	27,2	1,4	11,8	11,8	3,9	47,2	44,8	5,9	14,7	12,2	1,4	42,8	40,8
1º e 2º ciclo do ensino básico	5,2	7,1	6,3	5,4	23,3	22,5	6,1	7,8	4,3	5,7	19,7	15,4	5,4	6,0	6,6	5,1	22,9	23,6	4,6	7,8	5,8	3,3	19,1	16,0
3º ciclo do ensino básico	4,9	4,5	4,2	5,1	11,8	11,5	6,5	6,5	6,5	2,1	9,0	7,8	5,2	4,1	3,6	5,2	10,9	11,0	0,0	1,8	8,0	2,7	2,5	8,4
Ensino secundário	2,3	5,2	3,5	2,3	9,7	8,0	0,5	1,0	0,0	0,0	3,3	2,5	2,4	2,3	3,1	2,2	10,3	8,0	1,9	4,3	2,1	3,5	6,1	7,0
Ensino pós-secundário (sem atingir nível superior)	0,0*	0,0*	0,0*	9,3*	2,7*	2,7*	#	#	#	#	#	#	0,0*	1,8	0,0*	1,7	2,2*	1,3	0,0*	#	#	0,0	#	#
Ensino Superior	0,4	1,6	0,0	1,2	2,9	1,3	#	#	#	#	#	#	0,4	1,8	0,0	1,7	3,1	1,3	0,0	1,2	0,0	0,0	1,5	0,3

Fonte: INE, Inquérito às Condições de Vida e Rendimentos (ICOR), painel equilibrado 2005-2007
Número de observações amostrais inferior a 30 (resultado não divulgado)
* Número de observações amostrais entre 30 e 49 (resultado com reservas de análise)
: Cruzamento impossível

TABELA 30 – Fluxos de entrada e saída de situações de pobreza entre t-1 e t, segundo algumas características económicas

Características do indivíduo no momento t	Total						Criança (até 17 anos)						Adulto em idade activa (entre 18 e 64 anos)						Idoso (65 ou mais anos)					
	Tx Saída		Tx Entrada		Tx Persistência		Tx Saída		Tx Entrada		Tx Persistência		Tx Saída		Tx Entrada		Tx Persistência		Tx Saída		Tx Entrada		Tx Persistência	
	t=2006	t=2007	t=2006	t=2007	t=2006	t=2007	t=2006	t=2007	t=2006	t=2007	t=2006	t=2007	t=2006	t=2007	t=2006	t=2007	t=2006	t=2007	t=2006	t=2007	t=2006	t=2007	t=2006	t=2007
Existência de pelo menos um indivíduo a trabalhar no agregado familiar																								
Sim	3,5	4,9	3,6	3,8	12,3	10,5	4,2	6,4	4,4	5,7	13,2	15,0	3,3	4,2	3,3	3,7	10,6	9,7	3,4	7,2	4,3	1,3	12,7	8,2
Não	4,3	7,9	8,1	3,8	29,5	29,2	4,7*	12,4*	11,0*	9,9*	47,7*	43,7*	5,2	7,1	7,9	4,3	38,9	35,5	3,9	8,0	8,0	3,1	24,2	25,3
Profissão do indivíduo com maior rendimento no agregado familiar																								
Trabalhadores com qualificação superior	1,5	3,3	0,6	0,7	8,2	3,9	1,0	1,2	0,0	1,7	7,6	4,6	1,6	3,8	0,5	0,5	8,5	3,3	1,6	3,1*	2,7	0,0*	6,8	8,8*
Trabalhadores com qualificação intermédia	2,8	2,6	1,9	3,2	3,4	5,2	4,4	3,0	3,6	3,2	3,9	8,1	2,4	2,2	1,5	3,5	3,4	4,9	3,1	5,6	1,7	0,0	2,7	1,6
Agricultores e trabalhadores qualificados da agricultura e pescas	7,2	10,8	6,8	3,5	22,1	22,9	9,5*	8,2*	6,7*	10,9*	26,0*	31,7*	5,7	8,6	7,3	2,9	19,8	24,3	9,0	18,9*	5,9	0,0*	24,4	12,4*
Trabalhadores com reduzidas qualificações	4,4	5,2	4,0	5,1	14,7	13,1	4,8	7,0	5,5	6,2	22,4	18,9	4,4	4,6	3,7	5,0	12,7	12,1	1,8	6,7	1,1	3,0	8,2	4,6
Trabalhadores não qualificados e indivíduos sem trabalho	3,9	7,8	7,4	4,2	24,9	23,4	4,6	14,2	7,9	10,6	40,3	29,2	4,0	6,5	6,8	4,3	23,8	22,8	3,6	7,9	7,9	3,0	22,9	22,9
Capacidade do agregado para fazer face às despesas e encargos usuais																								
Com grande dificuldade	7,7	6,7	8,8	6,9	35,0	36,1	9,4	7,3	8,0	6,8	41,0	39,6	7,9	5,9	8,2	7,9	33,2	32,5	5,3	8,3	11,2	4,4	34,5	42,7
Com dificuldade	4,2	7,7	5,3	3,2	17,9	17,6	7,1	12,2	4,7	7,8	19,7	19,0	3,9	6,5	4,3	2,6	13,8	15,3	3,0	6,0	8,0	1,6	28,8	23,0
Com alguma dificuldade	3,3	4,8	3,9	4,1	12,0	11,1	1,9	3,9	4,3	7,5	14,8	13,0	3,3	3,5	3,3	3,9	10,2	9,8	4,6	9,6	5,9	2,4	16,0	14,1
Com alguma facilidade	1,2	4,8	2,6	2,5	7,5	2,7	0,9	6,5	4,1	0,8	8,5	2,5	1,2	4,3	1,9	2,6	6,3	2,2	1,3	5,1	4,0	3,3	10,6	4,6
Com facilidade	0,9	1,7	0,8	0,1	4,1	5,7	0,0*	3,3*	4,1	0,0*	10,0*	8,4*	0,0	1,7	0,6	1,4	3,8	3,2	4,3	0,9	1,9	0,0	1,5	10,3
Com muita facilidade	0,0*	3,4*	0,0*	0,0*	3,3*	13,0*	#	#	#	#	#	#	0,0	#	#	#	#	#	#	#	#	#	#	#
Grau de esforço económico do agregado																								
]0,75; 1]	2,1	1,1	0,8	1,0	2,3	4,4	#	#	#	#	#	#	2,2	0,6	0,4	1,2	1,4	4,2	#	6,3*	#	0,0*	#	6,8*
]0,5; 0,75]	4,3	5,0	0,6	1,3	2,4	3,1	4,1	5,2	0,0	1,6	2,7	1,9	4,1	5,0	0,7	1,2	2,5	3,2	7,5*	4,9	2,5*	1,9	0,8*	3,7
]0,25; 0,5]	3,1	6,6	3,2	4,1	10,6	7,9	3,3	8,1	2,8	5,7	11,5	6,2	3,2	6,2	3,5	4,2	10,7	6,6	2,3	6,2	2,6	0,8	8,8	7,4
]0; 0,25]	5,8	2,7	10,0	9,0	33,1	36,4	7,6	5,3	11,7	9,5	40,5	46,7	5,1	1,6	9,7	9,8	31,9	34,1	3,9*	0,8	6,2*	1,7	12,8*	15,8
0	3,6	7,7	9,1	4,3	33,6	31,7	0,0*	6,5*	11,5*	9,4*	68,4*	55,8*	3,0	4,5	10,1	5,8	45,6	42,6	4,2	9,1	8,5	3,4	26,1	25,6

Fonte: INE, Inquérito às Condições de Vida e Rendimentos (ICOR), painel equilibrado 2005-2007
\# Número de observações amostrais inferior a 30 (resultado não divulgado)
* Número de observações amostrais entre 30 e 49 (resultado com reservas de análise)

204 | Números com Esperança

TABELA 31 – **Número de anos em situação de pobreza monetária, segundo o escalão etário**

Características do indivíduo em 2007	Número de anos em situação de pobreza			
	0	1	2	3
Total de indivíduos	72,7	8,5	6,7	12,0
Criança (até 17 anos)	66,4	11,1	8,0	14,5
Criança até 5 anos	73,8	11,7	3,1	11,4
Criança entre 6 e 15 anos	65,8	10,5	8,8	14,9
Criança entre 16 e 17 anos	62,9	13,7	8,4	15,0
Adulto em idade activa (entre 18 e 64 anos)	76,1	8,1	5,8	10,1
Idoso (65 ou mais anos)	67,4	8,0	8,5	16,1

Fonte: INE, Inquérito às Condições de Vida e Rendimentos (ICOR), painel equilibrado 2005-2007

TABELA 32 – **Tipologia longitudinal da pobreza monetária, segundo o escalão etário**

Características do indivíduo em 2007	Tipologia longitudinal da pobreza			
	pobre persistente	pobre intermitente	pobre transitório	nunca pobre
Total de indivíduos	12,0	6,5	8,7	72,7
Criança (até 17 anos)	14,5	6,7	12,4	66,4
Criança até 5 anos	11,4	1,7	13,0	73,8
Criança entre 6 e 15 anos	14,9	7,2	12,0	65,8
Criança entre 16 e 17 anos	15,0	8,3	13,8	62,9
Adulto em idade activa (entre 18 e 64 anos)	10,1	5,8	8,0	76,1
Idoso (65 ou mais anos)	16,1	8,5	8,0	67,4

Fonte: INE, Inquérito às Condições de Vida e Rendimentos (ICOR), painel equilibrado 2005-2007

TABELA 33 – Distribuição dos indivíduos pelo número de anos em situação de pobreza monetária, segundo algumas características sociodemográficas

Características do indivíduo em 2007	Total				Criança (até 17 anos)				Adulto em idade activa (entre 18 e 64 anos)				Idoso (65 ou mais anos)			
	Número de anos				Número de anos				Número de anos				Número de anos			
	0	1	2	3	0	1	2	3	0	1	2	3	0	1	2	3
Grau de urbanização																
Área densamente povoada	77,6	7,3	5,2	9,9	70,3	9,9	7,1	12,7	79,8	6,2	5,1	8,9	76,7	8,7	3,8	10,8
Área intermédia	71,2	9,4	7,3	12,1	66,7	10,5	8,6	14,3	73,8	9,2	6,0	10,9	66,1	9,1	10,4	14,4
Área pouco povoada	66,6	9,4	8,5	15,4	56,8	15,2	8,9	19,0	72,6	9,7	6,7	10,9	58,1	6,4	12,2	23,3
Sexo																
Masculino	74,1	8,3	6,4	11,3	65,7	12,4	8,0	13,9	76,8	7,9	5,4	9,9	71,7	6,0	8,3	14,0
Feminino	71,5	8,7	7,0	12,7	67,1	10,0	7,9	15,0	75,4	8,2	6,1	10,2	64,6	9,3	8,7	17,4
Número de crianças no agregado familiar																
0	74,9	7,3	6,6	11,2	:	:	:	:	79,4	6,8	5,6	8,2	66,9	8,1	8,4	16,5
1	77,8	7,4	4,6	10,1	78,0	8,0	4,7	9,3	77,6	7,3	4,5	10,7	80,0	6,9	6,4	6,7
2	62,9	14,0	8,5	14,5	63,0	13,5	9,0	14,5	63,3	14,9	7,6	14,2	#	#	#	#
3 ou mais	43,3	12,7	15,4	28,5	39,8	13,9	15,3	31,1	48,3	11,1	16,1	24,5	#	#	#	#
Composição do agregado familiar																
Um adulto	53,2	12,1	9,5	25,2	:	:	:	:	59,1	16,0	6,7	18,2	50,7	10,5	10,6	28,2
Dois adultos sem crianças ambos < 65 anos	79,4	6,6	1,9	12,0	:	:	:	:	79,4	6,6	1,9	12,0	:	:	:	:
Dois adultos sem crianças pelo menos um adulto com 65 ou mais anos	64,8	9,8	8,3	17,2	:	:	:	:	56,6	13,6	8,3	21,5	66,4	9,0	8,3	16,4
Outros agregados sem crianças	83,2	5,2	6,5	5,1	:	:	:	:	83,0	5,5	6,5	5,1	84,6	3,7	6,6	5,1
Um adulto com uma ou mais crianças (família monoparental)	49,5*	13,4*	14,9*	22,2*	#	#	#	#	#	#	#	#	#	#	#	#
Dois adultos com uma criança	79,4	7,5	5,8	7,2	77,8	8,0	6,1	8,1	81,1	7,0	5,2	6,7	#	#	#	#
Dois adultos com duas crianças	68,5	12,2	5,6	13,7	67,3	12,4	6,6	13,7	69,5	12,0	4,8	13,7	#	#	#	#
Dois adultos com três ou mais crianças	41,0	15,1	14,6	29,3	38,6	16,0	14,3	31,1	45,1	14,1	15,2	25,7	#	#	#	#
Outros agregados com uma ou mais crianças	70,8	9,5	6,4	13,3	70,0	10,1	7,1	12,7	70,3	9,8	5,9	13,9	76,8	5,4	7,6	10,1
Tipo de alojamento do agregado familiar																
Moradia independente	69,1	9,9	8,2	12,8	65,2	12,1	9,6	13,1	72,2	9,6	7,3	10,8	62,1	9,4	10,2	18,3
Moradia geminada ou em banda	71,4	5,6	8,3	14,7	62,3	4,7	9,5	23,4	75,9	6,0	7,3	10,8	65,9	5,1	10,0	19,1
Apartamento num edifício com menos de 10 apartamentos	78,1	9,9	2,1	9,8	70,1	15,4	3,5	11,0	82,1	7,3	1,4	9,1	72,4	13,4	3,4	10,8
Apartamento num edifício com 10 ou mais apartamentos	80,2	5,9	5,4	8,5	70,6	8,2	8,7	12,6	82,4	5,9	4,3	7,4	81,5	4,2	5,8	8,5
Nível máximo de escolaridade no agregado familiar																
Inferior ao 1° ciclo do ensino básico	36,5	11,9	16,3	35,4	49,1	17,1	6,8	27,0	35,0	7,9	16,7	40,3	37,2	12,8	16,0	34,1
1° e 2° ciclo do ensino básico	62,1	12,4	6,0	19,5	65,6	13,9	9,1	11,3	62,1	13,1	5,4	19,4	68,6	8,9	6,7	15,7
3° ciclo do ensino básico	75,1	10,5	6,4	8,0	77,1	4,3	14,1	4,5	75,6	10,6	5,8	8,2	89,8	3,2	6,5	0,5
Ensino secundário	79,7	5,3	9,1	5,9	#	#	#	#	79,9	5,6	8,2	6,3	81,5	4,5	9,0	5,0
Ensino pós-secundário (sem atingir nível superior)	85,3*	11,4*	0,0*	3,3*	#	#	#	#	#	#	#	#	#	#	#	#
Ensino Superior	94,7	1,0	2,6	1,8	96,1	0,5	1,0	2,4	93,9	1,2	3,1	1,9	98,6	0,0	1,1	0,3

Fonte: INE, Inquérito às Condições de Vida e Rendimentos (ICOR), painel equilibrado 2005-2007
Número de observações amostrais inferior a 30 (resultado não divulgado)
* Número de observações amostrais entre 30 e 49 (resultado com reservas de análise)
: Cruzamento impossível

206 | Números com Esperança

TABELA 34 – Tipologia longitudinal da pobreza monetária, segundo algumas características sociodemográficas

Características do indivíduo em 2007	Total				Criança (até 17 anos)				Adulto em idade activa (entre 18 e 64 anos)				Idoso (65 ou mais anos)			
	pobreza persistente	pobreza intermitente	pobreza transitório	nunca pobre	pobreza persistente	pobreza intermitente	pobreza transitório	nunca pobre	pobreza persistente	pobreza intermitente	pobreza transitório	nunca pobre	pobreza persistente	pobreza intermitente	pobreza transitório	nunca pobre
Grau de urbanização																
Área densamente povoada	9,9	4,7	7,8	77,6	12,7	5,8	11,2	70,3	8,9	4,9	6,4	79,8	10,8	3,1	9,4	76,7
Área intermédia	12,1	7,3	9,4	71,2	14,3	7,0	12,0	66,7	10,9	5,8	9,5	73,8	14,4	12,5	7,1	66,1
Área pouco povoada	15,4	8,6	9,3	66,6	19,0	8,1	16,0	56,8	10,9	7,3	9,1	72,6	23,3	11,4	7,2	58,1
Sexo																
Masculino	11,3	6,2	8,4	74,1	13,9	7,2	13,2	65,7	9,9	5,6	7,8	76,8	14,0	7,8	6,5	71,7
Feminino	12,7	6,8	9,0	71,5	15,0	6,1	11,8	67,1	10,2	6,0	8,3	75,4	17,4	9,0	9,0	64,6
Número de crianças no agregado familiar																
0	11,2	7,1	6,9	74,9	:	:	:	:	8,2	6,1	6,3	79,4	16,5	8,8	7,8	66,9
1	10,1	4,5	7,5	77,8	9,3	4,5	8,2	78,0	10,7	4,4	7,3	77,6	6,7	5,4	7,9	80,0
2	14,5	6,0	16,6	62,9	14,5	6,1	16,4	63,0	14,2	5,8	16,7	63,3	#	#	#	#
3 ou mais	26,5	15,4	12,7	43,3	31,1	15,3	13,9	39,8	24,5	16,1	11,1	48,3	#	#	#	#
Composição do agregado familiar																
Um adulto	25,2	10,1	11,5	53,2	:	:	:	:	16,2	6,0	16,7	59,1	28,2	11,8	9,3	50,7
Dois adultos sem crianças ambos < 65 anos	12,0	3,5	5,1	79,4	:	:	:	:	12,0	3,5	5,1	79,4	:	:	:	:
Dois adultos sem crianças pelo menos um adulto com 65 ou mais anos	17,2	9,2	8,8	64,8	:	:	:	:	21,5	9,5	12,4	56,6	16,4	9,1	8,1	66,4
Outros agregados sem crianças	5,1	6,3	5,4	83,2	:	:	:	:	5,1	6,6	5,3	83,0	5,1	4,8	5,4	84,6
Um adulto com uma ou mais crianças (família monoparental)	22,2*	9,1*	19,2*	49,5*	#	#	#	77,8	6,7	5,5	6,7	81,1	#	#	#	#
Dois adultos com uma criança	7,2	5,9	7,5	79,4	6,1	6,1	8,1	67,3	13,7	3,9	12,9	69,5	#	#	#	#
Dois adultos com duas crianças	13,7	4,1	13,7	68,5	13,7	4,4	14,6	67,3	25,7	15,2	14,1	45,1	#	#	#	#
Dois adultos com três ou mais crianças	29,3	14,6	15,1	41,0	#	#	#	38,6	13,9	5,1	10,6	70,3	#	#	#	#
Outros agregados com uma ou mais crianças	13,3	5,3	10,6	70,8	12,7	6,1	11,2	70,0	13,9	5,1	10,6	70,3	10,1	4,8	8,3	76,8
Tipo de alojamento do agregado familiar																
Moradia independente	12,8	8,8	9,3	69,1	13,1	9,8	11,9	65,2	10,8	8,0	8,9	72,2	18,3	10,7	8,9	62,1
Moradia geminada ou em banda	14,7	7,8	6,1	71,4	23,4	7,7	6,6	62,3	10,8	6,9	6,4	75,9	19,1	10,0	5,0	65,9
Apartamento num edifício com menos de 10 apartamentos	9,8	2,1	10,0	78,1	11,0	2,0	16,9	70,1	9,1	1,4	7,4	82,1	10,8	4,8	12,0	72,4
Apartamento num edifício com 10 ou mais apartamentos	8,5	3,1	8,2	80,2	12,6	4,7	12,2	70,6	7,4	2,9	7,2	82,4	8,5	2,4	7,6	81,5
Nível máximo de escolaridade no agregado familiar																
Inferior ao 1º ciclo do ensino básico	35,4	16,1	12,1	36,5	27,0	5,9	18,0	49,1	40,3	15,5	9,2	35,0	34,1	16,4	12,4	37,2
1º e 2º ciclo do ensino básico	19,5	6,5	11,9	62,1	11,3	8,8	14,2	65,6	19,4	5,8	12,7	62,1	15,7	8,0	7,6	68,6
3º ciclo do ensino básico	8,0	7,3	9,6	75,1	4,5	9,2	9,2	77,1	8,2	6,9	9,3	75,6	0,5	6,7	3,0	89,8
Ensino secundário	5,9	6,2	8,2	79,7	4,5	9,2	9,2	79,9	6,3	6,4	7,5	79,9	5,0	1,1	12,4	81,5
Ensino pós-secundário (sem atingir nível superior)	3,3*	11,4*	0,0*	85,3*	#	#	#	#	#	#	#	#	#	#	#	#
Ensino Superior	1,8	2,5	1,1	94,7	2,4	1,0	0,5	96,1	1,9	2,9	1,3	93,9	0,3	1,1	0,0	98,6

Fonte: INE, Inquérito às Condições de Vida e Rendimentos (ICOR), painel equilibrado 2005-2007
\# Número de observações amostrais inferior a 30 (resultado não divulgado); * Número de observações amostrais entre 30 e 49 (resultado com reservas de análise)
: Cruzamento impossível

TABELA 35 – Distribuição dos indivíduos pelo número de anos em pobreza monetária, segundo algumas características económicas

Características do indivíduo em 2007	Total				Criança (até 17 anos)				Adulto em idade activa (entre 18 e 64 anos)				Idoso (65 ou mais anos)			
	Número de anos				Número de anos				Número de anos				Número de anos			
	0	1	2	3	0	1	2	3	0	1	2	3	0	1	2	3
Existência de pelo menos um indivíduo a trabalhar no agregado familiar																
Sim	77,7	8,1	5,4	8,8	69,1	10,8	7,1	13,0	79,4	7,6	4,9	8,1	80,1	7,0	6,3	6,7
Não	55,3	9,8	11,4	23,5	30,5*	16,1*	19,7*	33,7*	47,4	11,6	13,7	27,4	60,7	8,6	9,7	21,0
Profissão do indivíduo com maior rendimento no agregado familiar																
Trabalhadores com qualificação superior	90,7	2,2	3,1	3,9	92,2	1,1	2,1	4,6	90,6	2,4	3,7	3,3	88,1*	3,1*	0,0*	8,8*
Trabalhadores com qualificação intermédia	87,1	5,7	2,6	4,6	81,9	7,6	3,9	6,5	88,1	5,3	2,1	4,5	88,9	5,4	4,2	1,6
Agricultores e trabalhadores qualificados da agricultura e pescas	61,3	9,7	6,8	22,1	49,2*	8,2*	10,9*	31,7*	61,8	11,0	4,1	23,1	68,7*	7,4*	11,5*	12,4*
Trabalhadores com reduzidas qualificações	72,8	10,4	6,0	10,8	63,0	13,3	6,9	16,8	74,6	9,9	5,9	9,6	85,0	5,8	4,6	4,6
Trabalhadores não qualificados e indivíduos sem trabalho	60,4	10,6	10,5	18,6	41,5	17,8	17,8	23,0	61,4	10,9	10,1	17,5	62,9	8,8	9,4	18,8
Capacidade do agregado para fazer face às despesas e encargos usuais																
Com grande dificuldade	44,8	13,6	9,2	32,4	39,4	13,4	10,0	37,3	48,3	15,0	8,3	28,4	39,7	10,2	11,1	39,0
Com dificuldade	67,3	9,5	9,2	14,0	54,5	17,0	13,0	15,5	71,1	8,4	8,9	11,6	65,9	7,6	7,3	19,2
Com alguma dificuldade	76,7	8,6	5,8	9,0	73,0	11,3	4,5	11,1	79,6	8,1	4,5	7,8	70,1	8,3	10,5	11,1
Com alguma facilidade	89,2	5,0	3,5	2,4	89,4	3,5	5,4	1,8	90,3	4,5	3,1	2,1	85,3	7,5	3,7	3,6
Com facilidade	90,9	1,7	6,6	0,8	88,2*	0,0*	11,8*	0,0*	93,8	1,4	4,9	0,0	85,4	3,4	7,9	3,3
Com muita facilidade	83,6*	3,4*	3,1*	9,9*	#	#	#	#	#	#	#	#	#	#	#	#
Grau de esforço económico do agregado																
]0,75; 1]	90,6	4,5	1,2	3,7	#	#	#	#	91,2	4,4	1,0	3,4	84,9*	5,6*	2,7*	6,8*
]0,5; 0,75]	87,3	5,9	3,9	2,9	86,5	7,5	4,2	1,9	87,5	5,6	3,9	3,0	86,8	6,7	2,8	3,7
]0,25; 0,5]	78,2	9,0	6,5	6,2	77,1	11,1	6,8	5,0	77,8	9,0	6,7	6,5	82,6	5,5	5,1	6,7
]0; 0,25]	48,5	11,2	10,4	29,8	33,6	12,8	14,1	39,5	51,5	11,7	9,4	27,4	80,7	2,7	4,4	12,2
0	53,0	10,4	10,4	26,2	23,6*	17,6*	7,8*	51,0*	43,4	11,6	9,7	35,3	58,7	9,5	10,8	21,1

Fonte: INE, Inquérito às Condições de Vida e Rendimentos (ICOR), painel equilibrado 2005-2007
Número de observações amostrais inferior a 30 (resultado não divulgado)
* Número de observações amostrais entre 30 e 49 (resultado com reservas de análise)

208 | Números com Esperança

TABELA 36 – Tipologia longitudinal da pobreza monetária, segundo algumas características económicas

Características do indivíduo em 2007	Total				Criança (até 17 anos)				Adulto em idade activa (entre 18 e 64 anos)				Idoso (65 ou mais anos)			
	pobre persistente	pobre intermitente	pobre transitório	nunca pobre	pobre persistente	pobre intermitente	pobre transitório	nunca pobre	pobre persistente	pobre intermitente	pobre transitório	nunca pobre	pobre persistente	pobre intermitente	pobre transitório	nunca pobre
Existência de pelo menos um indivíduo a trabalhar no agregado familiar																
Sim	8,8	5,3	8,2	77,7	13,0	6,3	11,5	69,1	8,1	5,0	7,5	79,4	6,7	5,9	7,3	80,1
Não	23,5	10,8	10,4	55,3	33,7*	11,6*	24,2*	30,5*	27,4	12,5	12,8	47,4	21,0	9,9	8,4	60,7
Profissão do indivíduo com maior rendimento no agregado familiar																
Trabalhadores com qualificação superior	3,9	2,5	2,9	90,7	4,6	2,1	1,1	92,2	3,3	2,8	3,2	90,6	8,8*	0,0*	3,1*	88,1*
Trabalhadores com qualificação intermédia	4,6	3,0	5,3	87,1	6,5	4,0	7,5	81,9	4,5	2,9	4,4	88,1	1,6	1,7	7,9	88,9
Agricultores e trabalhadores qualificados da agricultura e pescas	22,1	6,0	10,6	61,3	31,7*	4,9*	14,2*	49,2*	23,1	4,3	10,8	61,8	12,4*	11,5*	7,4*	68,7*
Trabalhadores com reduzidas qualificações	10,8	6,2	10,2	72,8	16,8	6,5	13,7	63,0	9,6	6,2	9,6	74,6	4,6	4,8	5,5	85,0
Trabalhadores não qualificados e indivíduos sem trabalho	18,6	9,9	11,1	60,4	23,0	13,0	22,5	41,5	17,5	9,5	11,5	61,4	18,8	9,7	8,6	62,9
Capacidade do agregado para fazer face às despesas e encargos usuais																
Com grande dificuldade	32,4	11,1	11,8	44,8	37,3	9,7	13,6	39,4	28,4	10,4	12,9	48,3	39,0	13,9	7,4	39,7
Com dificuldade	14,0	9,3	9,4	67,3	15,5	11,3	18,8	54,5	11,6	8,7	8,6	71,1	19,2	9,4	5,5	65,9
Com alguma dificuldade	9,0	5,2	9,2	76,7	11,1	3,4	12,5	73,0	7,8	4,4	8,2	79,6	11,1	8,8	10,0	70,1
Com alguma facilidade	2,4	3,4	5,1	89,2	1,8	5,4	3,5	89,4	2,1	2,7	4,8	90,3	3,6	4,3	6,9	85,3
Com facilidade	0,8	2,2	6,0	90,9	0,0*	3,3*	8,4*	88,2*	0,0	2,5	3,7	93,8	3,3	0,9	10,3	85,4
Com muita facilidade	9,9*	3,1*	3,4*	83,6*	#	#	#	#	#	#	#	#	#	#	#	#
Grau de esforço económico do agregado																
]0,75; 1]	3,7	1,3	4,4	90,6	#	#	#	#	3,4	1,1	4,3	91,2	6,8*	2,7*	5,6*	84,9*
]0,5; 0,75]	2,9	4,1	5,7	87,3	1,9	5,2	6,5	86,5	3,0	4,0	5,5	87,5	3,7	3,4	6,2	86,8
]0,25; 0,5]	6,2	5,8	9,7	78,2	5,0	5,2	12,8	77,1	6,5	6,3	9,4	77,8	6,7	4,1	6,5	82,6
]0; 0,25]	29,8	11,0	10,7	48,5	39,5	12,7	14,2	33,6	27,4	11,2	10,0	51,5	12,2	4,1	3,0	80,7
0	26,2	10,3	10,5	53,0	51,0*	2,3*	23,1*	23,6*	35,3	9,2	12,1	43,4	21,1	11,1	9,1	58,7

Fonte: INE, Inquérito às Condições de Vida e Rendimentos (ICOR), painel equilibrado 2005-2007
Número de observações amostrais inferior a 30 (resultado não divulgado);
* Número de observações amostrais entre 30 e 49 (resultado com reservas de análise)

Anexos | 209

TABELA 37 – Resultados da estimação do modelo de contagem para identificação do perfil de duração da pobreza

```
initial:       log pseudolikelihood = -419.53391
alternative:   log pseudolikelihood = -286.46379
rescale:       log pseudolikelihood = -218.58456
Iteration 0:   log pseudolikelihood = -218.58456
Iteration 1:   log pseudolikelihood = -200.68896
Iteration 2:   log pseudolikelihood = -200.51398
Iteration 3:   log pseudolikelihood = -200.51383
Iteration 4:   log pseudolikelihood = -200.51383
```

					Number of obs	=	265
					Wald chi2(15)	=	30.38
Log pseudolikelihood = -200.51383					Prob > chi2	=	0.0106

	Coef.	Robust Std. Err.	z	P>|z|	[95% Conf. Interval]	
sexm	.0158128	.1078792	0.15	0.883	-.1956266	.2272521
COMP_FAM2007						
6	-.414662	.2526745	-1.64	0.101	-.909895	.080571
7	-.1479968	.2471331	-0.60	0.549	-.6323689	.3363752
8	.0336248	.2444118	0.14	0.891	-.4454135	.5126631
9	-.3198249	.2426313	-1.32	0.187	-.7953734	.1557236
apartam	-.2941166	.1511562	-1.95	0.052	-.5903774	.0021441
hs120_2007						
2	-.2989784	.1425104	-2.10	0.036	-.5782937	-.019663
3	-.1823519	.1334386	-1.37	0.172	-.4438867	.0791829
4	-.6811462	.3160663	-2.16	0.031	-1.300625	-.0616676
5	.0805421	.3544192	0.23	0.820	-.6141067	.7751909
DB100						
2	-.1843247	.1476356	-1.25	0.212	-.4736852	.1050359
3	-.0623825	.1568912	-0.40	0.691	-.3698837	.2451186
niv_esc_ma~2	-.2443347	.1302293	-1.88	0.061	-.4995794	.01091
niv_esc_ma~3	-.232518	.1736583	-1.34	0.181	-.5728832	.1078472
niv_esc_ma~4	-.2296007	.3768706	-0.61	0.542	-.9682534	.5090521
_cons	1.770689	.2413357	7.34	0.000	1.29768	2.243699

Grupo base: Sexo feminino, pertencente a uma família monoparental, a residir em moradia, muita dificuldade em fazer face às despesas e encargos usuais, a viver numa zona densamente povoada e cujo nível de escolaridade máximo no agregado familiar é inferior ou igual ao 2° ciclo do ensino básico.

Descrição das variáveis finais utilizadas no modelo (referem-se às características da criança no ano de 2007)

Sexm - Sexo Masculino

COMP_FAM2007
6 - Composição familiar - Dois adultos com uma criança
7 - Composição familiar - Dois adultos com duas crianças
8 - Composição familiar - Dois adultos com três ou mais crianças
9 - Composição familiar - Outros agregados com uma ou mais crianças

Apartam - Tipo de alojamento onde o indivíduo reside - apartamento

hs120_2007
2 - Capacidade para fazer face às despesas e encargos usuais - Com dificuldade
3 - Capacidade para fazer face às despesas e encargos usuais - Com alguma dificuldade

4 - Capacidade para fazer face às despesas e encargos usuais - Com alguma facilidade
5 - Capacidade para fazer face às despesas e encargos usuais - Com facilidade

DB100
2 - Grau de urbanização - área intermédia
3 - Grau de urbanização - área pouco povoada

niv_esc_ma~2 - Nível de escolaridade máximo no agregado familiar - 3° ciclo do ensino básico
niv_esc_ma~3 - Nível de escolaridade máximo no agregado familiar - Ensino secundário
niv_esc_ma~4 - Nível de escolaridade máximo no agregado familiar - Ensino superior

Fonte: Cálculos com base no painel equilibrado 2005-2007 proveniente do Inquérito às Condições de Vida e Rendimentos (INE)

210 | Números com Esperança

TABELA 38 – **Rendimento médio em euros proveniente de prestações sociais, segundo o número de crianças no agregado familiar e a tipologia familiar, 2009**

		Total em prestações sociais	Prestações para protecção à criança/família	Prestações sociais no âmbito da habitação	Prestações sociais monetárias por desemprego	Prestações sociais monetárias por velhice	Prestações sociais monetárias de sobrevivência por morte do cônjuge	Prestações sociais monetárias por doença no acidente	Prestações sociais monetárias por protecção na invalidez	Prestações sociais relacionadas monetárias com a educação	Outras prestações para apoio à exclusão social
TOTAL		5482	221	30	284	3997	470	99	280	22	79
Número de crianças	0	7115	49	15	233	5652	643	111	352	14	47
	1	1974	389	50	383	684	122	83	134	46	82
	2	2092	758	80	436	412	91	62	105	12	134
	3 OU +	3260	1606	48	183	21	129	23	229	115	907
Tipologia familiar	Uma pessoa no agregado	5780	2	13	57	4060	1448	26	123	0	51
	Dois adultos sem crianças ambos < 65 anos	3671	61	37	411	2219	227	154	499	2	61
	Dois adultos sem crianças pelo menos um adulto com 65 ou mais anos	11993	9	0	53	11181	437	32	229	0	52
	Outros agregados sem crianças	6431	109	15	413	4672	382	216	548	44	31
	Um adulto com uma ou mais crianças	1926	711	73	180	333	300	0	55	45	229
	Dois adultos com uma criança	1167	381	59	312	179	44	85	20	10	76
	Dois adultos com duas crianças	1392	690	89	402	23	31	50	23	0	84
	Dois adultos com três ou mais crianças	2595	1480	68	224	0	33	0	0	2	787
	Outros agregados com crianças	3918	582	29	567	1689	238	109	410	116	188

Fonte: INE, Inquérito às Condições de Vida e Rendimentos (ICOR), 2009

TABELA 39 – **Distribuição do rendimento médio em euros proveniente de prestações sociais pelas diferentes componentes, segundo o número de crianças no agregado familiar e a tipologia familiar, 2009**

		Total em prestações sociais	Prestações para protecção à criança/família	Prestações sociais no âmbito da habitação	Prestações sociais monetárias por desemprego	Prestações sociais monetárias por velhice	Prestações sociais monetárias de sobrevivência por morte do cônjuge	Prestações sociais monetárias por doença ou acidente	Prestações sociais monetárias por protecção na invalidez	Prestações sociais monetárias relacionadas com a educação	Outras prestações para apoio à exclusão social
TOTAL		100	4	1	5	73	9	2	5	0	1
Número de crianças	0	100	1	0	3	79	9	2	5	0	1
	1	100	20	3	19	35	6	4	7	2	4
	2	100	36	4	21	20	4	3	5	1	6
	3 OU +	100	49	1	6	1	4	1	7	4	28
Tipologia familiar	Uma pessoa no agregado	100	0	0	1	70	25	0	2	0	1
	Dois adultos sem crianças ambos < 65 anos	100	2	1	11	60	6	4	14	0	2
	Dois adultos sem crianças pelo menos um adulto com 65 ou mais anos	100	0	0	0	93	4	0	2	0	0
	Outros agregados sem crianças	100	2	0	6	73	6	3	9	1	0
	Um adulto com uma ou mais crianças	100	37	4	9	17	16	0	3	2	12
	Dois adultos com uma criança	100	33	5	27	15	4	7	2	1	7
	Dois adultos com duas crianças	100	50	6	29	2	2	4	2	0	6
	Dois adultos com três ou mais crianças	100	57	3	9	0	1	0	0	0	30
	Outros agregados com crianças	100	15	1	14	43	6	3	10	3	5

Fonte: INE, Inquérito às Condições de Vida e Rendimentos (ICOR), 2009

212 | Números com Esperança

Tabela 40 – Principais indicadores de pobreza monetária após majoração das prestações familiares, por escalão etário, 2008

Indicadores de pobreza Unidade: Crianças de acordo com o escalão etário seguinte	Crianças							
	Até 17 anos		Até 5 anos		entre 6 e 15 anos		entre 16 e 17 anos	
	Incidência	Intensidade	Incidência	Intensidade	Incidência	Intensidade	Incidência	Intensidade
Original	**22,8**	**6,9**	**15,6**	**3,7**	**24,3**	**7,8**	**30,2**	**9,3**
Cenário 1 Famílias monoparentais — Majoração 20%	22,6	6,9	15,2	3,6	24,3	7,8	30,0	9,2
Majoração 30%	22,6	6,8	15,2	3,6	24,3	7,7	30,0	9,2
Majoração 50%	22,6	6,8	15,2	3,6	24,3	7,6	30,0	9,0
Majoração 100%	22,3	6,6	15,2	3,6	23,8	7,4	30,0	8,7
Majoração 230%	21,2	6,3	14,8	3,5	22,9	7,1	27,0	8,3
Majoração 240%	21,1	6,3	14,8	3,5	22,7	7,1	26,5	8,3
Cenário 2 Famílias numerosas — Majoração 20 *raizq(número de crianças)%	22,1	5,8	14,5	3,2	23,8	6,6	29,7	7,9
Majoração 50 *raizq(número de crianças)%	21,0	5,4	14,4	2,9	22,4	6,0	28,0	7,4
Majoração 100 *raizq(número de crianças)%	18,7	4,7	12,3	2,6	20,0	5,3	26,5	6,5
Cenário 3 Todas as famílias com crianças — Majoração global 5%	22,8	6,9	15,6	3,6	24,3	7,8	30,2	9,3
Majoração global 10%	22,8	6,8	15,6	3,6	24,3	7,7	30,2	9,2
Majoração global 15%	22,6	6,7	15,2	3,6	24,3	7,6	30,0	9,1
Majoração global 20%	22,5	6,7	14,9	3,5	24,2	7,6	30,0	9,0
Majoração global 100%	21,9	5,8	13,8	3,1	23,8	6,6	29,8	7,9
Majoração global 200%	20,6	4,4	12,7	2,6	22,4	5,6	28,6	6,8
Majoração global 290%	18,7	4,3	10,4	2,3	20,6	4,9	26,4	6,0
Majoração global 300%			10,2	2,3	20,2	4,8	25,4	6,0

Fonte: INE, Inquérito às Condições de Vida e Rendimentos (ICOR), 2008

Anexos | 213

TABELA 41 – **Principais indicadores de pobreza monetária após majoração das prestações familiares, por tipologia familiar, 2008**

		Tipologia de famílias com crianças								
Indicadores de pobreza Unidade: Indivíduos que pertencem a agregados com crianças, de acordo com a tipologia seguinte		Família monoparental - Um adulto com uma ou mais crianças		Dois adultos com uma criança		Dois adultos com duas crianças		Dois adultos com três ou mais crianças		Outros agregados com uma ou mais crianças	
		Incidência	Intensidade	Incidência	Intensidade	Incidência	Intensidade	Incidência	Intensidade	Incidência	Intensidade
Original		**40,5**	**13,0**	**14,7**	**2,9**	**18,9**	**6,3**	**31,7**	**14,5**	**24,2**	**6,1**
Cenário 1 Famílias monoparentais	Majoração 20%	37,6	12,1	14,7	2,9	18,9	6,3	31,7	14,5	24,2	6,1
	Majoração 30%	37,6	11,7	14,7	2,9	18,9	6,3	31,7	14,5	24,2	6,1
	Majoração 50%	37,6	10,8	14,7	2,9	18,9	6,3	31,7	14,5	24,2	6,1
	Majoração 100%	33,9	8,5	14,7	2,9	18,9	6,3	31,7	14,5	24,2	6,1
	Majoração 230%	19,1		14,7	3,0	18,9	6,3	31,7	14,5	24,3	6,1
	Majoração 240%		4,9	14,7	3,0	18,9	6,3	31,7	14,5	24,3	6,1
Cenário 2 Famílias numerosas	Majoração 20 *raizq(número de crianças)%	37,6	9,8	14,6	2,9	18,6	5,7	30,0	10,1	23,5	5,6
	Majoração 50 *raizq(número de crianças)%	31,9	8,0	14,8	2,8	18,8	5,4	26,2	8,6	22,8	5,3
	Majoração 100 *raizq(número de crianças)%	24,2	6,2	13,5	2,8	17,7	4,9	20,4	6,6	21,9	4,9
Cenário 3 Todas as famílias com crianças	Majoração global 5%	40,5	12,8	14,7	2,9	18,9	6,3	31,7	14,4	24,2	6,0
	Majoração global 10%	40,5	12,6	14,7	2,9	18,9	6,2	31,7	14,2	24,2	6,0
	Majoração global 15%	37,6	12,4	14,7	2,9	18,9	6,2	31,7	14,0	24,2	5,9
	Majoração global 20%	37,6	12,2	14,7	2,9	18,9	6,2	31,7	13,9	23,9	5,9
	Majoração global 100%	37,6	8,9	13,5	2,7	18,8	5,6	30,0	11,6	23,5	5,3
	Majoração global 200%	31,4	6,2	13,5	2,7	19,3	5,0	30,0	9,0	20,3	4,7
	Majoração global 290%	24,2	5,0	12,9	2,6	18,2	4,6	27,0	6,7	18,3	4,4
	Majoração global 300%	24,2	4,9	12,9	2,6	18,2	4,5	23,2	6,5	18,3	4,4

Fonte: INE, Inquérito às Condições de Vida e Rendimentos (ICOR), 2008

214 | Números com Esperança

TABELA 42 – **Principais indicadores de pobreza monetária após majoração das prestações familiares, por número de crianças no agregado familiar, 2008**

Indicadores de pobreza Unidade: Indivíduos que pertencem a agregados familiares com o número de crianças seguinte	Número de crianças no agregado familiar							
	1		2		3		4 ou mais	
	Incidência	Intensidade	Incidência	Intensidade	Incidência	Intensidade	Incidência	Intensidade
Original	**18,2**	**4,3**	**22,1**	**6,8**	**29,5**	**9,7**	**73,9**	**35,1**
Cenário 1 Famílias monoparentais								
Majoração 20%	18,0	4,2	22,0	6,7	29,5	9,5	73,9	34,9
Majoração 30%	18,0	4,2	22,0	6,7	29,5	9,4	73,9	34,8
Majoração 50%	18,0	4,2	22,0	6,7	29,5	9,3	73,9	34,5
Majoração 100%	18,0	4,2	21,6	6,6	29,5	8,8	73,9	33,9
Majoração 230%	17,5	4,1	21,6	6,5	25,9	8,0	68,6	32,6
Majoração 240%	17,5	4,1	21,6	6,5	25,2	8,0	68,6	32,6
Cenário 2 Famílias numerosas								
Majoração 20 *raizq(número de crianças)%	18,0	4,2	21,5	6,0	27,0	7,0	73,9	21,7
Majoração 50 *raizq(número de crianças)%	18,1	4,1	20,5	5,6	25,2	5,9	60,6	17,2
Majoração 100 *raizq(número de crianças)%	17,4	3,8	19,3	5,1	18,6	4,5	36,3	12,4
Cenário 3 Todas as famílias com crianças								
Majoração global 5%	18,2	4,3	22,1	6,7	29,5	9,6	73,9	34,8
Majoração global 10%	18,2	4,2	22,1	6,7	29,5	9,5	73,9	34,3
Majoração global 15%	18,0	4,2	22,0	6,6	29,5	9,3	73,9	33,9
Majoração global 20%	18,0	4,2	21,7	6,6	29,5	9,2	73,9	33,5
Majoração global 100%	17,4	3,8	21,4	5,9	28,1	7,4	73,9	27,3
Majoração global 200%	16,0	3,5	21,0	5,2	21,8	5,6	73,9	19,9
Majoração global 290%	14,9	3,4	19,4	4,7	16,3	4,4	68,6	14,2
Majoração global 300%	14,9	3,4	19,4	4,6	16,3	4,3	55,2	13,6

Fonte: INE, Inquérito às Condições de Vida e Rendimentos (ICOR), 2008

Anexos | 215

TABELA 43 – **Principais indicadores de pobreza monetária após majoração das prestações familiares, por escalão etário, 2009**

Indicadores de pobreza Unidade: Crianças de acordo com o escalão etário seguinte	Até 17 anos		Crianças					
			Até 5 anos		entre 6 e 15 anos		entre 16 e 17 anos	
	Incidência	Intensidade	Incidência	Intensidade	Incidência	Intensidade	Incidência	Intensidade
Original	22,7	7,0	18,0	5,6	22,6	7,0	32,2	10,1
Cenário 1 Famílias monoparentais Majoração 20%	22,5	7,0	17,6	5,6	22,4	6,9	32,2	10,0
Majoração 30%	22,4	7,0	17,6	5,6	22,3	6,9	32,2	9,9
Majoração 50%	22,4	6,9	17,6	5,6	22,3	6,8	32,2	9,8
Majoração 100%	22,1	6,7	17,6	5,5	21,9	6,7	32,0	9,6
Majoração 300%	20,8	6,4	16,8	5,3	20,7	6,3	29,1	9,0
Majoração 350%	20,8	6,4	16,8	5,3	20,6	6,3	29,1	9,0
Cenário 2 Famílias numerosas Majoração 20 *raizq(número de crianças)%	20,9	5,8	16,7	4,7	20,4	5,7	31,3	8,3
Majoração 50 *raizq(número de crianças)%	19,2	5,3	14,5	4,3	18,7	5,2	30,0	7,6
Majoração 100 *raizq(número de crianças)%	17,2	4,7	12,4	3,9	17,0	4,6	27,5	6,8
Cenário 3 Todas as famílias com crianças Majoração global 5%	22,6	7,0	17,7	5,6	22,5	6,9	32,2	10,0
Majoração global 10%	22,3	6,9	17,4	5,5	22,2	6,9	32,2	9,9
Majoração global 15%	22,3	6,9	17,4	5,5	22,2	6,8	32,2	9,9
Majoração global 20%	22,2	6,8	17,3	5,4	22,1	6,7	32,2	9,8
Majoração global 100%	21,3	5,9	16,8	4,7	20,9	5,8	31,6	8,5
Majoração global 200%	18,2		13,3	3,9	17,8	4,8	29,8	7,1
Majoração global 215%		4,8	13,3	3,8	17,5	4,7	28,5	6,9
Majoração global 250%	17,0	4,5	12,4	3,7	17,0	4,5	26,1	6,6

Fonte: INE, Inquérito às Condições de Vida e Rendimentos (ICOR), 2009

216 | Números com Esperança

TABELA 44 – Principais indicadores de pobreza monetária após majoração das prestações familiares, por tipologia familiar, 2009

Indicadores de pobreza
Unidade: Indivíduos que pertencem a agregados com crianças, de acordo com a tipologia seguinte

	Tipologia de famílias com crianças									
	Família monoparental - Um adulto com uma ou mais crianças		Dois adultos com uma criança		Dois adultos com duas crianças		Dois adultos com três ou mais crianças		Outros agregados com uma ou mais crianças	
	Incidência	Intensidade	Incidência	Intensidade	Incidência	Intensidade	Incidência	Intensidade	Incidência	Intensidade
Original	39,6	14,2	13,7	4,1	19,6	5,5	38,4	15,2	22,3	6,0
Majoração 20%	36,8	13,3	13,7	4,1	19,6	5,5	38,4	15,2	22,3	6,0
Majoração 30%	36,1	13,0	13,7	4,1	19,6	5,5	38,4	15,2	22,3	6,0
Majoração 50%	36,1	12,3	13,7	4,1	19,6	5,5	38,4	15,2	22,3	6,0
Majoração 100%	33,1	10,6	13,7	4,1	19,6	5,5	38,4	15,2	22,3	6,0
Majoração 300%	18,6	6,4	13,7	4,1	19,6	5,6	38,4	15,3	22,3	6,0
Majoração 350%	■	6,0	13,7	4,1	19,6	5,6	38,4	15,3	22,3	6,1
Majoração 20 *raiz(número de crianças)%	34,6	11,4	13,3	4,1	18,3	4,8	31,8	9,9	21,3	5,4
Majoração 50 *raiz(número de crianças)%	31,9	10,1	13,3	4,0	16,1	4,4	27,3	8,0	20,3	5,1
Majoração 100 *raiz(número de crianças)%	27,9	8,6	13,6	4,0	14,8	3,8	20,8	6,7	18,7	4,7
Majoração global 5%	37,8	14,0	13,7	4,1	19,6	5,5	38,4	15,0	22,3	6,0
Majoração global 10%	37,8	13,8	13,3	4,1	19,2	5,5	38,4	14,8	21,8	5,9
Majoração global 15%	37,8	13,7	13,3	4,1	19,2	5,4	38,4	14,6	21,8	5,9
Majoração global 20%	36,8	13,5	13,3	4,1	19,2	5,4	38,4	14,4	21,8	5,9
Majoração global 100%	35,3	11,1	13,8	4,0	18,3	4,6	33,4	11,6	21,3	5,3
Majoração global 200%	32,5	8,7	13,0	3,8	14,8	3,9	27,1	8,8	18,8	4,7
Majoração global 215%	31,8	8,4	13,0	3,8	14,0	3,8	27,1	8,4	18,7	4,6
Majoração global 250%	28,8	7,9	12,6	3,7	13,6	3,5	25,4	7,8	18,0	4,5

Linhas de cenário: Cenário 1 – Famílias monoparentais (Majoração 20% a 350%); Cenário 2 – Famílias numerosas (Majoração 20, 50 e 100 *raiz(número de crianças)%); Cenário 3 – Todas as famílias com crianças (Majoração global 5% a 250%).

Fonte: INE, Inquérito às Condições de Vida e Rendimentos (ICOR), 2009

TABELA 45 – Principais indicadores de pobreza monetária após majoração das prestações familiares, por número de crianças no agregado familiar, 2009

Indicadores de pobreza	Número de crianças no agregado familiar							
	1		2		3		4 ou mais	
Unidade: Indivíduos que pertencem a agregados familiares com o número de crianças seguinte	Incidência	Intensidade	Incidência	Intensidade	Incidência	Intensidade	Incidência	Intensidade
Original	16,1	4,7	22,6	6,0	40,2	16,2	55,2	17,8
Cenário 1 — Famílias monoparentais								
Majoração 20%	16,1	4,7	22,4	6,0	39,5	15,9	55,2	17,4
Majoração 30%	16,1	4,7	22,3	6,0	39,5	15,8	55,2	17,3
Majoração 50%	16,1	4,7	22,3	6,0	39,5	15,6	55,2	16,9
Majoração 100%	16,1	4,7	22,1	5,9	39,5	15,1	51,2	16,3
Majoração 300%	15,8	4,6	21,7	5,8	34,5	13,9	44,8	14,7
Majoração 350%	15,8	4,6	21,7	5,8	33,9	13,9	44,8	14,8
Cenário 2 — Famílias numerosas								
Majoração 20 *raizq(número de crianças)%	15,6	4,7	21,0	5,2	37,5	11,7	35,5	6,8
Majoração 50 *raizq(número de crianças)%	15,5	4,6	18,9	4,7	31,8	9,9	30,9	4,2
Majoração 100 *raizq(número de crianças)%	15,6	4,4	16,6	4,2	27,7	7,9	11,8	2,8
Cenário 3 — Todas as famílias com crianças								
Majoração global 5%	16,1	4,7	22,4	6,0	40,2	15,9	55,2	17,4
Majoração global 10%	15,6	4,7	22,1	5,9	40,2	15,8	55,2	17,1
Majoração global 15%	15,6	4,7	22,1	5,9	40,2	15,6	55,2	16,8
Majoração global 20%	15,6	4,7	22,1	5,9	39,5	15,4	55,2	16,4
Majoração global 100%	15,7	4,5	21,0	5,0	38,7	12,4	40,6	11,7
Majoração global 200%	15,0	4,2	17,1	4,3	30,3	9,4	35,5	7,1
Majoração global 215%	14,9	4,1	16,5	4,2	30,3	9,0	35,5	6,5
Majoração global 250%	14,4	4,1	16,1	4,0	27,7	8,3	30,9	5,5

Fonte: INE, Inquérito às Condições de Vida e Rendimentos (ICOR), 200